国語科授業活性化の探究
III
—— 表現指導を中心に ——

渡 辺 春 美

溪水社

まえがき

渡辺春美君が「国語科授業活性化の探究Ⅲ――表現指導を中心に――」を刊行されることになった。既に世に送られている「国語科授業活性化の探究――文学教材を中心に――」（平成5年8月1日、溪水社刊）、「国語科授業活性化の探究Ⅱ――古典（古文）教材を中心に――」（平成10年8月1日、溪水社刊）両著につづく三番目の著作である。

高等学校国語科担当者として、国語科授業をどのように活性化していくかについての実践・研究は、渡辺春美君の年来の宿願であった。この切実で多くの難しさを持った実践・研究の課題に取組み、十数年もの歳月を経て、ここに「国語科授業活性化の探究」Ⅰ～Ⅲ三部作が完結するに至った。結実した三部作は、計一、〇〇〇ページを超える大著となり、高校国語科授業の活性化、その創造と探究にみごとな成果を挙げられた。

新著「国語科授業活性化の探究Ⅲ――表現指導を中心に――」は、序章・終章のほか、全三章から成り、文章表現・音声表現の学習指導が取り上げられ、さらに古文・現代文を関連づけた表現指導の実践・研究が収められている。

著者渡辺春美君は、高校における表現指導について、文学教材、あるいは古典（古文）教材の授業活性化のための表現指導と、表現指導そのものの活性化をめざす指導とをたえず視野に入れて取組まれた。さらに、表現力（音声表現力・文字〈文章〉表現力）は授業の活性化に深く関わり、授業の質をも左右する、国語科授業の活性化は、表現力の育成なしには考えられないとした。表現力の育成は、国語科授業活性化のための緊要な課題であるが、ことばを通して豊かに生きる人間の育成のための大きな課題であるとした。

本書において、著者渡辺春美君は、表現指導の活性化を求め、学習者（生徒たち）の表現意欲を大切にした表現指導をめざし、表現方法を習得させるよう工夫し、学習者の表現力をとらえて学習指導を進めるように努め、さらには学習者に達成感・充実感をもたらす表現指導を重視してやまなかった。

著者渡辺春美君は、授業活性化の方法としての表現指導の役割を重視し、積極的に表現を授業に取り入れるようにした。読みの授業にも表現をさまざまな形で工夫して取り入れ、活性化に大きな役割を果たさせた。

著者はまた豊かな表現指導のために、授業者自ら表現力を修練していくことが大切であると指摘し、「国語教育の実践主体として、また、言語生活の実践主体として、自ら表現力の修練に努めたい。」と述べている。

表現力を育成し、国語科授業を本格的に活性化させるために、著者は実践上の課題を的確にとらえて、意欲的に創意工夫をし、全力を傾注して実践に取組まれた。先行研究・先行実践例をたえず視野に入れつつ摂取活用し、精確で清新な実践営為の積み上げがなされた。——独自の業績として注目される「国語科授業活性化の探究」三部作（Ⅰ～Ⅲ）完結を一つの節目としつつ、さらに国語科教育史、国語科授業の実践・研究に新生面を拓かれるよう期待してやまない。

二〇〇二（平成一四）年一月二四日

広島大学名誉教授
鳴門教育大学名誉教授　野　地　潤　家

国語科授業活性化の探究Ⅲ　目　次

国語科授業活性化の探究　Ⅲ

序章　国語科授業の活性化を求めて

――表現指導を中心に――

国語科授業の活性化は、年来の切実な願いであった。国語の授業を嫌い、厭う児童・生徒が今日かなりの数に上っていることを思えば、国語科授業の活性化は、私たちが力を尽くして取り組まねばならない緊急の課題ともいえる。国語の力に培うことも、国語に親しむ態度を育てることも、言葉をとおして豊かに生きる力を育むことも、活性化された授業における学習者の学びの成立なしには、果たしえない。私は、活性化された授業を「生徒が意欲的に学習の場に参加し、各自が、いきいきと活動し、発言し、聴き合うという具体的な学習活動を通して、理解(感動)を深め、表現し、充実感、達成感を持つ授業」であるとともに、「授業における一連の学習の過程によって、学習者一人ひとりが国語の力を身につけ、自立した学び手として育っていく授業」であると考えている。このような授業を工夫を凝らして創造することによって、学習者の国語の力に培い、国語に親しみ、言葉をとおして豊かに生きる力を確かなものにしたいと考える。

教職に就いて十年を経た一九八六(昭和六一)年三月から、私は、文学教材の授業活性化に取り組んだ。授業の活性化の必要性を痛感したからであったが、すでに教職に就いて一〇年を経ていたことを思えば、遅い出発であったともいえる。ついで、一九八八(昭和六三)年四月から、古典(古文)の授業活性化に取り組んだ。文学教材の授業活性化に取り組むことによって得た活性化の方法を生かしつつ、新たな方法を加えて授業の活性化を試みた。

私は、国語科授業の改善に、次のように取り組んできた。まず、授業の実際から実践上の課題を見出す。ついで、課題解決のための方法を考え、授業で試みる。次に、授業の実際を記録し、課題解決の方法の有効性を省察するとともに、新たな実践上の課題を見出す。この繰り返しによって、授業の改善を図り、そこに授業活性化の原理を探ろうとした。

文学教材の授業活性化の取り組みについては、小著『国語科授業活性化の探究―文学教材を中心に―』（一九九三年八月　溪水社）において報告した。また、古典（古文）の授業活性化に関しては、小著『国語科授業活性化の探究Ⅱ―古典（古文）教材を中心に―』（一九九八年八月　溪水社刊）において報告している。いずれも、中間報告であって、さらに実践・研究を続ける必要を感じている。

表現指導は、授業活性化の取り組みの初めころから、文学教材、あるいは古典（古文）教材の授業活性化のための表現指導と、表現指導そのものの活性化を目指す指導として取り組んだ。授業において、音声表現と文字表現とは、それぞれ役割を異にする面を持ちつつ、授業の活性化に深く関わっている。表現力の高低は、授業の質を左右する。それは、授業成立の基盤的役割を果たすものといってよい。国語科授業の活性化も、表現力の育成なしに考えることはできない。さらに、表現力は、生きるための根本的な力の一つとしてもとらえられる。表現力の育成は、国語科授業活性化の課題にとどまらず、その目指すべき、ことばを通して豊かに生きる人間の育成のための大きな課題ともいえる。

本書は、表現指導に関わる実践報告を、序章、結章のほか、大きく三章に分けて、次のように編んでいる。

(二)「ことばについて考える」の場合—関連指導としての小論文指導—

第一章には、二編の論稿を収めた。「一」では、短歌鑑賞の方法を探り、鑑賞方法を鑑賞文に結ぶ実践を行うとともに、短歌の鑑賞から短歌の創作へと展開した。しかし、短歌の鑑賞が創作の何にどのように関わったかという点の解明は果たせなかった。「二」は、小論文の指導である。執筆前の発想を耕す指導と、枠組みを利用した執筆指導とを試みている。

第二章は、五編の論稿と音声表現力の評価問題例を収めて編んでいる。「一」「二」は、三分間スピーチの実践である。三分間スピーチが音声表現力に培うとともに、工夫によっては、学級の相互理解を深め、学習の場に和やかさと活力を与えることが見出された。「三」は、群読の発表を目指す学習の過程で、漢詩の理解が深まることを求めた。漢詩群読は、生徒の群読の計画と、群読の発表の実際との間に乖離が見られた。時間をかけた群読練習の必要性と、様々な学習の場で音声表現力を高める必要があると思われた。「四」では、論理的思考力や音声表現力などを高めることを目指した。また、ディベート後に小論文を書かせた。書き方を具体的なことばの枠によって例示し、経験的に身につけることを期待した。「六」では、授業実践をもとに、便宜的に、音声表現の意欲を育てる授業と、音声表現力を育てる授業とに分け、さらに、音声表現力を応用する授業の中で音声表現力を高めることを構想した。

第三章は、関連指導としての表現指導に関する論稿を二つに分けている。

「一　古文との関連指導」の「(一)」は、まず、『枕草子』から採った教材(章段)と生徒とが、ついで、教材(章段)を介して生徒と生徒とが対話・交流しつつ教材の鑑賞を深めるとともに、教材の内容、文体に基づき創造的な表現を試みた授業の報告である。「(二)」では、いくつかの工夫に基づき『徒然草』の授業を展開した。あらかじめ設けた観点をとおして読むことと、感想を表現させることとをとおして理解を確かにしようとした。設定した観点から深めた理解をもとに、発展学習として新たな教材に取り組ませ、小論文・感想文にまとめさせるとともに、観点別の教材から関心のある教材を選びレポートするという学習指導を展開した。「(三)」では、「(付)訳芭蕉と連句」に報告されている、アメリカにおける「連句」の学習指導を考察した。目標は、詩心の喚起、読みの技能、創作という点に置かれている。創作の実際は、素材を身近な体験、記憶、想像に求め、アメリカやカナダ人による連句の具体例をモデルに用い、音読を利用し、詩心が醸成されるのを待って創作するという方法をとっている。

「二　現代文との関連指導」の「(一)」では、「羅生門」の授業において、小説指導の改善を試みた。いくつかのねらいに基づき工夫して授業を行い、読みにおける「書くこと」の機能に関する観点をも加えて考察した。「(二)」では、「ことばについて考える」をテーマとした授業を取り上げ、教材の関連性を生かした授業の組立、身近なことばを教材とした授業、手引きを利用した表現指導、指導過程・指導形態の工夫の有効性について考察した。

おわりに、「結章」では、授業実践に基づき、表現指導の活性化について整理するとともに、さらに追求すべき課題についてもまとめた。

第一章　文章表現の学習指導

一　短歌の学習指導

はじめに

伝統文芸としての短歌の学習指導はどのようにすればよいのであろうか。私自身の過去の指導を振り返るとき、次のような課題が浮かんでくる。まず、①短歌の鑑賞指導をどうするかである。これまで短歌の鑑賞指導の方法そのものを生徒に学習させたことはなかった。その方法も明らかではなかった。②鑑賞文を書かせることはあっても、そのための指導はしてこなかった。また、③短歌に興味を持たせ、親しませるための指導が十分ではなかった。教科書掲載の短歌作品を中心に興味深く学習させようと工夫はしたが、十分に学習指導の展開に位置づけ計画して試みたものではなかった。次に、④学習指導の形態の問題がある。ほとんどが授業者主導の一問一答式の授業で、生徒に自らの力で学習させる形態をとらなかった。さらに、⑤短歌の学習がそれ自体として閉じられ、国語科教育の中に位置づける意識がなかったこともある。他の学習につながる短歌学習として位置づけることが必要だと思われる。最後に、⑥短歌の創作はこれまでほとんどさせてこなかった。ことばの学習としても、生活、その時々に感じ考えることを見つめさせる意味でも試みてよいと思われる。

以上のような課題を意識しつつ、新たに短歌の学習指導を試みた。以下、学習指導の実際を報告し、考察していきたい。

㈠　短歌学習指導の概略

1　学習指導目標

次の目標を設定した。

①短歌の味わい方を理解させ、味わい方を応用して短歌を読み味わわせる。
②短歌に関する鑑賞文が書けるようにする。
③短歌がどのようなものか実感的に理解させる。
④短歌に表現されたものの見方、考え方、感じ方を理解させる。
⑤短歌を創作させる。
⑥様々な短歌を主体的に読ませることによって短歌に親しませる。
⑦短歌の学習を通してことばに対する関心を深める。
①②は技能目標、③～⑤は価値目標、⑥⑦は態度目標である。

2　学習指導対象

二年六組（四一名）・七組（三九）・八組（四一名）

3　学習指導の概略

次に学習指導計画を掲げる。「1導入」から「2短歌の鑑賞」の「(2) 展開―応用」までは一学期五月に、「(3) 展開―発展」は、二学期一一月に行った。また、「3短歌の創作」・「4冊子『短歌を学ぶ―鑑賞と創作―』の作成」は、三学期二月末に行った。

1　導入（二時間）

①短歌の学習計画の説明　②学習のためのアンケート　③木俣修「短歌のために」

2　短歌の鑑賞

(1) 展開―基本（三時間）

①短歌を読む―短歌の味わい方　②「その子二十」（『国語Ⅱ』筑摩書房刊）から六首を選び授業を通して鑑賞

(2) 展開―応用（一時間）

「その子二十」（同）から七首を選出

①七首から二首を選び鑑賞文の作成

②作成した鑑賞文と大岡信『折々の歌』の鑑賞文との比較

(3) 展開―発展（三時間）

①短歌を選ぶ―各グループ一〇首　②私たちの選んだ百首の作成

3　短歌の創作（二時間）

①短歌の創作　②友人による批評　③短歌の推敲

創作のための参考として、近藤芳美著「『無名者の歌』抄」（『現代国語1　二訂版』一九七八年十一月　筑摩書房刊）、中原和男氏「わけもなく過ぎゆく時は」（『波』5号一九七八年一月　大手前〈中〉高等学校文芸部刊）を配布した。

4　冊子「短歌を学ぶ―鑑賞と創作―」の作成（一時間）

4　関連学習

他に、短歌の学習指導に関連して、折にふれて紹介した短歌の一部を例として掲げれば、次の通りである。

1　「与謝野晶子短歌文学賞　青春の歌　入選作品　河野裕子氏選」

人ごみはなぜかワクワクしてしまう目指すパルコは坂の向こうに　奥田未央（大阪府立和泉高等学校一年）

はじまりは海からだった私たちおぼえていますかあの日の言葉　明賀万実（同　定時制）

2　「ハイティーン純情歌集」（『ジュ・パンス』一九九三年　四月号　高文研発行）

「いま、理科」といつの間にか覚えておりぬ君のクラスの時間割まで

話すのはいつも我にて君はただうなずくだけで会話は終わる　大分　杵築高校二年　渡辺伸子

3　「朝日花壇」

百円でノートと鉛筆五人分世界の子が待つユニセフ募金　（上田市）中島絹代

地下鉄の長い階段のぼり来てやっぱり君が好きだと思う　（札幌市）本間　恵

4　単元「『むなしさの時代』をどう生きるか」（二学期後半）の導入として

①3341と数字浮き出るポケベルを机上に授業を受ける女生徒　「朝日花壇」（千葉市）愛川弘文

②「もっともっといっぱい話そう」と十歳の投書載りみんなさびしい日本「朝日花壇」（上田市）武井美栄子

①か②かどちらかを選び、それぞれの歌の「さみしさ」がどのようなところから生じたのか想像し、あなたの感想もまじえて書きまとめなさい。

5　「山月記」の授業で、まとめとしての選択課題の一つとして、「短歌二首―ある場面における李徴の気持ち

を中心に」を課した。

(二)　短歌鑑賞指導の実際

1　短歌学習指導の導入

(1)　学習計画の説明

最初の時間に、次の計画表を配布して説明した。学習に見通しを与えるためである。

短歌の学習計画―短歌を読む（1）

二年（　）組（　）番　氏名（　　　　　　）

［学習目標］

①短歌を読みながら、短歌の味わい方を学ぶ。
②短歌の味わい方を応用して短歌を読み味わえるようにする。
③短歌を読み味わい、鑑賞文を書く。
④好きな短歌を選んで、「私たちの百人一首」を作る。
⑤学習の記録としての冊子を作る。

［学習計画］

短歌を読む（1）

1　学習のはじめに

①短歌に関するアンケート　②木俣修「短歌について」
2　基本
①短歌の味わい方　②教科書の短歌を読む
3　応用
①短歌の鑑賞
②鑑賞の比較
ア　生徒相互に鑑賞を比較
イ　生徒各自の鑑賞と大岡信『折々のうた』の鑑賞との比較
4　発展
①短歌を選ぶ―各グループ一〇首　②私たちの百人一首の作成
5　学習のおわりに
学習の記録としての冊子作り

この段階では、短歌の創作は計画してはいなかった。短歌の鑑賞指導を行い、様々な短歌に触れる中で創作を計画していった。

(2)　短歌の学習指導のためのアンケート

また、指導の参考にすることを考え、次のアンケートを実施した。

短歌を読む（1）
短歌の学習のためのアンケート

二年（　）組（　）番　氏名（　　　　）

1　あなたは短歌に親しみを感じますか。
ア・とても感じる　　イ・感じる　　ウ・あまり感じない
2　あなたは短歌を本や雑誌や新聞などで、読むことがありますか。
ア・よく読む　　イ・ときどき読む　　ウ・読まない
3　あなたは短歌を作ったことがありますか。
ア・よく作った　　イ・作ったことがある　　ウ・作ったことはない
アイと答えた人は、どのようなときに作りましたか。
4　あなたは、どのような歌人を知っていますか。
5　あなたは、短歌を読み味わうとすればどのような点に気をつければよいと思いますか。箇条書きで答えてください。（注―回答欄省略）
6　あなたは、短歌の学習で、どのようなことにふれてほしいと思いますか。箇条書きで答えてください。（注―回答欄省略）

アンケートでは、一一三人から回答を得た。その結果は、次のとおりである。

1　ア　2人（2％）　イ　17人（15％）　ウ　94人（83％）
2　ア　1人（1％）　イ　26人（23％）　ウ　86人（76％）
3　ア　1人（1％）　イ　64人（57％）　ウ　48人（42％）
〈母数一一三人　以下同じ〉
「3」で、ア・イと答えた者が、どのような時に作ったかは、次のとおりである。
小・中学校で作った―55人（49％）　修学旅行―4人（4％）　宿題―3人（3％）　遠足―3人（3％）
4　知っている歌人

与謝野晶子―51人（45％）　石川啄木―26人（23％）　北原白秋―22人（19％）　正岡子規―15人（13％）
俵万智―10人（9％）　柿本人麻呂―8人（7％）
〈斉藤茂吉―4人　山上憶良―4人　小野小町―3人　額田王―2人　藤原定家―2人　紫式部―2人　持統天皇―2人〉

5　短歌を読み味わう際の注意点
歌人の心情―35人（31％）　情景・状況の想像―24人（21％）　意味内容の理解―8人（7％）
表現・技法（比喩・倒置・リズム・余韻・洗練されたことば）―13人（12％）
〈表現意図―4人　歌人の生涯（プロフィール）―2人　歌の背景―2人　歌人の気持ちになる、短歌の世界に入り込む等。〉

6　短歌の学習で触れて欲しいこと
歌人のプロフィール―11人（10％）　作者の気持ち―11人（10％）
〈有名な短歌―4人　歌の背景―4人　いろいろな歌・現代歌人の歌―5人　心に伝わる短歌を読みたい―2人　味わい方―2人　作りたい―4人〉

生徒の全員が、小中学校で短歌を学習している。このことを踏まえて、以下、アンケートの結果について考えたい。「1」によれば、短歌に親しみを覚える者は、「ア」「イ」の計で17％あり、比較的高い数値だと考える。「2」は、「ア」「イ」の計で24％、約四人に一人が、短歌に目を向けるということである。これも高い数値だといえる。しかし、なお「1」で83％、「2」で76％の者が、「あまり感じない」・「読まない」としている。ここに、短歌に親しませることを指導目標にする意義が見いだされる。「3」では、計58％の生徒が、多く小・中学校の授業で短歌を創っていることが分かる。

「4」によれば、挙げられている歌人は、教科書に登場するものが全てだといってよいくらいである。生徒の短歌学習が、教科書を中心になされ、広がりを欠いているとも見える。さまざまな歌人の短歌、市井の人々の短歌に触れる機会を持たせてもよいであろう。その方が、短歌が、人々の生活と共にある伝統文芸であることが理解され、おのずと身近に感じられるであろう。

「5」では、短歌を読み味わう際のポイントがほぼ出ている。課題は、生徒に短歌の読みの方法として、読みの過程（手順）を系統化して理解させることであろう。「6」を答えた者は少なかった。中では、歌人の生涯、作歌の気持ちと背景などに関心を持っていることが理解される。

アンケートの結果を考察したが、ここから、①短歌に親しませる、②有名歌人の短歌にとどまらず、幅広い層の歌人の短歌に触れさせる、③短歌が人々の生活とともにある伝統文芸であることを理解させる、④短歌の読みの過程を系統化して理解させる、ということが課題として見いだされる。

3　木俣修「短歌について」の学習

短歌の学習に際し、①短歌に親しませるとともに、②ア・短歌とは何か、イ・短歌の表現の特色、ウ・短歌を読む意味、エ・短歌を詠む意味についてとらえさせたいと考えた。

「短歌について」には、次のような高校生の短歌が紹介されている。このような短歌に接することで、短歌に親しませたいと考えた。

①灯を消せばいまひたむきに学びたる数学の文字闇にただよう
②勉強のあいまあいまに聞くトロイメライしばしばわれを空想家にする
③白い富士のよく見える朝の屋上にて「スランプはだれにもあるさ」と友はつぶやく
④冬陽さすテーブルの上に実験用のうさぎぼそぼそと青菜をかじれり
⑤汗ばみて荒く息つく友の手に試験管今し反応せんとす

⑥父のことをさまざまに自慢しておれば父の亡き友の悲しき目にあう
⑦友の勤むる工場の前を通りつつ積まれし木材をこころして見ぬ
⑧月照れる青田に水を引きおれば母も鍬持ちて見回りにくる
⑨霜降るらしき夜ふけに父と米俵つくりておればあたたまりくる
⑩東京見物の赤き造花をつけしまま夕げの卓に母は向かいぬ
⑪むつまじく花のカタログ見ていますマす苦しみ多く生き来し父母
⑫貧血の母に飲ませる鶏の生き血もらいて木枯らしの夕べを帰る
⑬弟ははや眠りしか工作の板削る音のいつか止みたり
⑭浪人の苦しさ語る兄といくそばの花白く咲き続く道
⑮「やあ君のもアルバイトでもらった手ぬぐいか」と体操終わりて友は寄り来る

学習指導は、次の学習課題に沿って短時間で進めた。学習課題を、MH女の記述を併せて、次に掲げる。

短歌について　　木俣　修

二年（六）組（　）番　氏名（　MH女　）

1　本文中の心引かれた短歌を抜き出し、どういうところに引かれたかまとめなさい。

［抜き出し］

やあ君のもアルバイトでもらった手ぬぐいか」と体操終わりて友は寄り来る

［心引かれたところ］

この会話は、おそらくこの二人にしかわからないことだろうが、多くの生徒の中に、自分と同様に、苦労している生徒を見つけて、お互い言葉には出さないが、励まし合っているところ。

2　短歌とはどのようなものか。木俣修氏の考えがもっともよく表れているところを指摘しなさい。

P2L14今日、短歌という文学は、我々の生活そのもの、生活感情と密着して存在するものなのである。

3　短歌表現の特色について、まとめなさい。

P3、右L7短い詩形の中に、可能なかぎり単純化された言葉をもって、感動の焦点を中心に叙述し描写するということ。

4　短歌は私たちにとってどのような意味をもっているか。木俣修氏の考えを、次の二点からまとめなさい。

〔短歌を読む意味〕

・短歌が作られたそれぞれの時代の人間生活の種々相に触れ、また同時に不変の人間性に接することができること。

〔短歌を詠む意味〕

・苦悩や歓喜など、自分独りの胸にひそかにしまっておくことのできない感情を表現したいという欲求を満たすことや、再びは有り難いこの人生における体験や日々の生活における感動をとどめておきたいという欲求を満たすこと。

（注　プリント中の囲みの部分は、MH女のまとめたものである。）

2　短歌の鑑賞指導―基本

(1)　短歌の鑑賞の方法

短歌を読み味わう方法として、次のプリントを配布し、1～7の順序に従って短歌の鑑賞指導を試みた。

短歌を読む―短歌の味わい方

1　音読
リズム・調べ
2　歌意の理解
3　話者の状況の理解
位置・立場・状態・視点・場面
4　話者の心情の把握（仮説として）
①心情を表現した語句　②句切れ　③体言（連体形）止め
④助詞（かも・かな・）、助動詞（けり）
5　表現の検討
①詠まれている素材（イメージ化）
②表現技巧（比喩・対比・象徴・擬人）
③心情表現（4―①～④も含む）
④イメージ語―視覚・聴覚・触覚・味覚・嗅覚
6　話者の心情の感得
3・4・5をふまえて
7　作品のイメージの統合
音読・朗読

授業では、「その子二十」から次の短歌を扱うことにした。先に掲げた鑑賞の方法にしたがって鑑賞を行った。

その子二十櫛にながるる黒髪のおごりの春のうつくしきかな　与謝野晶子

清水へ祇園をよぎる桜月夜こよひ逢ふ人みなうつくしき

春の鳥な鳴きそ鳴きそあかあかと外の面の草に日の入る夕べ　　北原白秋

しみじみと物のあはれを知るほどの少女となりし君とわかれぬ

のど赤き玄鳥ふたつ屋梁にゐて足乳ねの母は死にたまふなり

あかあかと一本の道とほりたりたまきはる我が命なりけり　　斉藤茂吉

授業は、次のように行った。具体例を与謝野晶子の短歌に取る。

板書計画

女性らしさ
＝豊か・長く美しい髪
その子―
二十
櫛に流るる黒髪
―象徴
おごりの春―誇らしさ
うつくしきかな―賛歌

発問・指示・留意点

①音読
②ことばの意味―歌意
③話者の状況―その子
④話者の心情―うつくしきかな
⑤表現
　ア・二十　櫛に流るる黒髪　おごりの春
　イ・黒髪とおごりの春の関係は
⑥全体のまとめ
⑦朗読

華やかな遊里
清水へ　祇園　よぎる
桜月夜——桜の盛り
　　　　おぼろ月夜
こよひ逢ふ人
　向こうから来る人に逢う
　みなうつくしき—はなやかな美しさ
　連体止め　の発見
参考—会う・遭う・遇う

①音読
②ことばの意味—歌意
③話者の状況
④話者の心情—みなうつくしき
⑤表現の検討
　祇園　こよひ
　逢ふ（「あう」の意味の違い）
　みなうつくしき
⑥全体のまとめ
⑦朗読

3　短歌の鑑賞指導—応用

(1)　鑑賞文の書き方

短歌を自ら鑑賞し、鑑賞文を書かせるにあたり、次のプリントを配布し、鑑賞文の書き方を指導した。鑑賞文は、短歌の鑑賞の方法の順序に従うことで書きまとめられるとして、次のように具体的に例文をも示した。

短歌を読む—鑑賞文を書いてみよう

　六首の歌を読むことをとおして、「短歌の味わい方」を学習して来ました。次に、その味わい方を生かした鑑賞文の書き方を紹介します。

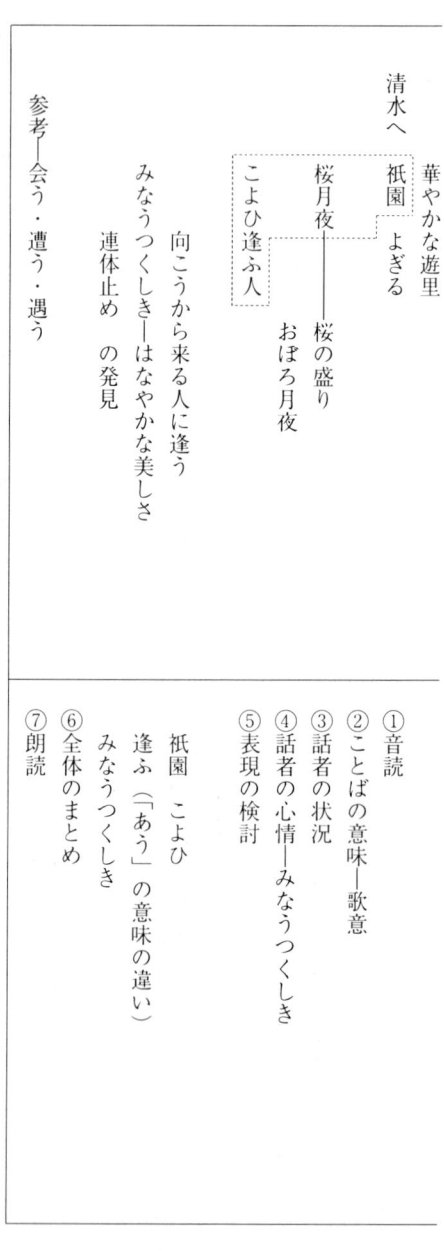

味わい方は、「1音読　2歌意の理解　3話者の状況の理解　4話者の心情の把握　5表現の検討　6話者の心情の感得　7作品のイメージの統合」としました。鑑賞文は、このうち、2～6を中心に書くとよいでしょう。2～6を整理すると、次のようになります。

①歌意の理解
②話者の状況の理解
③話者の心情の把握（仮に）
④表現の検討
⑤話者の心情の感得

☆このうち③と⑤はどちらかにすればよいでしょう。

次に例を示しましょう。

その子二十櫛にながるる黒髪のおごりの春のうつくしきかな　与謝野晶子

例―［鑑賞文］

①二十の、梳くと流れる黒髪に象徴される誇らかな青春は、かがやくばかりにうつくしいというのが歌意である。②話者は、少し距離をおいたところから、女性と黒髪にかがやくばかりの青春を感じているととれる。それは、あるいは距離をおいて観た、自身の姿であるかもしれない。③「うつくしきかな」には、その盛りの青春への深い感動がうかがえる。④「櫛にながるる」からは、つやつやと健康的で美しい、女性のシンボルとしての黒髪が想像され、「おごりの春」からは、自信に満ちた、のびやかな生き方までが伝わってくる。（⑤「うつくしきかな」には、その盛りの青春への深い感動がうかがえる。）

［本文二四〇字以内］

以上のように、①～⑤をつづけて文章化すると、右のような鑑賞文が書けます。

(2) 短歌の鑑賞指導の実際

教科書「その子二十」から、次の七首を選んで示した。

A　やはらかに柳あをめる
　北上の岸辺目に見ゆ
　泣けとごとくに　　石川啄木

B　馬追虫の髭のそよろに来る秋はまなこを閉ぢて想ひ見るべし　　長塚　節

C　白鳥は哀しからずや空の青海のあをにも染まずただよふ　　若山牧水

D　最上川逆白波のたつまでにふぶくゆふべとなりにけるかも　　斎藤茂吉

E　ならさか　の　いし　の　ほとけ　の　おとがひ　に
　こさめ　ながるる　はる　は　き　に　けり　　会津八一

F　たちまちに君のすがたを霧とざしある楽章をわれは思ひき　　近藤芳美

G　マッチ擦るつかのま海に霧ふかし身捨つるほどの祖国はありや　　寺山修司

この中から生徒に二首を選ばせ、次のプリントを配布して鑑賞文を書かせた。ついで、大岡信氏著『折々の歌』から、七首の歌に関する鑑賞文を抜き出し、プリントして配布した。その後、生徒の書いた鑑賞文と大岡信氏のものとを比較させ、その気づきを書かせた。最後に、大岡信氏の鑑賞文で鑑賞のことばとしてすぐれていると思われるものを抜き出させた。

短歌を読む

二年（　）組（　）番　氏名（　　　　）

短歌を二首選んで鑑賞文を書きなさい。

短歌						

内容（A　B　C）　構成（A　B　C）　表現（A　B　C）

1　あなたの鑑賞文と大岡信の鑑賞文とを読み比べて、気づいたり感じたりしたことを、次に述べなさい。

2　大岡信の鑑賞文で、鑑賞のことばとしてすぐれていると思われることばを、次に抜き出しなさい。

(3)　生徒の鑑賞文の紹介

次に生徒の鑑賞文を紹介し、その中のいくつかについて考察したい。

A　やはらかに柳あをめる　　　　　　　　　　　　　　　　FM男

［鑑賞］

①柳がうす青く色づいて来ると、私に泣けといっているかのように、ふるさとの北上川の岸辺が、目に浮かぶようだ。②話者は郷愁を詠んでいる。③話者は話者のふるさとに似た風景を見て、ふるさとのなつかしさを思い、切ない気持ちになってこの短歌を詠んでいる。④「やはらかに柳あをめる」では、少しずつ草木が青くなってくる。さわやかであたたかい感じの春が伝わる。その後の部分で、前半と対比させて、よりいっそう、切なさが伝わってくる。

［比較］

自分がこの歌を読んでも、故郷への「憎」の部分は見えてこなかった。

［優れたことば］

泉のように噴きあがってきた望郷の歌が

　　　　　　　　　　　　　　　　　　　　　　　　　　　TY女

［鑑賞］

①北上川の柳が青々と茂っている情景を、話者が想像すると泣けそうになるというのが歌意である。②話者は、故郷から遠く離れ、思い出がつまった北上川を思い起こしているのではと感じる。③「泣けとごとくに」は、話者の望郷の念が強く表れているように思える。④「やはらかに」からは、春のふんわりとした感じがでており、「岸辺目に見ゆ」からは、何だか今にも故郷が目の前に、現れそうな気がし、話者の心情がはっきりと自分にも伝わってくるように感じられたと思った。

［比較］
私は大岡信の鑑賞文を読むまで、この歌を作った時の啄木がどんな状況に置かれていたのか知らなかった。啄木にとって、この歌はただ故郷を思うだけでなく、今の自分から抜け出したいという思いがあったのではないかと思った。
［優れたことば］
泉のように噴きあがってきた望郷の歌

両者とも、ほぼ鑑賞文の書き方に示した方法で書いている。FM男の②は、話者の状況と言うより、話者の心情の中核をとらえたものとなっている。むしろ③がそれに当たっている。話者の状況として、FM男は、「柳がうす青く色づいて来る」「ふるさとに似た風景」を見て「ふるさとの北上川の岸辺」を思い出しているととらえている。表現については、四句までと五句とを「対比」と見て、「切なさ」がいっそう伝わってくるとしている。

TY女は、②のように話者の状況をとらえ、③で「泣けとごとくに」という表現を押さえて、中核的心情をとらえている。また、「やはらかに」、「岸辺目にみゆ」それぞれの表現効果に言及し、鑑賞をまとめている。両者それぞれに、「郷愁」「望郷の念」ということばを自分のものとしていることも理解される。

［比較］で、FM男は、大岡信氏の文章を読み、「故郷への『憎』の部分は見えてこなかった」としている。自らの鑑賞と比較し、さらに検討した上で、なお大岡信氏のようには読めなかった自己の読みを率直に表現していることが理解される。TY女は、大岡信氏の文章により話者の状況を理解した上で、さらに「今の自分から抜け出したいという思いがあったのではないか」と、理解を深めている。

［優れたことば］については、両者が同じ箇所を挙げ、優れた表現を見分ける目の確かさがうかがえる。

B　馬追虫の髭のそよろに来る秋は

IT女

［鑑賞］

形としてない秋のおとずれを触かくがゆれるようなすごい微妙なものとしてとらえている所にひかれた。確かに春夏秋冬という四季の移りかわりは形としてはなく視覚、聴覚、触覚などの感覚で感じるものである。①馬追虫の触覚がゆれるほどの少しのことで秋が来るということを表し目を閉じて秋を想像している《ママ》②もうすぐ秋がくるというのを肌で感じた作者はそれをどんなに微妙なものかをうまくとらえている《ママ》③今までの秋を思い出す《ママ》④　秋のおとずれのやさしさが伝わる《ママ》⑤《ママ》

［比較］

目を閉じるからこそという大岡さんの意見にはっとさせられた。

［優れたことば］

織明にして澄明

HI女

［鑑賞］

目を閉じると、馬追虫の触覚がかすかに動くように秋がやってくるのが思い浮かぶというのが歌意である。話者は、秋の訪れを馬追虫の触覚におきかえ秋を感じとろうとしている。まなこを閉ぢて想い見るべしには秋の訪れをイメージしていると思える。馬虫《ママ》の髭のそよろに来る秋には、話者が秋を感じている以上に、虫もが秋を感じていることが考えられ、秋の訪れを全身でよろこんでいる。

［比較］

私の鑑賞文には、作者の出生などには一切触れていないのに対し、大岡信は、そこに着目している。その他、序詞などの文法的事こう《ママ》にも触れていた。

[優れたことば]

スイッチョのあの長いひげがそよろと動く、そのかそけさをもってくる「秋」を想い見るには………

両者いずれも表現に熟していない点が見いだされる。IT女は、「秋のおとずれを触かくがゆれるようなすごい微妙なものとしてとらえている」と短歌の中心をほぼとらえながら、鑑賞文として表現し得ないで終わっている。多くの生徒は、鑑賞文の書き方に基づいて書いていたが、IT女は、鑑賞文の書き方の理解が十分にできていない。大岡信氏の鑑賞文からは、「比較」の中に述べられているように、新たな気づきが得られている。

HI女も、短歌の中心部は理解している。鑑賞文も、おおむね書き方に沿って書いている。しかし、「触覚におきかえ」、「髭のそよろに来る秋には」という表現は、未熟なものとなっている。虫が「秋の訪れを全身で喜んでいる」には、生徒自身のイメージが作品世界に投影されていると見える。[比較]では、「作者の出生」、「序詞」などの表現技巧を踏まえて短歌を読むという鑑賞のための観点があることを学んでいる。

[優れたことば]は、両者で違っているが、それぞれに優れたことばをとらえている。

E　ならさか　の　いし　の　ほとけ　の　　　MM女

[鑑賞]

奈良坂の道端の石仏のしたあごを小雨が流れている。そんな春がもう来ているのだなあというのが歌意である。話者は、今まで、特に春を感じさせる出来事がなかったが、石仏が雨に打たれているのを見て、はっと春の訪れに気が付いたのだろう。「おとがひにこさめながるる」は石仏が雨に打たれている情景をとらえてとても印象的である。「雨」

は悲しい、寂しいというイメージがあるが、これは春のおとずれを軽くはずんでいる心が感じられる。ひらがなで表現されている点で春を感じさせるやさしさが感じられる。

［比較］

自分の思い描いていた情景と同じでよかった。大岡信は「古都の懐かしさがしみじみ流れている。」と表現しているが、私は今までそんな風に感じなかったが、言われてみれば、ひらがなで表現されている所に古都の懐かしさを感じることができる。

［優れたことば］

古都のなつかしさがしみじみ流れている。

HH女

［鑑賞］

山道添い《ママ》仏様に、小雨がさらさら流れている。ああ、春がやってくるんだな。そういう静かな喜びが伝わってくる。話者はすぐ近くで仏様を見ているのだろう。そして辺りには人はいないようだ。本当に静かな中での春の実感。とても満ち足りたような、しっとりした気分を、話者も味わっているのだろう。この歌は全てひらがな表記だ。そうすることで、やさしさ、やわらかさが表現されているように思う。そして、服を着ない裸のままの新鮮な感じもする。歌全体で春という雰囲気を作り出しているようだ。

［比較］

私は仏様のある場所をただ推測しているだけだったけど、大岡さんは、それがどこにあって、どんな名称かと言うことをきちっとしらべているところがすごいと思う。

［優れたことば］

路傍の石仏、古都の懐かしさ、しみじみ流れている。

MM女は、［鑑賞］を鑑賞文の書き方に基づいて書きまとめている。この歌に、「石仏が雨に打たれているのを見て、はっと春の訪れに気が付いた」話者の「軽くはずんでいる心」を読み取っている。「おとがひにこさめながる」というこの歌の中心的表現を「印象的」とし、「ひらがなで表現されている点」に、「春を感じさせるやさしさ」を感じとっている。表現にやや未熟な点はあるが、よく歌の味わいをとらえているといえる。HH女は、歌意で、「春がやってくるんだな」とした点、「き　に　けり」の意味をとらえていないと思われる。しかし、この歌に「静かな喜び」を見いだし、「本当に静かな中での春の実感」が表現されているとし、「満ち足りたような、しっとりした気分」を「話者も味わっている」ととらえているところからすれば、よくこの歌を味わい得ているといえよう。［比較］の項を読めば、MM女は大岡信氏の鑑賞文に触発されて新たな読みに気づいている。HH女は、短歌創造の場を実証的に探る大岡信氏の方法を印象深く受け止めている。［優れたことば］では、ほぼ重なって同様の優れた表現を的確にとらえている。

以下、生徒の鑑賞例のみを掲げる。

C　白鳥は哀しからずや　TY男

［鑑賞］

白鳥の真っ白な色は、空の青色にも、海の青色にもそまることはなく、白鳥の孤独さを歌っている。話者は、白鳥と、空と海を対比させたことによって、より大きな孤独を表そうとしている。あるいは、白鳥というのは自分であり、今の話者の気持ちかもしれない。「哀しからずや」から、孤独のさみしさがうかがえる。「空の青海のあを」から、まわりの大きさを感じ取ることができる。

［比較］

自分も同じように作者自身の孤独を読みとることができてよかった。

［優れたことば］

作者自身の若い孤愁を哀傷する

ST男

［鑑賞］

この歌の景色は、真っ青な空とおだやかな青い海の中、一羽の白い鳥がとんでいるところである。話者はこの景色をたった一人で見ているのだろう。そして自分の不安で哀しい気持ちから、白鳥の青と白との対比がこの歌に哀しさを与えている。また、「飛ぶ」のではなく、「ただよふ」という表現がどうなるのか分からない不安を表現している。

［比較］

「白鳥」はカモメだということは、聞こえてくる声も哀しく聞こえるだろうと思った。

［優れたことば］

若い孤愁

D　最上川逆白波の

MR女

［鑑賞］

①最上川に逆白波が立っているので、夕方はとても寒くなりそうだというのが歌意である。②話者は最上川の岸辺でおり《ママ》、かなりの逆白波がたっているのを見てる《ママ》。③「ふぶくゆふべとなりにけるかも」には、話者の孤独感が感じとられる。④「逆白波」からは、話者が孤独と戦っている様子を表している。「ふぶくゆふべとなりにけるかも」から

は、話者の孤独感がより感じとられる。⑤「ふぶくゆふべとなりにける」からは話者の孤独が感じとられる。

［比較］

なぜ、こんなに寂しく悲しい歌なのか理由を知らないで書いたので歌意が、かなり違う。戦中の時のことや、重病、孤独。斉藤茂吉ほど、苦しい生活を送った人は他にいないのではないかと思った。

［優れたことば］

身心その情景に没している老歌人

F　たちまちに君のすがたを霧とざし　　　　MS女

［鑑賞］

たちまち恋人の姿を霧が見えなくしてしまい、話者の頭に、今の情景に合う悲しい音楽を思いうかべるというのが歌意である。話者の恋人を霧が隠してしまい、話者の不安が、ある音楽を思い出させたのだろう。「霧」は話者の不安さをあらわしており、「楽章」は、きっと悲しみや、不安の曲だったのだろう。

［比較］

この恋人たちの恋愛が、つらい戦時中での唯一の心のやすらぎだったのではないだろうか。戦時中だからこそ、次に会うまで無事でいられるかという思いが、「君」を隠す「霧」への不安として歌に詠まれているのだろうと思った。大岡信さんの鑑賞文を読んでから短歌を見直すと、もっと深い思いや意味が感じとられる。

［優れたことば］

戦時下の若い男の恋愛は、いつ破壊されるかも知れない危うさの上にゆれていた。　　　　YK男

［鑑賞］
あっという間に、去っていく君の姿が霧で見えなくなった時、ある曲の楽章を思い出していたというような意味で、この場合の話者は、君という存在を見送っている人物で、君の姿を霧とざしという所から、話者にとって大切な人と死別したことを悲しんでいることがわかる。ある楽章のあるという部分が、どんな曲のどの楽章を思い出したのかを自由に想像さして《ママ》くれるような気がする。これは、戦争に対するにくしみや悲しみが、間接的に込められているような気がする。この歌はなんだか悲しい暗い感じがする。

［比較］
僕はこの「君」という存在は死んでしまったのだと考えていた。しかし、大岡信の鑑賞文では、死んだのではなく、戦時下のもとで、2人《ママ》とも「死にそうな」状態であるということだった。「君」という存在が現在の夫人であるというのも戦時下の中での、つまった生活の中で愛し合っていたからこそだと思った。郷里が広島というのは、大変だっただろうと思った。

［優れたことば］
切なさと甘美さが、この歌の霧と少女と音楽の中にある。

G　マッチ擦るつかのま海に霧ふかし　　MH女

［鑑賞］
①マッチを擦って、一瞬明るくなって見えた海は、霧が深く、祖国は見えない。そこで、祖国について考えたというのが歌意である。②話者は、何らかの事情で、祖国を離れ、異国の地にいる若者ととれる。③「祖国はありや」と思った理由に、深い霧がある。霧にとざされてしまうような国は、勢いもないという失望がうかがえる。④「霧ふかし」だからその国が見えないということが、実際のその国の勢いがないということとは、結びつかないが、そう感じられ

るのは理解できる。

［比較］

私は、話者は、異国の地にいるのだろうと考えたが、この鑑賞文では、故郷にいるようになっている。「身捨つるほどの祖国はありや」と思った理由がいまいちわからなくて、知りたかったのだが、ここではっきり書かれていないと思う。同じ作者の別の作品を引用するのは、より短歌を理解しやすくするのに効果があると思う。

［優れたことば］

・「ふるさとの訛なくせし友といてモカ珈琲はかくまでにがし」と歌う彼は、同時に、

・故郷や祖国にべったり付くような執着を振り捨てて生きていこう

4　短歌鑑賞指導―発展

(1)　「私たちの選んだ百首」作成の方法

作成方法を、次のプリントを配布して説明した。

「私たちの選んだ百首」の作成

次のようにして、「私たちの選んだ百首」を製作しよう。

1　クラスを十のグループに分け、グループごとに十首の短歌を選ぶ。

ア・グループごとに、参考短歌①〜⑩の中から一つを選ぶ。

イ・参考短歌の中からグループのメンバー一人ひとりが一首を選ぶ→グループで話し合い、グループ推薦の短歌五首に絞る。

ウ・参考短歌以外の短歌を、グループのメンバー一人ひとりが一首選ぶ→グループで話し合い、グループ推

鷹の短歌五首に絞る。
エ・イ、ウで選んだ短歌十首をグループ推薦の短歌とする。
2　十グループそれぞれが選んだ十首を合わせ百首として、清書して冊子にまとめる。

☆「私たちの選んだ百首」参考短歌
①自然（1）—春・夏
②自然（2）—秋・冬
③自然（3）—月・星
④旅
⑤人生
⑥恋
⑦こころ—喜怒哀楽
⑧日々の暮らし
⑨政治・社会
⑩戦争

「私たちの選んだ百首」参考短歌には、宮柊二氏監修『ポケット　短歌その日その日』（一九八三年九月　平凡社刊）を用いた。この歌集は、「万葉集の昔から現代にいたるまでの、約四千首のすぐれて作品が、テーマ別におさめられ」、「どの項目、どのページの、どの一首を読んでもいいように、気楽に楽しめるように工夫したつもりだが、全体として見れば、千数百年にわたる短歌の歴史が、今までに積み重ねてきた、その広がりと深さを鳥瞰できるようにとの意図」（「まえがき」同）で編纂されたものである。そこから生徒の関心等を考慮して選び、テーマごとに①〜⑩の題名を適宜付した。

（2）短歌推薦の方法――「私の選んだ短歌」

推薦させるにあたっては、推薦用紙「私の選んだ短歌」を用いさせた。次に「私の選んだ短歌」をMH女の記述を併せて掲げることにする。

私の選んだ短歌

二年（六）組（　）番　氏名（MH女　　）

1　参考短歌から選んだ二首

（日々のくらし　　）の中から、次の二首を推薦します。

①	しろがねの指ぬきひとつ箱に秘めもの縫はむゆとり恋ひてゆく月　　五島美代子
推薦理由	やりたい事ができる日を待つのは、それ自体が楽しいもので、私もそういう思いをすることがあり、共感できるから。
②	子どもらが湯にのこしたる木の葉舟口をすぼめて我は吹きをり　　島木赤彦
推薦理由	大人が子どもの心に戻って、木の葉舟を吹くのが、純粋でおもしろいと思うから。

2　私の薦める短歌二首

①	街をゆき子供の傍を通る時蜜柑の香せり冬がまた来る　木下利玄
推薦理由	かすかな香りの変化に、季節の訪れを感じ取る繊細さがいいと思ったから。
②	不来方のお城の草に寝ころびて　空に吸われし　十五の心　石川啄木
推薦理由	空はあまりにも広く、それに対して自分がひどく小さく思える青春時代が、この歌に簡潔に表されていると思うから。

(3)　「私たちの選んだ百首」の実際

（1）参考短歌からの推薦歌

各グループが参考短歌から推薦した百首は、次のとおりである。

1　自然（1）

朝起きてまだ飯前のしばらくを小庭に出でて春の土踏む　伊藤左千夫

真夏日の光澄み果てし浅茅原にそよぎの音のきこえけるかも　斉藤茂吉

ひとつひとつ街路樹のかげが黒くある舗道を行くにすでに暑き朝　野村清

またも来む時ぞ思へど頼まれぬ我が身にしあれば惜しき春かな　紀貫之

散らばりて真砂の上に落つる日も黄を帯びにけり秋し近しも　尾上柴舟

2　自然（2）

秋の日の白光にしも我が澄みて思ひふかきは為すなきごとし　北原白秋

アカシアの並木光りてさやさやに吹き来る風のすでに秋ずく　樋口賢治
秋くれば手に拾ひたる小石にも遠きいのちのあるここちする　与謝野晶子
見わたせば花ももみじもなかりけり浦の苫屋の秋の夕暮　藤原定家
秋来ぬと目にはさやかに見えねども風の音にぞおどろかれぬる　藤原敏行

3　自然（3）

木星のこよひの冴えは罪深きわれの額に直接きたる　吉野鉦二
をとめ座の真珠星しらみて己れ燃ゆる熱度三万六千度なり　葛原妙子
真砂なす数なき星のその中に吾に向かいて光る星あり　正岡子規
白鳥座首根の位置に宇宙の星の死の果てブラック・ホールとは　三木アヤ
しずまれる篁の空きさらぎの星生まれつぎてこころみたしむ　木俣修

4　旅

極北のここは春べと氷塊のただよひいづる果てなき碧に　窪田章一郎
白き糸伸べたるさまに汀見えはがねのごとし日本海は　吉野昌夫
北極に分水嶺は岐れつつほそき白樺の林はつづく（カナダ）　細川謙三
常はただ遠しと思ひし深山嶺の白雲の中に吾は来にけり　藤沢古実
暗きより来たり暗きへ遠ざかる砂漠の夜風音ともなひて　鈴木英夫

5　人生

ひとつぶの砂とうまれて滲み出づる山の清水に洗はれなむか　服部忠志
わがいのち闇のそこひに濡れ濡れて蛍のごとく匂ふかなしさ　若山牧水
日のやうに光のやうに水のやうに流れのやうに明日の日のやうに　前川佐美雄
やり直しきかねば生きてゐることもそらおそろしくおもはれてきぬ　吉野昌夫

盛り上り花咲くみればこれの世に逢ふべく逢はぬ人あるごとし　醍醐志万子

6　恋

この夕べ二人あゆめば言ふことのただ素直なるをとめなりけり　紫生田稔

冬枯れの野へとわが身を思ひせば燃えても春を待たましものを　伊勢

ふたたびは見じと別れしその日より恋となりけりすべなしや心　原阿佐緒

消えわびぬうつろふ人の秋の色に身をこがらしの森の下露　藤原定家

吾が髪の白きに恥づるいとまなし溺るるばかり愛しきものを　川田順

7　こころ

ほしいままとまではゆかねど時折に怒りを人に打きつくるなり　吉田正俊

かなしみは明るさゆゑにきたりけり一本の樹の翳らひにけり　前登志夫

人に告ぐる悲しみならず秋草に息を白々と吐きにけるかも　島木赤彦

右手よりさしくる春の月ひくく幸福の前の吾のためらひ　木暮政次

何ゆゑかパン買い待つは楽しくて食べきれぬほど夜々買ひて来る　北沢郁子

8　日々のくらし

しろがねの指ぬきひとつ箱に秘めもの縫はむゆとり恋ひていく月　五島美代子

子どもらが湯にのこしたる木の葉舟口をすぼめて我は吹き居り　島木赤彦

柚子の香のにほひかなしも朝はやく眼鏡をかけて湯にひたり居り　橋田東声

朝刊を膝に開きてパンを食う財界の諸事情など遠景に　佐々木幸綱

窓ちかき竹の葉すさぶ風の音にいとどみじかきうたたねの夢　式子内親王

9　政治・社会

ひたすらに獄舎の獄吏増せ権ある人よ権を保つべく　服部躬治

様々に暴力が組織されゆくを見つつ言うべき言葉なき吾等　木暮政次
新しくせまる暴力をわが思ふ暴力は何時にても理論を持てり　木暮政次
きみのいる刑務所の塀に自転車を横向きにしてすこし憩えり　寺山修司
残雪に腹這い　機関銃にねらいつけている、兵の蒼白な顔を見る。　渡辺順三

10　戦争
はや十年見ざりし蛍たたかひに出でて来し身にまつはりて飛ぶ　山本友一
星の如くB二十九に迫りゆきたちまちに落つる戦闘機二機　岡野弘彦
くやしまむ言も絶えたり炉のなかに炎のあそぶ冬のゆふぐれ　斉藤茂吉
戦争を放棄してわれら守るべき一つ平和を誰かうたがふ　扇畑忠雄
オーロラの光の下に立ちなげくわが棲む位置も秘められてあり　大内与五郎

一〇のテーマから、多様な短歌が選ばれている。選ばれた短歌の傾向をとらえることは難しいが、表現に難しさがあっても比較的意味の分かりやすい歌、情景を想像しやすい歌、情景の美しい歌、表現された心情が共感を覚えさせる歌、古典として知られている歌が選ばれているように見える。

（2）自選短歌

1班
うすべにに葉はいちはやく萌えいでて咲かむとすなり山桜花　若山牧水
なにとなく君にまたるるここちして出でし花野の夕月夜かな　与謝野晶子
ますぐなる電車の道のまむかひにぽっかり赤き月のぼりたり　佐々木信綱
ひるのつきがそらにしみるのかひるのつきにそらがしみるのかあをいひるのつき　内藤鋠作

うらうらに照れる春日にひばりあがり心かなしも独りし思へば　大伴家持

2班

うたた寝に恋ひしき人を見てしより夢てふものは頼みそめてき　小野小町

「寒いね」と話かければ「寒いね」と答える人のあたたかさ　俵万智

このままに歩み行きたき思ひかな朝なかぞらに消えいる雲見つ　高安国世

なげきつつひとりぬる夜のあくるまはいかに久しきものとかは知る　右大将道綱母

たちまちに君の姿を霧とざし或る楽章をわれは思ひき　近藤芳美

3班

漠然と恐怖の彼方にあるものをあるいは素直に未来とも言ふ　宮柊二

しらしらと氷かがやき　千鳥なく　釧路の海の冬の月かな　石川啄木

心あてに折らばや折らむ初霜のおきまどはせる白菊の花　凡河内躬恒

なにとなく君にまたるるここちして出でし花野の夕月夜かな　与謝野晶子

たちまちに涙あふれて夜の市の玩具売場を脱れ来にけり　木俣修

4班

小倉山峰のもみぢ葉心あらば今一度の行幸待たなむ　貞信公

奥山に紅葉踏み分け鳴く鹿の声聞く時ぞ秋は悲しき　猿丸太夫

うすべにに葉はいちはやく萌えいでて咲かむとすなり山桜花　若山牧水

我が園に梅の花散るひさかたの天より雪の流れ来るかも　大伴旅人

木に花咲き君わが妻とならむ日の四月なかなか遠くもあるかな　前田夕暮

5班

白銀も黄金も玉も何せむに勝れる宝子にしかめやも　山上憶良

自転車のカゴからわんとはみ出してなにかうれしいセロリの葉っぱ　俵万智
思ひつつ寝ればや人の見えつらむ夢と知りせばさめざらましを　小野小町
あたらしく冬きたりけり鞭のごと幹ひびき合ひ竹群はあり　宮柊二
ゆるやかにすぎゆく雲を見おくれば山の木群のさやさやに揺る　長塚節

6班
よごれたる手を洗ひし時の　かすかな満足が　今日の満足なりき　石川啄木
照りもせず曇り果てぬ春の夜のおぼろ月夜にしくものぞなき　大江千里
涙もつ瞳つぶらに見はりつつ君かなしきをなほ語るなり　若山牧水
亡ぶべき階級として定まれば心清くして一生終へたし　木暮政次
東の野にかぎろひの立つ見えてかへり見すれば月かたぶきぬ　柿本人麻呂

7班
石走る垂水の上のさわらびの萌えいづる春になりにけるかも　志貴皇子
最上川の上空にして残れるはいまだうつくしき虹の断片　斉藤茂吉
やはらかに柳あをめる北上の岸辺目にみゆ泣けとごとくに　石川啄木
うらうらに照れる春日にひばりあがり心かなしも独りし思へば　大伴家持
手を垂れてキスを待ち居し表情の幼きを恋ひ別れ来りぬ　近藤芳美

8班
やはらかに柳あをめる北上の岸辺目にみゆ泣けとごとくに　石川啄木
四万十の光の粒をまきながら川面をなでる風の手のひら　俵万智
たちまちに君の姿を霧とざしある楽章をわれは思ひき　近藤芳美
隣室に書をよむ子らの声きけば心に沁みて生きたかりけり　島木赤彦

耳を切りしヴァン・ゴッホを思い孤独を思い戦争と個人をおもひて眠らず　宮柊二

9班

秋の田のかりほのいほの苫をあらみわがころもではつゆにぬれつつ　持統天皇
茜さす紫野ゆき禁野ゆき野守はみずや君が袖ふる　額田王
今日までに私がついた嘘なんてどうでもいいよというような海　俵万智
街をゆき子供の傍を通るとき蜜柑の香せり冬がまた来る　木下利玄
草わかば色えんぴつの赤き粉の散るがいとしく寝てけづるなり　北原白秋

10班

ひさかたの光のどけき春の日にしづ心なく花のちるらむ　紀友則
街をゆき子供の傍を通るとき蜜柑の香せり冬がまた来る　木下利玄
人はいさ心もしらずふるさとは花ぞ昔の香ににおひける　紀貫之
不来方のお城の草に寝ころびて　空に吸われし　十五の心　石川啄木
瀬をはやみ岩にせかるる滝川のわれても末に逢はむとぞ思ふ　崇徳院

中に重なって推薦されている短歌もある。百人一首、教科書、便覧に出ている古典短歌（和歌）が多く選ばれている。人口に膾炙している短歌も多い。有名で何らかの形で心に残っている歌、心情的に共感しやすい歌、意味の分かりやすい歌、情景を想像しやすい歌が選ばれているといえよう。全体として、推薦するために各自に新しい短歌を探し求めるより、これまでに何らかのつながりで心に残った短歌を選んだという傾向が見いだされる。

(4)　鑑賞のことばに学ぶ

大岡信『折々の歌』から『第十折々の歌』までの一〇冊を四部揃え、生徒に一冊ずつ配布した。各一冊は、春夏秋冬の四季の歌から構成されている。出席番号一番の生徒に『折々の歌』の「春」の歌を対象とさせ、以下同様にして四〇番の生徒には『第十折々の歌』の「冬」の歌を対象とさせて、その中から生徒の最も惹かれた歌を二首選ばせた。ついで、歌を写させるとともに、大岡信の鑑賞文をも写させ、優れた鑑賞の表現に傍線を引かせた。当初は、鑑賞の優れた表現を集成することを考えたが、果たせなかった。

学習は、次に掲げるプリントによって行った。

> 鑑賞のことばに学ぶ—『折々の歌』（大岡信）から
>
> 二年（　）組（　）番　氏名（　　　　　）
>
> ◎私の選んだ歌と鑑賞（1）—『　　　』の季節「　　」から
>
> ①歌と鑑賞文をていねいに書き写しなさい。
>
> 書写欄・マス目—省略（渡辺）
>
> ②鑑賞文で優れた表現だと思われるところに傍線を引きなさい。

次に、生徒の学習例を四例紹介する。

①『続折々の歌』の季節「秋」（NH男）

からうじてわがものとなりし古き書の表紙つくろふ秋の夜の冷え　佐々木信綱

「豊旗雲」所収。昭和三十八年九十一歳で没した作者の、国文学者としての巨大な業績については今更言う必要もない。信綱は、「万葉集」研究、歌学史研究、古典籍の復刻などの諸領域で、余人の遠く及ばぬ仕事をした人だから、古写体への愛情も特別なものがあった。入手のきわめて困難だった古書が、ついに「わがもの」となった歓喜にひたって、この学者は秋冷の夜ふけの部屋で一人表紙を修理しているのだ。

②『第三折々のうた』の「冬」から（MY男）

屋上より発車の電車風の日の夕月の中にゆらぎつつ出づ　中野菊夫

『風の日に』（昭和二九年）所収。明治四十四年東京生まれの現代歌人。療養者の短歌に関心深く、熱心に作歌指導もした。この歌は戦後まだ日も浅い時代の作。都会には時々、屋上から始発の電車がある。そういう駅から、風の強い日の夕暮れ、いかにも風に揺らぐような感じで出てゆく電車。作者の感情は何ひとつ表されてはいないが、結句まで読むと、電車と一緒に何かがゆらぐような感じがする。こんな小景の中に都会の孤独がかえって揺曳する。

③『第四折々の歌』の季節「冬」から（OY女）

憂き事のまどろむほどはわすられて覚むれば夢のここちこそすれ　崇徳院

『保元物語』所収。七十五代天皇。上皇の時後白河天皇と対立、摂関家や武士が加わって内乱（保元の乱）となる。敗れて四国の讃岐に流され、悲憤を抱いて崩御。敗北後、一時京の仁和寺に預けられた時の作である。悲嘆憂悶もまどろんでいる間だけは忘れることができる。しかし覚めれば、現実はまるで夢そのもののようだと。信じ難いことを目の前にした心の深いまどいを伝える。多感の人で百人一首には院の情熱的な秀吟「瀬をはやみ」がとられている。

④『第九折々のうた』の季節「夏」から（MY女）

青海原藻の花ゆらぐ波の底に魚とし住まば悶えざらんか　　芥川龍之介

書簡集より。明治四十二年、府立三中最後の年の春、千葉県銚子に遊んだ時、親友西村貞吉に送った絵葉書にしるした歌。芥川の短歌では最も初期に属する作である。海底で魚と一緒に住んだなら、悶えることもなくてすむだろうか、と。少年の感傷といってしまえばそれまでだが、「悶えざらんか」には、憂鬱のしぼりだすような力がある。芥川は大正五年うまれで、一高以来の親友恒藤恭ら何人もの友人にしばしば短歌を書き送っている。

提出されたプリントを見ると、中に俳句を選んでいる生徒がいた。ここに掲げたものによれば、力のある生徒もそうでない生徒も、個々の対象とする短歌群から二首を選び、おおむね的確に鑑賞文中の優れた表現に傍線を引いていることが理解される。この一連の学習によって、生徒は、以下の四点の学びを得ることができたと考える。すなわち、生徒は、①いくつものすぐれた短歌を目にすることができる。また、②いくつもの短歌の中から、自らの気に入った短歌を探し出し、心惹かれる短歌と出会うことができる。次に、③鑑賞文を読むことで自らのとらえた短歌と比較し、新たな気づきを得ることができる。とともに、④鑑賞の優れた表現とも出会うことができる。

三　短歌創作指導の実際

1　短歌創作指導の実際

短歌の創作は、次に掲げたプリント「短歌を創ろう」に基づいて行わせた。まず、①二首以上の短歌を創る。次に、②友達に批評してもらう。③友達の意見を参考にして推敲し、完成させて授業者に提出する。④授業者は提出した短歌を読み、必要があれば返却し、推敲して再提出させる。⑤提出された短歌から、授業者は一首を選び、各クラスごとに「私たちの創った短歌」として集成する。以上が、指導の過程である。次に掲げたのは、SA男の提出したものである。

短歌を創ろう

二年（七）組（　）番　氏名（　SA男　）

1　短歌を二首以上創り、友達の意見を書いてもらいなさい。

①	帰宅してテレビをつけて見ていると長野の歓声ひびきわたる
意見	少し単純な感じがする。その気持ちよく分かる。
②	来年の進路のことで悩むとき、ふと思い出す、友の一言
意見	友達から、すごく、心に残る一言を言われたのだと思う。何を言われたのか少し気になる。
③	長野での原田のジャンプ見て思うあきらめなければなんとかなると
意見	そのとおりだと思う。何事も最後までがんばればなんとかなる。「なんとかなると」が少しほかの言葉に対し、あってないと思う。

2　友達の意見に基づき、推敲して短歌を完成させなさい。

①	帰宅してテレビをつけると聞こえてくる選手を支える長野の歓声

②	来年の進路の事で悩むときふと思い出す友の一言
③	長野での原田のジャンプ見て思うあきらめなければきっとできると

これを見ると、創った三首の歌への友人の意見を参考にして推敲し、短歌が完成されていることが分かる。次に、もう一人、ET男の例を紹介する。

1　短歌を二首以上創り、友達の意見を書いてもらいなさい。

①	世の中にいらだちおぼえ狂いそうなり不幸をあつめ死を求める
意見	心の中の不満をばくはつさせたような短歌だと思う。狂いそうなりの「なり」が何か変だと思う。
②	唯一の栄光の瞬間（とき）行かないで知らない顔で流れる季節
意見	「知らない顔で流れる季節」が前の文とのつながりがよくわからない。
③	誰一人とどかぬ空で光る虹魅せられ磨く自分の珠を
意見	なかなか「とどかぬ空」というのがかっこいい。

2　友達の意見に基づき、推敲して短歌を完成させなさい。

①	世の中にいらだちおぼえ狂変する不幸をあつめ死を求める
②	唯一の栄光の瞬間（とき）行かないで願いむなしく流れる季節
③	誰一人とどかぬ空で光る虹魅せられ磨く自分の珠を

ＥＴ男もまた友人の意見を参考に推敲を行っていることが理解される。これら二例は、短歌創作の過程における生徒の相互批判の有効性を示唆するものとなっている。

2　短歌作品の実際──「私たちの創った短歌」

次に、「私たちの創った短歌」の作品例を紹介する。

私たちの創った短歌（二年七組）

1　毎日がはやく感じるここ最近ただ過ぎてゆく平凡な日々　Ｉ・Ｔ男
2　五年間、辛い練習乗り越えて最後に流す二つの涙　Ｉ・Ｔ男
3　合宿の次の日死んだ祖母思う（い）僕にクラブをさせてくれたと　Ｉ・Ｉ男
4　唯一の栄光の瞬間行かないで願い空しく流れる季節　Ｅ・Ｔ男
5　飯食えば必ず残るパセリの葉食べれぬものと思い決めけり　Ｋ・Ｈ男
6　高校の三年間というものはあっというまに終わってしまう　Ｋ・Ｔ男
7　進路の本今まで見る気もなかったがこのごろなぜか引き寄せられる　Ｋ・Ｙ男
8　将来を思い悩むと辛くなる夢だけかってに大きく膨らむ　Ｋ・Ｔ男
9　ふざけるなだれができるかこんなもの怒りに任せて問題集を投げる　Ｋ・Ｋ男
10　時計盤故障と思う春が来て僕の心は動いているのに　Ｋ・Ｄ男
11　学期末古典や美術の提出物まとめてやるが悪い出来ばえ　Ｓ・Ｈ男
12　（退学）
13　来年の進路のことで悩むときふと思い出す友の一言　Ｓ・Ａ男

14 親類の受験の苦しみ耳にして次は我かとためいきを吐く　T・Y男
15 本当の自分の気持ちとうらはらに勉学するも心はどこかへ　T・M男
16 あと少し二年七組終わるのが　もう会えないと思うと悲し　N・H男
17 響きゆく心の中のジョン・レノンあなたが死んで僕は生まれた　N・S男
18 青葉散るわが学力に見切りつけ妥協と評し戸外を歩く　N・K男
19 春せまりまぶしい光りを浴びながら何を求める高校生活　M・K男
20 俄雨ケータイ遠距離長電話「今年は会えるん？」声がかすれる　Y・T男
21 暑い夏ライバルとともに戦ったボールを打つ音コートに響く　A・E女
22 試験中「わかるものから」と言われても全部わからんムンクの叫び　A・Y女
23 夢ばかりいつも見るのは夢ばかりたかが現実されど現実　I・T女
24 小型犬玄関あけると飛んで来て買い主見上げ走りまわる　U・T女
25 引退まで二カ月あまり上達した後輩を見て寂しく思う　O・M女
26 こたつにて働く母のぐちを聞く子供も親もなやみは同じ　K・N女
27 未提出
28 テスト前イライラの中我慢せず怒られるのを承知で遊ぶ　K・A女
29 今日もまた遅刻のラインをさまよって自転車とばすあせりの毎日　K・M女
30 吾が今ここにいるのはなぜだろう何をするため生まれたのだろう　S・T女
31 テスト前友達と行くカラオケは楽しいけれど不安がよぎる　T・K女
32 ストーブのぬくもりいでて赤々と一人励みて机に着けり（いたれり）　T・Y女
33 七時過ぎ親父ばかりの下りの電車うるさいいびき車内に響く　D・A女
34 将来へはせる思いと不安とが背中合わせで心をめぐる（まわる）　N・R女

35　友の死を突然聞きし我が胸に鈍い衝撃広がる波紋　H・H女
36　一年の行事がすべて終了しあとはテストを残こしているだけ（すだけ）　M・S女
37　疲れてる毎日いつも疲れてるこのままずっと続く生活（のかな）　M・N女
38　金メダル冬の長野に輝きてかなうまじきは（ ）彼らの笑顔（に）　M・M女
39　太陽に照らされ輝く水面に飛び込んで散る水しぶき　M・K女
40　何にでも心が動く十七歳時には無意味に泣きそうになる　M・L女
〈注　傍線部は指導者が添削した箇所、（ ）内は添削前の生徒の表現。〉

ことばが熟さず、表現の整っていない短歌もある。形だけのものもないではない。しかし、心を開き、この時期の高校生らしい思いを表現しているものも見いだされる。思わず心引かれる短歌もそのような短歌である。学年の終わりに書かせた「一年間の授業の感想」に、一人の生徒は、「私が印象に残った授業は、自分たちで短歌を作ったことです。みんなが丁寧に歌を作ってて《ママ》、短い歌でも表現力があって、それぞれに深い意味があると思いました。驚いたことは、みんなが私の予想以上に上手な歌を作っていたことです。その子が書いたように思えない歌とか、歌はみんなの性格の内面的なものを表面に出している気がしました。」と書いていた。

生徒の短歌作品に接すると、表現の巧拙はあるにしても、再びはない高校生としての生活と、その生活における思いをまっすぐに見つめ、短歌として表現したものが多いことに気づかされる。生徒が、短歌の学習をとおして、短歌に親しみ、短歌の表現になじみ、短歌が身近な生活と生活感情を映すものであることを学んだことが、そのような短歌を産み出すことにつながったのではないかと考える。

なお、授業者の添削については、「せっかく自分でがんばって作った短歌をかってに変えないで欲しかった。」と書いている生徒がいた。

(四)　冊子「短歌を学ぶ―鑑賞と創作―」作り

1　冊子「短歌を学ぶ」の構成

授業の最後に、次の構成で冊子をまとめさせた。生徒が、学習の全体を振り返り、評価、反省することを求めてのことである。構成を目次によって掲げれば、次のようになる。

短歌を学ぶ
―鑑賞と創作―
木俣　修

目次

④折々の歌　大岡　信
4　鑑賞のことばに学ぶ―『折々の歌』（大岡　信）から
5　「私たちの選んだ百首」参考短歌
①自然（1）―春・夏
②自然（2）―秋・冬
③自然（3）―月・星
④旅
⑤人生
⑥恋
⑦こころ―喜怒哀楽
⑧日々の暮らし
⑨政治・社会
⑩戦争
6　「私たちの選んだ百首」の作成
7　短歌を創ろう
8　百首の歌「私たちの選んだ歌・創った歌」
9　編集後記―学習を終えて・奥付（書名・編者・発行所・発行年月日）

2　編集後記―学習を終えて

冊子の最後に「編集後記」を書かせた。次に紹介する。

①長い間短歌を学んできたけど、やっぱり難しいと痛感した。でも短歌は奥深いものだなあと知らされた。自分たちで短歌を作ってみて、さらに難しさがました。でもちょっとだけ楽しかった面もある。短歌を学ぶことができてよかった。

（ＨＨ女）

②いままでの僕なら短歌をよんでも具たい的な場面など考えることもなかった。短歌の授業をならってよかった。

（ＴＫ男）

③少ない字数きまった字数で作らなければいけないということで、どの短歌も言葉が厳選されていたと思う。そして自分で作ることでその難しさも学ぶことができた。

（ＫＭ男）

④短歌というと難しく考えがちだったが、有名な歌人の格調の高い歌も、じっくり読めば、その歌に込められた思いを感じ取ることができたし、一般の人々の身近なことに題材を取った歌にも、また共感することができた。また、自分で創ってみて、三十一文字に効果的に思いを込める難しさもわかった。

（ＭＨ女）

⑤短歌についてこれだけを学んだんだなあと改めて思った。短歌でいろいろな題について創れるからすごくおもしろいと思った。授業で創ってすごく楽しかった。短歌を創るのにとてもはまりました。

（ＹＴ女）

⑥短歌が自由ですごく身近なものに感じられました。さまざまな短歌を見てきたけど、どれもみんな普段の生活で感じたことや、自分が今考えていることをそのまま歌にしていました。「私たちの創った歌」でも、読んでいて楽しかったです。クラスの思い出が一つできたという感じです。

（ＹＫ女）

⑦気持ちを歌う。勉強する前は、もっと難しい事だと思ってたけ《ママ》ど、今ではちょっとした事に出会う度に、短歌をつくってしまう自分に出会えて、すごくたのしく、うれしいです。

（ＭＹ女）

⑧歌の学習でプリントをなくしてしまったのがおしかった。短歌は難しかったけど、作ったりするのはおもしろかったです。

（ＭＹ男）

⑨短歌を通して、人々のいろいろな考え方がわかり、国語をとおして言えば、物の見方、考え方が変わったと思う。3

年ではよりいっそう向上することを目指そうと思います。（YK男）

⑩今まで私は短歌というものを、古くさくておもしろくないものと思っていた。しかし、味わい方や鑑賞文や多くの短歌を読むうちに短歌が〝ことば〟の一つ一つを大切にするすばらしい芸術であることを発見した。

これから先も多くの人々にこのすばらしさが理解され、読まれることを願う。（OM女）

一〇人の「編集後記」を紹介した。生徒が、短歌の学習をとおして、短歌の奥深さ、短歌の厳選された言葉、ことばを大切にする芸術、短歌が自由で身近であること、短歌に表現された人々のいろいろな考え方等に気づき、理解し、認識していったことが理解される。また、短歌の創作についても、三十一文字に効果的に思いを込める難しさに触れるとともに、創作する楽しさをも感じ取ったことも伝わってくる。この一〇人の感想が多く他の生徒の感想に重なっていると考える。

一年の授業の終わりに、授業に対する感想を書かせたが、一二二名の中で、三一名が短歌の授業に言及していた。そのうち、二人の生徒が、「現代小説を読む分は楽しかったけど、短歌等はもうこりごりです。」、「短歌の勉強はよかったけど、長く引っぱりすぎたと思う。私は大半のプリントをなくしてしまいました。」とする感想を述べていた。ここに記しておきたい。

おわりに――考察のまとめと課題――

以下、これまで試みた学習指導の考察と学習目標とを関連させてまとめるとともに、今後の課題についても言及したい。

1　味わい方の理解とその応用

①音読　②歌意の理解　③話者の状況の理解　④話者の心情の把握（仮説）　⑤表現の検討　⑥話者の心情の感得　⑦作品のイメージの統合、という内容と過程で鑑賞することを方法とした。妥当な方法であったとは考えるがさらに検証する必要を感じる。生徒はよく鑑賞に取り組んだが、鑑賞法の応用については検証ができていない。今後の課題である。

2　鑑賞文の記述―鑑賞の方法と結びつけた鑑賞文の書き方

鑑賞文は、鑑賞の方法に従って書ける方法を考え、学習の手引きによって、具体的な例文とともに示した。生徒の鑑賞文を見ると、歌意の理解の誤りや、浅い理解に終わっている者がいた。また、表現の未熟な者、語法的に誤っている者もいた。しかし、多くの生徒が示した鑑賞文の書き方に従って、鑑賞文を書いていた。中には優れた鑑賞文も見られた。鑑賞文例のいくつかは、考察したとおりである。

3　短歌の実感的理解

木俣修「短歌について」を読ませ、「短歌」について考えさせた。「短歌」とは何か、その表現の特色、短歌を読む意味、短歌を詠む意味についてまとめさせた。しかし、それが、実感的に理解されるには、多くの短歌に触れる必要があったと考える。この学習の全体をとおして、生徒は、短歌の奥深さ、厳選された言葉、ことばを大切にする芸術、自由で身近な短歌、表現された人々のいろいろな考え方等に気づき、理解し、認識していったものと思われる。しかし、これも十分な検証を経たものではない。

4　ものの見方、考え方、感じ方の理解

「短歌について」、「その子二十」、『折々の歌』の関連鑑賞文、「私たちの選んだ百首」のテーマごとに集められた参考短歌、自選短歌、「私たちの創った短歌」、その他折に触れて紹介した短歌と、多くの短歌を目にし、様々なものの見方、考え方、感じ方に触れ、理解を広げ、深めたものと推測する。一部にそのような生徒の記述もあった。

5　短歌の創作

生徒は、積極的に短歌の創作に取り組んだ。生徒の作品には、表現の巧拙はあるが、再びはない高校生としての生活と、その生活における思いをまっすぐに見つめ短歌として表現したものが多く見られた。生徒相互が批評し、推敲すること、作品は、「私たちの創った短歌」として作品集になること、などが積極性を喚起したと考えられる。また、生徒が、短歌の学習をとおして、短歌に親しみ、短歌の表現になじみ、短歌が身近な生活と生活感情を映すものであることを学んだことが、そのような短歌を産み出すことにつながったのではないかと考える。今後は、先行の理論と実践に学びながら、短歌の創作法について指導できるようにしたいと考えている。

6　短歌への親しみ

「編集後記」からも、短歌への親しみは感じ取れる。木俣修「短歌について」、近藤芳美「無名者の歌」、「わけもなく過ぎゆくときは」には、高校生の短歌が載せられていた。折に触れて、高校生の短歌や高校生の生活や思いを詠んだ短歌も紹介した。身近な生活から生まれた短歌にも多く接した。また、自ら創作も試みた。このようなことが、短歌への親しみを増したものと考える。

7　ことばへの関心の深化

短歌の鑑賞は、表現に注意してなされた。鑑賞も大岡信氏の鑑賞文と比較し、気づきを述べさせる指導、大岡信氏の鑑賞文の優れた表現を抜き出させる指導、優れた鑑賞文を書写させ、その優れた表現に学ばせる指導などを行った。また、短歌の創作は、否応なくことばと向き合わせる。「編集後記」には、短歌におけることばの認識の深まりをうかがわせるものも見いだされた。このような学習をとおして、生徒のことばへの関心は深まったと考える。

以上から、短歌の学習指導として、以下のことが有効ではないかとの感触を得た。

①短歌を学ぶ意味については、実感的に理解させることが必要。

②鑑賞指導のために鑑賞方法も学ばせる。

③鑑賞の深化は、専門家の鑑賞、生徒の鑑賞などを相互に比較することで得られる。

④主体的な学習のためには、ア・鑑賞方法を学ばせる、イ・個別、グループなどの学習形態を生かし、自らの関心のある短歌作品を選ばせたり、鑑賞させたりする、ウ・生徒の鑑賞文、短歌作品を教材化することで学習意欲を喚起する、エ・冊子作りなど学習の全体を記録させる、ことが有効である。

⑤短歌の創作のためには、短歌を創る意味の実感的理解、とともに興味・関心、意欲を時間をかけて育てることが必要であろう。

⑥短歌の学習をとおしてことばに対する関心を高めることができる。また、ことばの量を広げることもできる。

二　論理的文章表現の学習指導
——小論文指導の場合——

はじめに

高校生が文章を書くとき、どのようなことに困難を覚えているのであろうか。高校二学年を対象とした調査によれば、①内容・材料の乏しさ、②文章の展開—ア・書き出し方とまとめ方、イ・表現内容の整理、ウ・構成・組み立て、段落分け、エ・文章の転換・展開、③ことば—ア・適切なことば、イ・語彙の貧しさ、④その他—表記（句読点）、時間、評価などが挙げられている。(1)

本稿では、これらの、高校生が困難を感じていることを踏まえつつ行った、三学年三クラスを対象とした小論文指導の実際(2)を紹介し、試みた指導の有効性を検討したい。小論文指導の実際は、①考えるヒント—発想を耕す—、②小論文を書く、③ディベートから小論文へ、と三つに分かれているが、本稿では、この内、①考えるヒントと、②小論文を書くとを中心に紹介し、以下に考察したい。

(一)　小論文指導の概要

1　小論文指導の工夫

（1）書くための基盤作り―考えるヒント

毎時間、新聞の切り抜きを配布し、初めに一〇分程度時間をとって、授業者が音読した後、一〇回分の感想欄を印刷した用紙（B4）に感想を三行で書かせる。ねらいは、次の四点である。①様々な問題に対し関心を広げ、考えさせ、問題意識を引き出す。②書くための材料として蓄積する。③三行の感想を書かせることで、書き慣れさせる。④漢字を憶え、言葉を増やす。これは、高校生が文章を書くときに覚える困難の「①」「③」に対応するものと考える。

（2）書くための方法

テーマ（主題）の発見、取材の方法、小論文の構成法、小論文作成のチェックポイントについて、プリントを用意して説明した。この内、①小論文の型を、反対意見考慮型、自説主張型、比較考察型の三型に分け、それぞれにア・接続のことば、イ・展開の文型を用意し、具体的に、接続のことばと文型に導かれて小論文が書けるようにした点、②三型に基づいて小論文を書くための構成表を作成し、取材を含め、小論文を構想させた点に工夫の一端がある。これは、文章を書くときの困難の「②」に対応するものと考える。

（3）小論文の評価

原則として四名で一グループを作り、グループ内で評価を行わせ、優秀論文を一編推薦させた。評価は、いくつかの観点に基づき点数化させ、併せて短い評言を書かせた。他の生徒の小論文に学ばせるとともに、評価の方法をも学ばせることをねらいとした。

2　小論文指導の概要

（1）考えるヒント―発想を耕す―

二学年時に、次のことを試みた。

①「新聞コラム切り抜き—問題意識を持つために」—夏休みの課題として、一〇のコラムの切り抜きとコラムに対する疑問をそれぞれに対し三点書かせた。

②「考えるヒント—発想を耕す」—一九九七年九月五日から一九九八年二月二三日まで二四回、国語の時間（二単位）の最初に新聞の社説、コラム等の記事を切り抜き、プリントして生徒に配布し、授業者の音読の後、五、六分をかけて三行の感想を書かせた。

③「新聞コラム切り抜き—問題意識を持つために」—冬休みの課題として、五つのコラムの切り抜きとコラムに対する疑問をそれぞれに対し三点書かせ、さらに、その中から一つのコラムを選び、「コラムに対する私の意見」として、題名をつけて三〇〇字で意見を述べさせた。

二学年の最後に授業の感想を書かせたが、「考えるヒント」の試みに、多くの生徒が言及していた。「二五回繰り返したので、疑問や感想をもつ力がついた気がする」、「文章を書く力がついた」、「はじめの頃は、時間がかかっていたけれど、最近ではすらすら書けるようになってきました」、「さまざまな社会の出来事や問題など《ママ》視野が広がった」、「家でも新聞を読む習慣がついた」などの記述が見出された。授業への集中力も高まった。そこで、三学年においても、以下に述べるように、学年担当指導者（三人）で継続することにした。

（2）小論文を書くために

①小論文を書くための方法を理解させ、②その方法を適宜利用し、小論文を書けるようにさせるとともに、③互いの小論文を評価しあい、優れた小論文に学ばせることを指導目標として、授業を展開した。

小論文を書くための方法として、①テーマ（主題）の発見、②取材の方法、③小論文の構成法、④小論文作成のチェックポイントの四点について指導した。

書くにあたっては、まず、テーマを明確にさせた。ついで、構成の型を選ばせ、構成表に書き込ませた後、記述させた。小論文は、観点を決めてグループごとに評価させ、グループ推薦の優秀作一編を選ばせるという方法で行わせた。グループ内での相互評価の後、全てを提出させ、指導者が読み、適宜朱を入れるとともに、評言を書き入れて返却した。

（3）ディベートから小論文へ

「ディベートで鍛えよう」と題して、授業を展開した。次の学習目標を生徒に示した。①自分の主張を根拠を明らかにし、筋道立てて述べることができるようにする。②情報・資料を収集し、目的に応じて活用することができるようにする。③他者の主張を聴き論点をとらえ、批判できるようにする。④グループで協力して準備し、論戦に積極的に取り組むようにする。⑤反論を予想しながら、根拠に基づいた論旨の明確な小論文が書けるようにする。以上の五点である。

授業は、①ディベートの説明、ロールプレイ、学習計画（目標・グループ編成・論題の選択）、②ディベートの準備（情報の収集・立論の構想・反論予想とその対処）、③ディベート、④小論文、という順に進んだ。

ディベートは、一クラス八グループ（一グループ五名）で行った。論題は、次のとおりであった。三組〈少年法は改正すべきである〉・〈癌は患者に告知すべきである〉、五組〈凶悪事件に於ける少年容疑者の写真の掲載は許されるべきである〉・〈主婦を女性の仕事として社会的に認めるべきである〉、九組〈受験勉強は人間教育として有意義である〉・〈癌は患者に告知すべきである〉。

(二) 小論文の学習指導の実際――「考えるヒント――発想を耕す――」の場合――

1 考えるヒント(切り抜き)一覧

「考えるヒント」は、二学年時での試みを踏まえて、三学年の担当指導者が協力して、次のような切り抜きを用意し、毎時間、初めの約一〇分をとって、指導者の音読の後、三行の感想を書かせるというようにして行った。

1 四月一四日 「なにげに」桃の節句
2 四月一六日 行動する若者たち
3 四月一七日 自己実現への道
4 四月二一日 考える力を大切に
5 四月二三日 強くなるヒロインたち
6 四月二八日 豊かな食の基盤は危うい
7 四月三〇日 なぜ不条理だけが残った
8 五月 一日 患者の参加で質の向上を
9 五月 八日 自分出せぬ「良い子」たち
10 五月一二日 「悪者たたき」流されて
11 五月一五日 敬語の散歩道
12 五月一九日 男らしさにこだわらず楽に生きよう
13 六月 二日 途上国からの〝公害〟研修生たち
14 六月 四日 「伝統」固執は時代遅れ
15 六月 五日 猫皮三味線
16 六月 九日 スミス氏の憂い
17 六月一一日 風のゆらぎを感じたい
18 六月一二日 「ぞうさん」の贈り物
19 六月一八日 首長・議員に暴行・脅迫連続
20 六月二六日 性別にとらわれず

2 切り抜き例

「考えるヒント」として配布した新聞切り抜きの内、最初の二つを掲げれば、次のとおりである。

（1）「なにげに」桃の節句

ぱさぱさに乾いてゆく心を　／　ひとのせいにはするな　／　みずから水やりを怠っておいて
気難しくなってきたのを　／　友人のせいにはするな　／　しなやかさを失ったのはどちらなのか　／
（中略）
自分の感受性くらい　／　自分で守れ　／　ばかものよ

「自分の感受性くらい」と題する茨木のり子さんの詩だ。

◇

電車の席で、隣の女子高生がバインダー手帳にカラーペンでしきりに書き込んでいる。シールやプリクラがにぎやかに張ってある。うわさに聞く、これがはやりの「濃密手帳」か。

「回転ずしに行った」などとその日の出来事を単純に記すのであるらしい。びっしりと羅列し、濃密を競う。かわいく記録したいから、シールなどで飾る。

「いましかない」のだから、いまの自分をめいっぱい記録しておきたい。「思い出をつくるしか存在証明の方法がないから」と解説する声がある。

「思い出」にしか水やりしない、というのだとしたらさびしくはないか。

女子高生の間ではチョベリバなんていう言葉は、もう死語だそうだ。「なにげに」は生き残って、定着した。「なにげに彼の話聞いたらすっごく重かった」。なにげなく、から発したものらしい。何事にせよあまり期待していない気分を表している。

「きょうは、ノーフレ」という。ノーフレンドといっても、帰り道に一緒にコンビニをのぞくほどの相手がいない、といった意味だ。ひとりは嫌だが、かといって強烈に人との関係を求めているのでもない。つまりは、友人のせいにもしていない。

みずみずしい年代の、このぱさぱさに乾いた心持ち。

自分の感受性くらい自分で守れ、ばかものよ。茨木さんの自戒を込めた呼びかけを、勝手にいいかえると、それはたとえば「細眉を疑え」ということになる。

眉が命、みたいに熱中するのはいい。しかし、だれもがアムロではないのだから、眉毛を抜いて昆虫の触覚のような細い眉をそろってめざすこともない。

ルーズソックスが全盛だったころ、埼玉県のある高校でルーズソックスをはかない女生徒が一人だけいた。ふつうの茶色いソックスの一人は、下級生からまで「茶色」と避難の言葉をぶつけられた。それでも、その女生徒は、それを通した。

一つの俳句を思い出した。「夏みかんきらいなものはきらいなり」

衣食足りて流行を知る。それもいい。だが、その流れのなかでも、自前の「浮力」と「イカリ」を持たなければ、ただ漂流するだけだ。

自分に問いかけ、自分で答えを探りだすことだ。

「いま」しかないという言葉は、おそらく将来を、将来の夢を閉ざしているものへの抗議かもしれない。あしたに夢を持てない少女たちに、それでも「自分にもっと水やりを」と呼びかけるのは大人の身勝手だろうか。冒頭の詩の省略した一節――

駄目なことの一切を　／　時代のせいにはするな　／　わずかに光る尊厳の放棄
――桃の節句にこの詩を贈ります。


（朝日新聞「社説」　一九九八年三月四日）

（2）行動する若者たち

ピースボートで出会った若者のことを少し書く。

同乗してくれていた「従軍慰安婦」のハルモニが「この子、ほんとうに熱心だよ。わたしの方が感激したよ。」とほめた中学生がいた。

温厚な、やさしい顔立ちの少年だったが、ハイタニさんとも話がしたいといっていたのに、ついにその時間をとることができなかった。ごめんなさい。

甲板でジョギングをしていたら、いっしょに走ってもいいですかと寄ってこられたＩさん―知的障害のある人々の施設で働いておられた由。暴力こそ加えなかったけれど同じようなことをしていたとＩさんは語る。

してあげる気持ちとか日課に従わせる、なんて暴力といっしょだと。

それがわかってきたのは自分の生き方が、これまで人々と向き合うことを避け、嫌われないように嫌われないようにという生き方で、それを苦痛に感じはじめたときからだという。

防御している姿勢は、施設の人も自分もいっしょだった。自分を取り戻そうと決意したら、はじめて施設の人々の閉ざしていた心が見えはじめたというＩさんの目は、きらっと輝いていた。

カンボジアの心身障害者の施設を訪ね、ことばもわからないのに、なんの抵抗もなく気持ちの通じたことがうれしく、そこに新しい自分を発見したとＩさんはいうのだった。

船中でお手紙をいただいたＹさん―人前で質問したりするのが苦手なので、こうしてお便りさせていただいています。私は小学四年生まで本当に無口で学校では言葉どころか声さえ発することなく帰宅するような子供でした。

ある日、教育実習の若くて優しい女の先生がやってきました。私はその先生が大好きだったのですが話しかけることもできず一ヶ月後、先生は去られました。そして次の日の朝、クラスの生徒それぞれの机の中に小さなメモが入っていました。いてもいなくても同じ存在だと思っていた私の机の中にも果たして手紙はあったのです。

「笑顔のかわいいYさん。そういえば音楽の時間、一生けんめい聞いてくれましたね。でんでん虫のおどり、また教えてあげますからね。」

もう嬉しくて嬉しくてはねるように帰宅した事を覚えています。それ以来、どんな時でも笑顔でいることができるようになりました。そうするとおもしろいように友達や親友ができ、将来の夢も持てるようになり、今もこうしてピースボートに乗ってアジアの仲間とであう為に港をまわっています。

人生を前向きに生きる人からは、爽やかな風が吹いてくる。

ピースボートの若者たちを見て、しみじみ思うことは、人間は自分を見つめることからしか何もはじまらないのは事実だが、しかし、自分のことだけしか考えられない人はどこか暗く、自分につながるいのちを見つけた人は見違えるように明るくなるということだ。

（灰谷健次郎「いのちまんだら」一九九八年四月八日 家庭欄 朝日新聞）

「考えるヒント」は、渡辺春美の担当クラスでは、ディベートの授業等の終わった後、一一月末から、次のように三学期末までの間、続けていった。

21 一一月二七日 天声人語、22 一二月一日 お金のこわさ、23 一二月三日 多様で厚みのある社会へ、24 一二月三日 家族の愛をこわさぬよう、25 肝心なのは「入り口」だ、26 一月一一日 「青春の研究」序説、27 一月一二日 殺生の現場は罪の意識忘れた日本人の心の風景か、28 一月一四日 しない自由からできる自由へ、29 一月一九日 主婦の訳書、30 一月二二日 王室になったIOC。

3 「考えるヒント」の感想一覧―M・S（女）の場合

生徒M・Sの1～10回の感想は、次のようであった。

1　自分の信念を通すことはすごくたいへんだと思う。今はすごく流されやすいと自分でも思う。自分も、少しは流されていると思う。まわりを気にしてしまっている。何か一つでも自分の信念を通すことができたらと思う。

2　自分が優しくしてもらった、とか自分をとり戻そうとしたという経験から、他の人にもやさしく接する心がもてたり、同じ考えをもっている人たちの心が分かったりするのだと思う。

3　アメリカの家庭はうらやましいと思う。女の人も働いているけど、家族はとても仲良しという所がだ。日本で両親が働いていると、なぜ、家族の会話が少なくなるのだろう。アメリカの家庭を見習えばいいと思う。

4　「タイタニック」は本当にすごかった。お互いに強く信じあっていて、最後まであきらめなかった。女性子供優先の中でケイトは途中でボートを降りてディカプリオのもとに戻った。すごい強い女性だと思った。そういう2《ママ》人の姿が観客を泣かせ、大ヒットになった理由だと思った。

5　自分で考えて行動することはむずかしいことだと思う。3《ママ》年間野球をすると同時に、その事を教えるとは、中村監督は、とてもすばらしい人生の先生だと思う。言われたままに行動するのは、できるだけやめようと思った。

6　もっと日本人は、食べ物を大事にすべきだと思う。日本では食べ物は、どこにでもあるものになりすぎている。食べ物が不足している地域のことを考えなければならないと思う。将来日本が食料不足になればどうなるだろう。

7　今の時代にそんなことが起こったなんて信じられない。国をまかされた人がこのような人だなんてカンボジアの人はかわいそうだ。めちゃくちゃな理由で殺すなんておかしい。この人は自分の国が本当に好きだったのだろうか。

8　こういう立ち入り調査をすることはよいことだと思う。もっと推進していけば、安田病院のような最低な病院はなくなると思う。本文にあるように患者の意見を取り入れて改善すれば、もっと安心して病院が増えていくだろう。

9　内申書のために、いい子ぶってしまって、からにとじ込ま《ママ》ってしまった生徒がでてくるような社会になったのはいつごろなのだろうか。昔はそんなことなかったはずだと思う。そういう学校制度はおかしいと思う。もっと本当の自分を評価してくれるような制度に変えられないのだろうか。

10　「悪者たたき」は小さい子のいじめに似ている。少しでも悪者扱いにされている子の方《ママ》を持つようなことを言えばその子まで悪者扱いされる。でもこのことが社会で起こるというのはおかしいと思う。みな大人なのだし、もっと考えて意見を言ってもいいと思う。子供じゃないのだから、現実がそんなに簡単じゃないことぐらいわかると思うのに。

M・Sの場合、記事を読むことによる知識・理解（認識）の深まり、広がりとともに、内省・推察・比較・原因追求・批判・疑問などの思考がなされていることが理解される。これは、M・Sの場合にとどまらず、「考えるヒント」の学習における生徒一般の思考活動に重ねて考えられよう。

4　「考えるヒント」の学習に関する感想

この学習に関して、生徒は、一年間の学習の終わりにまとめた冊子「考えるヒント」に、次のような感想を寄せている。

①考えるヒントで文章をかくのが時間がかかっていたけど、数こなすと少しずつはやく簡潔に書けるようになってきたのでよかった。それに少し自分でも新聞を読むようになってけっこうおもしろいし勉強にもなったのでよかったです。

②考えるヒントが毎時間だるかった。文を書くのがちょっと苦手なのでちょっとはよくなったと思う。（後略）

③小論文や考えるヒントを今までやってきて、はじめは小論文なんて、どうやって書けばいいんだろうと、困っていたけれど、毎日のつみ重ね、くんれん《ママ》で、前よりは書ける様になったと思う。（後略）

④考えるヒントでは、限られた時間で、内容を理解し、感想を書くのは大変でした。書きやすいものもあれば時間ぎりぎりまでかかって書いたものもありました。小論文では、他の人から表価《ママ》してもらうことにより、考えのちがいなどがわかり、参考になりました。

⑤国語の一年間の授業を通じて「考えるヒント」を《ママ》取り組んだことは、思考するということをあらためて呼び起こされた気がする。このことは副題の発想を耕すことにも関連していると思う。短い文章を読んで、2、《ママ》3行の感想を書くのも自分の気持ちや感想を表す手段としては良いことだと考えた。／　小論文を書いたり、ディベートをする機会は私にとって初めてに等しかったので、不安に思いながらもそれ以上に好奇心が表に出て興味を持って行うことができた。何においても、自分を表現するということは、自らの考えを耕して、その上に存在するんだと思った。

⑥新聞の切り抜きの記事を読んで書いたりすることによって、小論文も最初よりうまく書けるようになったと思う。これからももっと自分で新聞を読んでいくようにしたい。

⑦一年間思い返してみると、いろいろな勉強をしたんだなと思う。ほとんど毎時間のはじめの考えるヒントのおかげで、自分の意見を短時間でまとめることの練習になりました。だから、小論文も今までは長時間かかっていたけど、すらすら書くことができました。

⑧考えるヒントでは、毎回、いろんな記事を読んですごく勉強になりました。／　小論文は入試の小論文の勉強にとても役立ちました。

⑨考えるヒントは、他の人のいろんな意見が聞けて、おもしろかった。私は、他の人の意見に流されて、なかなか意見がもてなかったけど、いろんなものを読んできて、少しは、自分の意見がもてるようになったと思う。

⑩考えるヒントでは、先生が幅広い分野から切り抜いてくださっていたので、今まで全く知らなかったことにも少し興味を持つようになったりと、おもしろかったし、ためになった。／また、ただ読んで、それで終わりというだけでなくちょっとでも思ったことを記録しておくことで、真剣に　そのことについて考えることができました。

感想を読むと、「考えるヒント」の学習が、ア・知識・理解の広がり、イ・興味・関心の広がり、ウ・読書（新聞を読む）活動への誘い、をもたらしたことが想像される。また、エ・思考を促し、意見を持たせることにも働いている。さらに、オ・より簡潔により速く書くことにつながり、カ・小論文を書くのに役だったと推察できる。しかし、「考えるヒント」の学習が、小論文を書くのに直接役だったと考えることについては慎重でなければならない。感想を書くことと、論理的文章を書くことの間には隔たりがあると考えられるからである。「考えるヒント」の学習により、ア・様々な考えるための材料と考え・意見の集積、イ・思考力（内省・推察・比較・原因理由追求・批判・疑問）の育成、及び、ウ・書き慣れによる書く力の伸張、エ・語彙の広がりがもたらされたことが背景となって小論文がよりよく書けるように感じられたと考える方が妥当であろう。

㈢　小論文指導の実際

小論文の授業は、三学年三・五組（以上文系）・九組（理系）を対象に、八月二〇日から始まった補充授業の期間中に四時間、二学期九月に二時間をとって行った。小論文の説明に二時間、構成表の作成と執筆に二時間をかけ、書けなかった生徒は、九月の新学期までの課題とした。九月には、相互評価と優秀小論文の選定・紹介に二時間を取った。

学習目標として、次の三点を生徒に示した。

①小論文を書くための方法（テーマの発見法・取材法・構成法・原稿用紙の使用法・表現法・推敲法）を理解する。

②小論文を書くための方法を適宜利用し、小論文を書けるようにする。

③互いの小論文を評価しあい、優れた小論文に学ぶ。

小論文を書く方法として、次の（一）〜（四）の指導をプリントを用いて行った。

1　小論文を書く―テーマ（主題）の発見

一　小論文とはどのようなものか

二　テーマの発見―発想を豊かに

1　生活の場からのテーマ発見

（1）生活経験から―ブレインストーミングを利用して

（2）新聞から

2　発想を広げテーマ（主題）をとらえる方法[3]

①ブレイン・ストーミング　②分割　③添加　④逆転　⑤比較　⑥特殊化　⑦一般化

2　小論文を書く―小論文の取材

1　取材の方法

（1）考え・意見の取材―ブレイン・ストーミングの利用

①付箋紙一枚に一項目で考え・意見を書き抜く　②付箋紙を内容ごとにグルーピング　③構成を考え必要な考え・意見を選択活用

（2）新聞記事からの取材

①記事の収集―インデックス↓見出し↓リード↓本文　②新聞記事のファイル作り

（3）本―ブックレット・新書からの取材

①本の題名↓②目次↓③小見出し↓④本文

（4）年鑑類の利用

①目次・②索引↓③資料の利用

2　小論文の取材の実際

（1）ブレイン・ストーミング　（2）新聞記事・本・年鑑などからの取材

3　取材を基にした小論文の構成

（1）小論文の構成の型（反対意見考慮方・自説証明型・比較考察型）を決める。

（2）取材したものから必要なものを選び、構成表にその要点を書入する。

（3）書こうとする小論文の題名をつける。

（4）小論文のテーマを書きたい順番に二つ、例を参考に、一文で書き、②問題提起（書き出し）の部分を書く。

以上、すべて「小論文構成表」に記入。

3　小論文を書く―小論文の構成

（1）私の書きたい小論文のテーマ（主題）

小論文のテーマを三つ、例を参考に一文で書かせる。
テーマ例―小学校は、英語教育よりも人格形成に力を入れるべきである。

(2)　小論文の構成

（1）小論文の実際に見られる構成
次の小論文の構成について考えさせた。

小学校は人格形成に力を

渡　辺　春　美

　文部省が五年後に小学校での英語教育を開始するとのことである。早期教育がなにより重要だということだが、私はここに問題を感じる。

　確かに、現行の英語教育制度が十分であると感じる人はいないであろう。中学から大学まで十年間も英語を学びながら、会話一つ満足にできない現状を考えるとき、習得の時期を早めたいと考えることも分からなくはない。しかし、長年習っても身につかない原因は何なのか。私はそれは制度の問題ではなく、英語教育の内容と、本人の努力と工夫の不足が原因であると考える。中学・高校の英語教育は、受験教育に偏り、英語の読解と瑣末な文法事項の学習に授業の大半が費やされている。このような英語教育の現状を変えることなしに、小学校から英語の早期教育を始めても効果は期待できないであろう。また、私の周りには、英語圏で暮らす、あるいは仕事をする同世代の日本人が多数いる。中学校から英語を習い始めたために全く身につかなかったという話を一度も聞いたことがない。彼らはそれぞれ当たり前の努力と工夫をして、一つの外国語を習得しているのである。

　以上から、私は小学校での英語教育に反対したい。小学校は専門学校や職業訓練校とは違う。道具としての英語を身につけさせることが、なぜ必要であるのか。人間としての豊かな心の基礎はこの時期に養われるといってよい。初等教育段階では、人格形成にこそ力を注ぐべきではあるまいか。

（2）小論文の構成

小論文の構成は、おおよそ①～③の型であるとし、A～C・Dの文型を用いることによって書くことができると説明した。

①反対意見考慮型

A　問題提起

～ということ（考え）がある。しかし、～は問題である（問題がありはしないか）。

B　自説への反対意見

確かに～とも考えられる。もちろん～ということ（考え）もあるだろう。

C　反対意見への反論

しかし、～と考えられる。しかし、その点について、私は～と考える。

論拠（資料）―まず、～　また（次に）、～　さらに、～

D　結論―自説の主張

したがって、～すべきであると考える。　以上から、～と考えられる。

②自説証明型

A　問題提起

～ということ（考え）がある。しかし、～は問題である（問題がありはしないか）。

B　自説の証明・分析

〜について、私は〜と考える。

論拠（資料）―まず、　また（次に）、〜　　さらに、〜　　最後に、〜

C　結論―自説の主張

したがって、〜すべきであると考える。　以上から、〜と考えられる。

③比較考察型

A　問題提起

〜ということ（考え）がある。しかし、〜は問題である（問題がありはしないか）。

B　比較考察

この点については、〜が参考になる。　〜に対して、……は、――となっている。

C　結論―自説の主張

したがって、〜すべきであると考える。　以上から、〜と考えられる。

このような構成の型、接続のことば、文型を用いた指導に「枠組み活用作文」[4]や「枠組み指定作文」[5]がある。これらは、表現法とともに発想を産み出す方法としてもとらえられている。本実践で用いた構成の型、文型には、問題提起の文型、反対意見考慮型の文型、比較考察の文型があり、それらを利用することによって新たな発想を生み出すことは可能ではあろう。しかし、ここでは、むしろ、構成の型と文型の、考えを整理し、論証と論の展開を導く働きを利用して小論文を書かせようとした。

4　小論文を書く―小論文作成のチェックポイント

小論文作成のチェックポイントとして、次の1、2を説明した。

1　表記上のチェック

①一文は、できるだけ簡潔にする。とくに複文は、少なくするよう心がける。

②漢字は過度に多くしない。かなが過度に多い文章も避ける。「は握」のようなまぜ書きはしない。自信のない漢字は必ず辞書を引き確かめる。

③指示代名詞は、できるだけ使わない。指し示す内容をもう一度書く方がよい。

④修飾語はできるだけ、被修飾語の近くに置くのがよい。

⑤文の主語が明確かどうかチェックする。必要な主語は入れるようにする。

⑥無駄な接続詞は、できるだけ省く。

⑦二重否定やあいまいな表現は避ける。

2　文章全体のまとまりのチェック

①書こうとしたことは書き表されたか。テーマからずれた部分や矛盾はないか。

②段落ごとに取り上げた内容はまとまっているか。

③段落相互の関係は筋道だっているか。

④テーマを裏付ける、説得力のある具体例やデータがそろっているか。

⑤書き出しと結びは照応して、効果的であるか。

原稿用紙の使い方については、中西一弘氏・堀井謙一氏編『やさしい文章表現法』（一九九五年三月　朝倉書店刊　一六五頁～一六九頁）を一枚のプリントにまとめて示し、指導した。

(四)　小論文作成の実際

1　小論文の作成―M・Sの例

（1）私の書きたい小論文のテーマ（主題）

生徒M・Sは、小論文のテーマを、次のようにまとめている。

テーマ1　発展途上国の公害は先進国よりも重大な問題である。

テーマ2　今の情報化社会で人は情報を選ぶべきである。

（2）小論文の構成

M・Sは、先の「テーマ2」に基づいて、「テーマと現代社会」と題して、反対意見考慮型にそって、次のように構成を考えている。

小論文構成表　　M・S女

（1）反対意見考慮型

1　題―テレビと現代社会

2　テーマ（一文で書く）―今の情報化社会で、人は情報を選ぶべきである。

3　構成

①問題提起

テレビは今、人々の生活の中で重要な役割をはたしている。

しかし、私たちは必要があってテレビを見ているのだろうかと問題を感じる。

②自説への反対意見

確かに　テレビはチャンネル一つ変えるだけで、たくさんの情報を得られる。

家にいながら、映画・音楽・バラエティーなどの娯楽をも楽しむことができて便利である。

③反対意見への反論

しかし、私は、私たちはテレビから一方的に情報をあびせられているのではないかと考える。

①私たち自身に問題がある。↓何もする必要がないから。

②私たちはテレビに依存している。

③子供に与える影響が大きい。

④結論―自説のまとめ

私達自身が、情報を選択し、判断をすべきである。

(3)　小論文の完成

構成表にしたがって、M・Sは、次のような小論文を完成させている。

テレビと現代社会

M・S

テレビは今、私達の生活の中で重要な役割を果たしている。しかし私達は本当に必要があってテレビを見ているのだろうか、と問題を感じる。

確かにテレビはチャンネル一つ変えるだけで、たくさんの情報を得ることができる。家にいながら、映画・音楽・バラエティーなどの娯楽をも楽しむことができて便利である。

しかし、私達はテレビから一方的に情報をあびせられているのではないだろうか。私は、それは、テレビを見ている側、つまり私達自身に問題があると考える。まず、テレビを見る人は何もする必要がないのである。自分で努力せず提供される情報は何でも受け入れてしまっている。完全に受け身なのである。また私たちの生活は、テレビに支配され始めている。私達がどれほどテレビに依存しているかは、テレビがなくなった場合を考えるとわかるだろう。さらに、子供への影響力も大きい。良い影響も与えるし、悪い影響も与えている。その影響が、子供にいろいろなことを教えもするし、又、ダメにもしているのである。

したがって、私たちは、テレビ自体が良い悪いの対象ではないということに気づくべきである。社会に対するテレビの価値を決定するのは、私たちのテレビの使い方なのである。そして、私たちは、ただ漠然とテレビを見て提供されるままに情報を受け取るべきではない。自分自身で情報を選択し、自分自身で判断を下すことが、現代社会において必要とされるべきことではないだろうか。

M・Sは、反対意見考慮型の段落構成、接続のことばと文型とを用いて、構成段階で考えたことを、小論文として書き得ている。M・Sの場合、論の展開にやや具体性がなく、テーマの独自性という点で十分ではない点があるが、小論文を書く方法としての反対意見考慮型を十分に理解し、それを生かして緊密な構成のもとに小論文を完成させている。

（4）小論文の評価―相互批評

書き上げた小論文は、グループごとに相互批評させた。相互批評させるに際しては、次のような評価表を配布して評価させ、気付き・感想を書かせた。また、この評価に基づき、グループで一編を優秀小論文として推薦させた。

次に掲げたのは、M・Sの属するグループのM・Sの小論文に対する評価表である。

		氏名 T・Y女	I・T女	M・S本人
①テーマの意義	小論文として値打ちのあるテーマであるか。	3	3	3
②テーマの一貫性	テーマから外れた部分や、矛盾する記述はないか。	3	3	2
③書き出し	書き出しは簡潔で、興味・関心を引くか。	2	2	1
④段落	一貫性がありまとまっているか。	2	2	2
⑤構成	全体の構成に従い、段落相互は論理的であるか。	2	2	2
⑥結論	結論は、書き出しと照応し、明確であるか。	3	2	2
⑦表現	ア・主語・述語、修飾・被修飾の対応は適切か。	2	3	2
	イ・用いていることばは、簡潔で適切か。	2	2	1
	ウ・文体（常態・敬体）は統一されているか。	3	2	3
	エ・表記は正しいか。誤字・脱字はないか。	3	2	3
⑧データ	説得力のあるデータ、例が用いられているか。	3	3	2
合計		28	26	23
気付 感想		「のような気がする」は使わないほうがよい。内容は納得させられるものだった。	誰もが知っている具体例をあげていてわかりやすかった。	一文が長すぎる所があると思った。あまり説得力がなかった。

［評価］とてもよい―3　よい―2　書き改めるとよい―1

相互批評は、活発であった。日頃消極的な男子生徒の一人が、積極的に発言している姿が見られた。グループで選んだ優秀小論文もおおむね妥当であったが、なお文章（論理）の展開の細部については、見落としている点も見られた。相互評価については「他の人から表価《ママ》してもらうことにより、考えのちがいなどがわかり、参考になりました。」（Y・M女）とする感想も見られた。相互評価をとおして、優れた小論文に学ぶことができたかどうかの検証は、今後の課題としたい。

2　小論文題目一覧

次に三クラスの題目一覧を掲げる。提出は、三組三一名（未提出七名）、五組三三名（同五名）、九組三五名（同五名）であった。

番	三年三組　題名	型
1	科学を生み出した人間は今、何をすべきか（K・M）	4
2	国際化が文化を無くす（S・H）	1
3	日本人と稲作（Z・K）	4
4	死刑制度と刑罰の正当性—死刑は刑罰の中に必要か（T・T）	1
5	クローン動物を作るべきか（N・H）	1
6	がん患者に対する告知の是非（M・A）	1
7	エイズ問題について（W・T）	4
8	テレビゲームと子供達（A・M）	2
9	ニュースとその影響（I・T）	4
10	「キレる」状態にある若者たちの心（U・K）	1
11	国民年金保険制度について（U・C）	①
12	少子化対策には経済的援助を（K・A）	②
16	社会現象になった女子高生（S・Y）	②
17	社会全体で教育に協力を（S・M）	2
18	マイノリティの人々を受け入れられる社会に（T・Y）	2
19	ぜいたく過ぎる日本（T・K）	4
20	人生における労働—労働観の転換を—（D・A）	3
21	ゴミの処理法（T・M）	2
22	ダイエットの仕方（N・R）	1
23	経済成長と自然保護（N・N）	1
24	クローン人間（N・M）	2
25	患者とコミュニケーションをとるべきか（H・H）	1
26	安楽死は患者の支え（F・K）	1
27	外遊びの果たす役割（F・M）	2

番	題名	型
13	働く女性（K・A）	2
14	見直すべき宗教の自由（K・Y）	②
15	老後の人生について（K・S）	1
28	テレビと現代社会（M・S）	1
29	スポーツの重要性（Y・M）	②
30	暴力犯罪に対し政府がするべき事（Y・H）	2
31	臓器移植前にすべきこと（Y・K）	4

番	三年五組　題名	型
1	低出生率と少子化について（U・K）	4
2	日本の米の市場開放には反対（E・K）	2
3	「男は仕事・女は家庭」という考え方について（K・M）	1
6	死刑制度と刑罰（T・T）	①
8	外国人労働者の受け入れ—外国人と日本人—（N・Y）	②
10	脳死移植の必要性（H・Y）	2
11	アメリカの銃制度について（M・K）	③
12	地球の温暖化について（W・S）	②
13	日本人の働きすぎ（A・E）	2
14	日本の教育制度について（A・Y）	②
15	「集団主義」と「個人主義」（I・N）	1
16	夢の価値（I・T）	1
17	「外遊びの喪失」（E・N）	1
18	学校五日制による休日の増加（K・N）	1
19	人としての生きがいを考えて（K・C）	1
20	高齢化社会（K・E）	②
21	学校五日制と休日の増加の活用（K・C）	1
22	「豊かさ」とはいったい何なのか（K・M）	2
23	学校五日制の問題点（S・M）	2
24	社会の女性（S・Y）	1
25	学校と家庭の教育力の回復（S・C）	②
26	日本の大学の遊園地化について（S・J）	②
27	家族重視型社会と会社重視型社会（T・K）	1
28	男は仕事・女は家庭という考え方（T・R）	1
29	日本の育児休暇制度（N・Y）	2
30	保護の下の犠牲（N・K）	2
31	世界共通語がない訳（N・K）	②
32	がん患者に対する告知（H・S）	1
33	「外遊び」喪失の影響（M・K）	2
34	近ごろの家族というものについて（Y・K）	3
35	結婚適齢期という考え方について（Y・K）	1
37	期待され過ぎた子供達（Y・S）	2
38	家庭と女性（Y・M）	2

三年九組

番	題名	型
1	人口の増加について（A・T）	1
3	プロ野球改善計画（I・K）	2
5	マイカーの是非について（U・S）	①
6	「外遊び」の喪失の影響（E・T）	2
7	クローン技術の応用（O・M）	2
8	地球の温暖化（K・T）	4
10	学校週休二日制について（K・M）	4
11	無題（K・K）	②
12	日本人の働きすぎ（K・T）	4
13	「冷戦後」という言葉の意味の説明（K・T）	4
14	二十一世紀の環境保全（K・T）	1
15	「安楽死は行われてよいか」（K・K）	1
16	銃を持つことへの制限（S・A）	1
17	「エイズ」の知的対処法（T・H）	4
18	核にたよらない平和（T・Y）	1
20	テレビの功罪（N・T）	1
21	平和教育の見直し（N・K）	4
22	日本人の働きすぎ（H・K）	2
23	少年犯罪と教育（F・T）	②
24	現在の教育（M・K）	4
25	「男は仕事・女は家庭」という考え方（M・T）	1
27	死刑制度は廃止すべきか（M・Y）	②
28	日本人の悪い考え―いろいろな考えをすべきだ―（Y・H）	②
29	失われつつある家族の絆（A・R）	2
30	森林破壊に対する知識の必要性（U・M）	1
31	教育とは何か（U・Y）	1
32	自然破壊について（U・Y）	4
33	砂漠を緑に（O・M）	1
34	ごみ問題をどうするか（O・M）	1
35	日本の夫婦（T・M）	4
36	生徒に対して先生はどうあるべきか（T・Y）	2
37	「男は仕事」「女は家庭」という考え方（H・E）	4
38	流行語の中身（H・Y）	2
39	現代の子どもについて（H・M）	1
40	友働きの夫婦と育児（H・A）	①

注　①型の番号は、1—反対意見考慮型、2—自説主張型、3—比較考察型、4—その他、②番号に○を付したものは、それぞれの型に乱れの見られるものである。③傍線を付したものはグループ推薦の優秀小論文である。

3　小論文の実際

次に、三つの型で書かれた小論文例を各一例ずつ掲げることにする。

①反対意見考慮型

クローン動物を作るべきか

N・H男

最近、民間牧場でクローン牛を作るのに成功したということである。これからもいろいろな研究を重ね、いろいろなクローン動物を作るということだが、私はここに問題を感じる。

確かに、クローン動物をつくれるようになれば、絶滅寸前の動物が絶滅しなくて済むし、医学界にも大きな利益を与える。絶滅寸前の動物を繁殖させるためにクローン動物を作ると考えることも分からなくはない。

しかし、人間がこんなことをしてもよいのだろうか。まず、遺伝子操作をするなんて人間がやってよい領域を越えていると考える。人間が人工的にまったく同じ物を作るなんておかしいと思う。もし、人間のクローンを作るのに成功すれば、人の命を軽く考えられ《ママ》ると思う。そして、人の命を軽く考えるようになれば、頻繁に戦争が起こるようになると考える。また、人工的に同じ形をしたクローン動物を作っても、決して、まったく同じ物を作れないと思う。現に、何頭ものクローン動物を作るのに成功しているが、その動物はすぐに原因不明の何らかの病気か何かにかかって死んでいる。なぜ死んだか原因を見つけられない限り、完璧《ママ》なクローン動物を作るのは不可能だと考えられる。

以上から、私はクローン動物を作るのに反対したい。前にも書いたが、クローン動物を作るのは人間の領域ではない。絶滅寸前の動物を守ろうと思えば、自然を守るなど環境の方に力を入れるべきだと思う。だから、私はクローン動物を作るべきではないと考える。

②自説主張型

テレビゲームと子供達

A・M女

今やテレビゲームは多くの子供達に楽しまれている。しかし、テレビゲームは子供達に安全と言えるだろうか。私は、ゲームをすることは危険を秘めていると考える。

まず数年前にアメリカで起きた事件がある。子供がテレビゲームに熱中していた時、突然失神した。原因は、画面を必死に見過ぎたことだった。つまり直接体を害することもあるのだ。

また、暴力的な映像を使ったり犯罪をモチーフにしたテレビゲームが多く出ている。残虐なシーンは子供の心に大きな衝撃と影響を与える。特に敵を攻撃することや殺すことを楽しむゲームは、人を傷つけることを許すようなものだ。小学生や中学生、また時には幼児という精神的に複雑で成長途中の年齢の子供が最もテレビゲームに接する時間が長い。テレビゲームが子供の心の成長を傷つける可能性がある。これはとても恐ろしいことだ。

そのうえ、友達と遊ぶときでも家でテレビゲームをする子供が増えているという。ひどい場合は、毎日テレビゲームで遊ぶ子供もいる。確かに、外で遊ぶよりも手軽に楽しめる。けれども、外で学ぶことは多い。自然の怖さや豊かさ、町で学ぶ常識。様々なことを知らないことは危険だ。何も知らず、虫や魚を極端に恐れる子供もいるという。このままでは殺伐とした変化のない心を持つ子供が増える恐れがある。

よって、テレビゲームは内容を選んで遊ぶべきだ。たかがゲームであっても、多感な心を蝕む危険がある。また、テレビゲームはやりすぎてはいけない。アメリカで起きた事件のように直接体を傷つける。子供達に必要なことは家の外で遊ぶことなのだ。

③比較考察型

人生における労働

D・A女

一般に諸外国と比べ『日本人はよく働く』と言われている。しかし、これはほこるべきことなのだろうか。一九八六年の調査では、全死者中（調査対象―六五二九人）の約十二％が突然死が原因で死亡している。この人達の人生は果たして充実したものであったのだろうか。

戦後、日本人は外国に負けずと、ひたすら働いてきた。確かに生活は便利になり、豊かになったと言えるだろう。しかし今、物は多くあふれかえり、情報はとび交い、意味のない物の開発に時間は費やされている。何のために働いているのかということも見失い、ただただ、社会の流れに流されて働いている人が多いのではないだろうか。今一度考えるべきではないだろうか。人生の価値は何も労働だけにあるわけではない。もっと家族の団らんの時間や、自分の趣味に時間を費やしてもいいのではないか。人生における労働時間をもっと策《マ》減《マ》し、他のことにも興味をもつ心の余裕を持つべきだと思う。

一方、フランスでは日本よりも所定労働時間は五〇七時間と少ない。仕事が終わり、夕方カフェで一時間も何もせず、ただ街並みを眺めている人達がたくさんいる。少なくともこの人達の人生の価値は労働することだけにあるのではないだろう。今の日本にはこんな心の余裕は感じられず、きゅうくつな感じがする。

働くということの原点を、洗い流すべきだと私は思う。何のために働くのかということ、そして、自分の仕事は社会にどういう意味のあることをしているのかということを重視せねばならない。ただただ、社会に押し流されるようにはたらくのではない。今の日本には労働観の転換と、心の余裕こそが必要ではないかと思う。人生における豊かさとは心の余裕の幅にこそあると私は考える。

小論文例①は、これまで表現に課題を抱えてきたN・Hのものである。クローンの製造に反対する二つの根拠の間に微妙に齟齬が見られる。二つ目の根拠の完璧なクローンはいないので反対というのは、完璧であれば賛成できるという論を導きかねないからである。②は、序論・本論でテレビゲーム全体に関わる危険性の指摘を行いつつ、結論でテレビゲームは選んで楽しむべきことが述べられている。論の中心にずれが見出される。③は、数少ない比較考察型の例である。これらの小論文は論に不十分な点の見いだされるものもあるが、反対意見考慮型、自説主張型、比較考察型のそれぞれの構成の型、並びに接続のことばと文型とを用いておおむね自己の主張すべきことをまとめえている。

次に、F・Tの例を紹介する。この生徒はこれまで表現に課題を抱えてきた生徒である。F・Tの小論文はグループ推薦を受けたものの一つでもある。

少年犯罪と教育

F・T男

今日、少年による犯罪が急増している。これには、親のしつけや学校の教育制度が関係していないだろうか。また、これに対する対策として少年法を厳しくすることで、本当に犯罪防止へとつながるだろうか。

最近、正しいしつけのできない親が増えているという。この前、テレビでゴミを平気で投げ捨てる子供を見た。その子の親は、「大きくなれば自然に身につく。」と言っていた。小さいときに教えられていないのに、大きくなれば急に善悪の判断のできる子になるとでも思っているのだろうか。放任しているだけでは、しつけにならない。

また、親が厳しすぎて反発するケースなど《ママ》。限度というものが大切だ。これは学校にも当てはまると思われる。どうしてこういった規則があって、どうしてしてはいけないのか。生徒が完全に納得するような根拠のないものは校則として取り扱うべきではないと思う。
また、議会では少年法を厳しくしようとする動きがあるようだが、これも適切な判断であるとは考えにくい。少年法とは罪を犯した少年少女たちを更正へと導くためのものであるはずだ。それを厳しくしたところで、本当に犯罪が減るだろうか。そして再発が防げるだろうか。鑑別所や少年院での指導を徹底させた方がよほど効果があるのではないだろうか。犯罪を起こした者に対するアフターケアの方が大切だと思う。
この問題は、もはや少年法を厳しくしたところで減少するものではないと思われる。親は公衆道徳や人間道徳を、そして勉強だけでなく、人とのふれ合いの場としての学校づくりをするべきだと考える。

構成表（省略）からも、F・Tが真剣に取り組んだことが理解される。小論文は、親のしつけの問題や学校の教育制度の問題と、少年法を厳しくする問題とが、本論部二段落、三段落で、「また」「また」と二つの接続のことばを用いて並列の関係で述べられるにとどまっている。F・Tの場合、構成表のテーマも、一文で書くべきところが、「現在の少年法の厳格化や教育制度の矛盾点」となっており、テーマ設定の段階から並列が続いていたといえる。

結論部では、両者がまとめられてはいるが、並列の問題は、なお解消されてはいない。授業者は、構成表のテーマ設定の段階で、問題を一つに絞るべきことを指導するべきであった。このような問題は、小論文の型、接続のことばや文型によって解決するのは難しい。F・Tの例は、八〇〇字程度の小論文を書く場合、主語を一つに絞り、明確化するなどの指導が必要であることを明らかにしている。

次に、O・Mの小論文を掲げる。この生徒も表現力に優れた生徒ではないが、次のような、論の明確な、例示にすぐれた説得力のある小論文をまとめている。

ごみ問題をどうするか

O・M女

ゴミ問題は企業や行政の責任であるという考えがある。しかし、企業や行政だけの責任にするのは問題がありはしないか。

確かに、企業がごみの原因となる製品を生産する。人々が製品を消費し、ごみを出す。企業が売り、人々に買わせていると考えると企業に十分責任がある。また、行政はごみ問題の積極的な解決策を実行しない。行政がもっと取り組むべきだという点で、行政にも責任があるだろう。

しかし、私はゴミ問題が企業や行政だけの責任でないと考える。ごみ問題の責任は私たち自身にもある。企業は消費者が買わない物は売らない。私たちがごみになるものを買えばごみは増える。そして行政についても同様である。行政というのは私たちの意見が反映される。私たちが問題を訴えかけなかったら対策は行われない。また、私たちの訴えが消極的であれば行政も消極的になる。

実際に、紙パックのリサイクルを例に上《ママ》げる。紙パックのリサイクルが進展したことは、「全国紙パックの再利用を考える連絡会」の活動と多くの人々の地道な取り組みの結果である。また、野菜果物のトレイがほとんどなくなったのはトレイ問題に一〇年以上取り組んだ消費者団体の活動があったからこそである。飲料缶の飲み口が引きはがし式から押し込み式になったのも、スーパー店頭のリサイクル活動も同様である。さらには、企業の環境情報の公開をめぐっては、環境監査研究会活動がやはりあったのだ。

以上から、ゴミ問題は企業や行政だけの責任ではない。私たちが主体的に行動することによって企業や行政も積極的に解決する努力をするだろう。ゆえに私たち自身のごみ問題への責任は企業や行政と同様に重大であると考える。

おわりに——考察のまとめと課題——

これまで考察したことを、以下に整理して掲げるとともに、課題についてもまとめたい。

1　書くための基盤作り—「考えるヒント」の学習

①内省・推察・比較・原因追求・批判・疑問などの思考を生むものと考えられる。

②知識・理解の広がり、興味・関心の広がり、読書（新聞を読む）活動への誘いをもたらすとともに、思考を促し、意見を持たせることにも働いたと想像される。

③より簡潔により速く書くことにつながった。

④小論文を書くための基盤として、ア．考えるための様々な材料と意見の集積、イ．思考力（内省・推察・比較・原因理由追求・批判・疑問）の育成、及び、ウ．書き慣れによる書く力の伸張、エ．語彙の広がりがもたらされる。

2　書くための方法—の学習

①反対意見考慮型、自説主張型、比較考察型のそれぞれの構成の型、並びに接続のことばと文型とを用いておおむね自己の主張すべきことがまとめられた。このことは、小論文指導における構想指導は、展開の型と、接続のことば並びに文型の指導が有効であることを示唆する。

②八〇〇字程度の小論文を書く場合、主語を一つに絞り、明確化するなどのテーマ指導を必要とし、それが論を明快にする。

3　小論文の評価

①相互批評は、積極的な姿勢を導き出した。

②評価は、評価の観点に沿ってなされおおむね妥当であったと思われる。

③相互評価を通して優れた小論文に学ぶことができたかどうかについては、検証がなされていない。

4　課題

課題として、①書くための基盤作り、②テーマ発見の指導、③書く技能の育成、④相互学習の場作りなどが見出される。①については、「考えるヒント―発想を耕す―」の学習を基に、書きたい内容の発見と蓄積、書く意欲の育成のための方法を考え、継続的に試みる必要があろう。②については、問題意識の喚起と問題把握の方法（見方・考え方・感じ方、ブレインストーミング・分割・添加・逆転・比較・特殊化・一般化）を思考の方法として身に付けさせる指導も必要である。③は、本実践による試みを発展させるために、先行の実践・研究に学びつつ、小論文の典型的な構成の型と文型を見いだし、必要な型、接続のことば、文型を明確にして、指導を行うとともに、この方法の有効性を検証したい。また、今回の実践では、誰に向かって書くかという相手意識が希薄であった。この点も技能の一つとして位置づけた指導を行いたい。④本実践では、相互批評による学びの場を設けたが、テーマの発見、構想、推敲の段階等で相互学習の場を設定することも考えられる。生徒が学習の過程で産出すること（もの）を、教材として積極的に活用し、学びあう場を作りたい。ここに掲げた課題に取り組むことで、論理的な表現の学習をさらに活性化していくことができよう。

注（1）次の項目でアンケートを行った（選択肢等省略）。本文は、この中の12を整理した。
1あなたは日記をつけていますか。2あなたは手紙や葉書をよく書きますか。3あなたは進んで文章を書くことがありますか。4あなたは自分で大事にしまっている文章（文集）などがありますか。5あなたは表現することをどのようにおもいますか。6あなたは自分の表現力をどのように思いますか。7あなたは表現力をつけたいと思いま

すか。8小・中・高の表現学習をふりかえり、身についたと思うことを書いて下さい。9小・中・高の表現学習に関することで心に残っていることを書いてください。10あなたは、文章を書くとき、あのように書きたいと思う作家（筆者）や文章がありますか。11文章を書く上で心がけていることを書いて下さい。12文章を書く上で苦手とし、困っていることがあれば、箇条書きで、次に書いて下さい。

（2）ここに紹介、考察するのは、前任の大阪府立和泉高等学校における一九九八年度の授業実践である。

（3）金子泰子氏「小論文の練習」（中西一弘氏・堀井謙一氏編『やさしい文章表現法』一九九五年五月　朝倉書店刊　九二～九五頁参照）

（4）田中宏幸氏『発見を導く表現指導』（一九九八年五月　右文書院刊　一〇九・一一〇頁）

（5）澤田英史氏「論の進め方を学ばせる」（一九九五年五月　兵庫県高等学校教育研究会国語部会編『自己をひらく表現指導』二二一～二二三頁）

付記1　本稿は、第四〇回広島大学教育学部国語教育学会（一九九九年八月一一日　於　広島大学教育学部）において、「国語科授業活性化の探究―小論文の指導の場合―」と題して口頭発表したものに加筆したものである。

付記2　本実践を基礎・基本の観点から論じたものに、渡辺春美「基礎・基本をおさえた学習指導の試み―「読むこと」・「書くこと」を中心に―」（日本国語教育学会編『月刊国語教育研究』二〇〇〇年一月号）がある。

第二章　音声表現の学習指導

一　「三分間スピーチ」の試み（1）
――相互理解を深める表現指導――

はじめに

授業の現状としてしばしば問題になるのは、生徒の受け身で消極的な姿勢である。それは、「与えられることはするが他はしない」・「意見を言わない」・「質問しない」・「声が小さい」・「反応しない」と言った授業者の声に象徴されている。といって、静かなのではない。気を許せば、さざ波のようにざわめきが広がってゆき、喧噪となりかねない。消極性とともに集中力の拡散もまた授業の問題点となっているのである。

しかし、このような、言わば現象面としての生徒の授業の実態から一歩踏み込むと、必ずしも生徒は受け身で消極的なのではない。生徒は絶えず何事かに興味・関心を寄せ、心を動かしている。時代の雰囲気に左右される面があるとはいえ、生徒が何事かを求め、考える姿は根本的に変わらない。ただ、それを私達が授業の中で生かし得ないのである。

むしろ私達は、先に述べた問題となる生徒の実態を授業で構造的に生み出しているのではないだろうか。多くの教科で多くの授業者が、一斉授業の形態で講義形式の授業を行い、効率的に大量の知識を伝達しようとする。そこでは生徒への質問は、生徒を新たな発見に導くためではなく、知識の確認のためか、授業者の準備している答えに生徒をたどり着かせるためになされている。そして評価においては、伝達した知識を問う試験が重視される。その結果としての評価は社会的価値を付与されしばしば全人的評価とも見なされる。高い評価を得るためには、少々乱暴に言えば、生徒は授業者の伝えるものをことごとく覚えるのが良い。極端に言えば、そこでは意見や疑問は排除されるべきものなのである。このような現状の中で生徒は、ただ聞くということ以外に、意欲的・積極的に授業に参加できるであろうか。「与えられることはするが他はしない」と言うが、私達は「他」をするための指導をし、する時間を与え、するのを十分に待ち評価しただろうか。「意見を言わない」・「質問しない」と言いながら、「意見」や「質問」を高く評価し、それを生かす授業を作ってきただろうか。「質問しない」・「声が小さい」というのも、画一的な伝達型の授業が生み出した現象と受け止められるべきであろう。

このような現状において、授業の活性化はどうあるべきなのであろうか。活性化を阻むものが構造的である以上、活性化の試みは多面的とならざるを得ず、様々な授業の改革や工夫が必要である。また、活性化の目指すところも明確化されなければならない。

私は、活性化の目指すところは積極的・自主的学習にあると考えている。ここでいう積極的・自主的学習を、私は、自ら目標を設定（課題発見）し、自ら目標を実現（課題解決）していく学習と捕らえている。そして、目標設定から目標実現にいたる過程で、読む、話す、意見を述べる、聞く、討議する、調査する、メモするといったことが価値学習としても技能学習としても行われねばならないと考える。

これらのことが生き生きと充実したものとして為されるためには、先に述べた通り多面的な授業の改革や工夫が必要となろう。生徒の問題意識に合った、あるいは問題意識を刺激する、価値ある教材の開発、授業形態の多様化、評価基準と評価方法の改革、発問・板書・授業者の話し方の改善、技能学習の設定等々の具体的な試みを通して授業の活性化が探られねばならない。

㈠　活性化の試み

授業の活性化のために、私は今年度（一九八七年度）、具体的に次のようなことに取り組んでみた。

①　「学習目標の明示」（目標設定の訓練）→学習目標の自主的設定

学習目標を設定し、学習の方向と到達点を明らかにすることによって、生徒の学習意欲を高め、学習に主体的に取り組ませることを試みた。学習目標については、授業終了後、到達度を自己評価させることによってより意識化させようとした。

②　「話すこと・聞くこと」の指導

二学期の大部分の授業冒頭部を割いて、「三分間スピーチ」を試みた。その他、定期考査に「聞き取りテスト」[1]を導入した。また、できる限り時間を割いて、「読み聞かせ」を行った。「ひかりごけ」ではグループでの朗読をも試みた。

③　「発問」・「板書」の工夫

理解を深め、活性化を促すような「発問」・「板書」を意識的に心がけた。（特に「板書」はその重要性にもかかわらず高校教育では十分に検討されているようには思えない。）

次に、章を改めて、今年度の取組の中から「三分間スピーチ」について報告することにする。

㈡　「三分間スピーチ」の実践

1　実践にあたって

「三分間スピーチ」については、田中宏幸氏の「表現（作文）指導の一試み―三分間スピーチを活用して―」（『国語教育研究』第二十八号　広島大学教育学部　光葉会）によって優れた実践が報告されている。田中宏幸氏はその「まとめ」の中で「三分間スピーチ」の意義を次のように述べている。

①人間的なふれあいを実感できるということ
②成功感、充実感を実感できるということ
③「ものを見る目」を育てるということ
④ことばへの関心を高めるということ
⑤人前で話す経験になるということ

ここに述べられた意義が私の授業実践の中で満たされるならば、それは「三分間スピーチ」の授業のみならず、授業全般についても活性化に向けての大きな力になるであろう。このような思いもあって「三分間スピーチ」を授業に取り入れることにした。私の授業は、一部の工夫を除いて、田中宏幸氏の実践に大きく負うものである。

2　対　象

三年五・六組（文系、各四七名）に対し二学期に行った。

3　導　入

一学期早々に、生徒に、黙っていて事足りる時代は過ぎ、誰もが、会議・集会・研究会・サークル・結婚式などの日常的な場で考えや思いを述べることを求められる機会が増えて来ていることを話し、話すことの訓練のために

「三分間スピーチ」を行う旨を伝えた。ざわめきが起こった。生徒の反応は概して拒否的であった。そこで、一学期中折々に、私の話すことの体験を話したり新聞の投書を紹介したり、目についた文章で関係したものを読み聞かせたりして反応の好転を図ってみた。しかし、十分ではなかった。二学期の実施前には、NHK主催の「外国人の日本語による弁論大会」のビデオを見せ、優勝者を当てさせてその優れている点を考えさせた。

4 準　備

① 夏休みの課題として、次のような「作文課題（原稿用紙三枚）―パブリック・スピーキングを成功させるために―」を配り、スピーチ用の作文を課した。

> 作文課題（原稿用紙三枚）
>
> ―パブリック・スピーキングを成功させるために―
>
> スピーチを成功させるための基本的な条件をまとめてみよう。これはスピーチを成功させるためのものだが、基本的には小論文の書き方にも通じるものである。
>
> 1　何について話すか。その内容を選び抜く。
>
> 映画評論家の水野晴郎氏は自らの体験から、スピーチ成功の条件を次のように述べる。「自分の言葉で話すこと。自分が確信をもったことを話すことでしょうね。そこにはその人の人生がキラめく筈です。その人の思想がこめられている筈です。」
>
> 自分が確信を持った事、強く印象ずけられた事、感動した事などを内容に選び、原稿用紙三枚（一〇〇〇字～一二〇〇字）に書いてみよう。

2　話の組み立て

どんなに短い話でも、組み立てがしっかりしていないと聞いていて分かりにくい。

①　基本的には、「序論、本論、結論」、「起、承、転、結」といった形をとるとよい。

②　話に具体性を持たせると話がわかりやすく、生き生きとしてくる。具体性を持たせるということは、客観的に誰にも分かるように話すと言うことだ。

③　また、話の結び（結論）は簡潔にするのがよい。

3　言葉の選び方

自分の言葉で、しかも聞き手のよく分かる言葉を用いる事が大切だ。分かりにくい漢語や仲間内だけの言葉は避けるほうが良いだろう。

以下に、ある三年生二クラスのスピーチテーマを紹介しよう（注）。参考になればと思う。提出は補充授業の最初の時間。

注　前掲、「表現（作文）指導の試み―三分間スピーチを活用して―より」引用して示した。ここでは省略した。

②　二学期になってすぐに、次の「スピーチを成功させるために」を配り、三分間スピーチの実施要領と心がける点を説明した。

スピーチを成功させるために

1　スピーチまでの手順（①～④はスピーチをする前週までに終える）

①　原稿（千字～千二百字）提出
②　原稿返却後友人二名に評価してもらう
③　友人の評価をもとに書き改める
④　添削指導を受ける
⑤　原稿を基にスピーチ

2　スピーチを成功させるために

話し手

①　原稿を基によく練習しておく。（繰り返し練習しておくことが成功の秘訣である。）
②　恥ずかしがらない。
③　おなかに力をいれてゆっくり話す。
④　心をこめて話す。
⑤　特定の聞き手（二、三人）の顔を見て語りかけるようにはなす。

聞き手

①　話し手が話し易い雰囲気を作るように心がける。
②　話し手を拍手で迎え、話し終われば盛大な拍手でたたえる。
③　話し手のほうへ顔をむけて話をよく聞く。
④　やじを飛ばしたり、からかったり、あざ笑ったりしない。

3　スピーチが終わった後で

①　聞き手は評価カードに記入してどちらか一人の話し手に提出する。
②　話し手は、反省カードに、ア、評価カードを整理したものと、イ、自己の反省とを記入して、原稿、作文評価表とともに、ホッチキスでとめて提出する。

スピーチまでの手順は「1．スピーチまでの手順」に示したとおりだが、実際には、級友のスピーチを聞いた後再考して、提出した原稿とは全く違ったテーマで書き改めたり、スピーチ直前に添削指導を受けに来たりした者もいた。

5 実施

スピーチは一時間二名の割合で、授業の最初に十分から十五分をかけて次のように行った。

① 話し手は大きな拍手で迎えられる。
② 係の生徒がテープレコーダーのスイッチを入れる。
③ 話し手は砂時計の用意をしてスピーチを始める。
④ スピーチが終わると話し手は拍手で称えられる。
⑤ 二名のスピーチが終わると聞き手の生徒達はどちらか一方に向けて「批評カード」を書く（話し手はもう一人の話し手に対して書く）。
⑥ 「批評カード」は直ちに集めて分けられ、その場で話し手に手渡される（「批評カード」は授業者が見ることはない。）
⑦ 話し手は、「批評カード」を整理し、感想と反省を加えて「スピーチ反省カード」に記入し、スピーチ原稿、「作文評価表」とともに授業者に提出する。

6 「三分間スピーチ」の実例

まず、「三分間スピーチ」の題名一覧を示す。

三年五組

題名	
1	何のために
2	充実した高校生活
3	僕の野球生活
4	文章を書くことの困難
5	サービス大国日本
6	レトロブームについて
7	クラブで得たこと
8	
9	
10	
11	日本の将来と私
12	合格のよろこび
13	
14	チャレンジ精神
15	
16	コンビニエンスストア時代
17	幼い時の私
18	手紙にしかないもの
19	ある経験から
20	「新人類」について考える
21	クラブを通して得たもの
22	一生懸命であること
23	社会人として
24	経験するということ
25	「マネージャーの経験をして」
26	わが家のペット
27	十七歳の地図
28	私の家族
29	私のペット論
30	社会人になるにあたって
31	前向きに考える
32	私と家族
33	私の課題
34	「赤毛のアン」シンドローム
35	
36	人間と犬
37	あくまでも善意の
38	失したもの
39	無　題
40	部活動から得たもの
41	真の解放
42	好きなもの
43	英語を学ぶことの意味
44	
45	バイトを初めて
46	将来の夢について
47	私の生いたち

三年六組

	題　名
1	尊敬する人
2	なぜ戦争は起こるのか
3	マージャンは面白い
4	緊張とプレッシャーの中で
5	「青　春」
6	昨日のぼく
7	Ｄｒｅａｍ
8	私と岸和田祭り
9	名　前
10	二つの試合とその間の苦しみ
11	私と野球
12	日本の映画について
13	僕の生い立ち
14	私の趣味
15	テレビを見ること
16	クラブで得たこと
17	原子力発電について
18	私の結婚観
19	
20	クラブ活動
21	夢にチャレンジ
22	〝少女〟いわゆる女の子について
23	ペットについて
24	私の夢
25	忘れかけていたこと
26	人　形
27	インコ
28	日本の教育制度
29	生きること
30	パステルカラーの猫柳
31	私の幸福論
32	きらめく童話を創りましょ
33	私の音楽観
34	私とエレクトーン
35	映画について
36	寺院と私との出会い
37	ある日の新聞を読んで
38	桜のない入学式
39	子供の日
40	私の将来
41	最近感じたこと
42	
43	心に残ったこと
44	私と姉妹
45	わたしと学校
46	大学生になれたら
47	私の初恋

（注）空白部はスピーチをしなかった者

次にスピーチの実例を、「スピーチ反省カード」、「作文評価表」とともに二例示す。

〔例一〕

スピーチ反省カード

（六）組　（　）番　氏名（N・M）

1 スピーチ日　11月19日

「スピーチ評価カード」の整理

① 評価項目のまとめ

顔を上げてはなすことができたか。（A）

声はよく聞こえたか。（A）

心を込めてはなすことができたか。（A）

内容は良く理解できたか。（A）

（A）

② 感想のまとめ

・顔が下がっていた

・話し方が早かった（もう少しゆっくりの方がいい）

・問いかけるように終わったのが印象的だった（良かった）

・はきはきしてすごくわかりやすかった

・九月入学を初めて知った（考えさせられた）↓四月の方がいいと言う人がほとんどだった。

2 自分の感想と反省

読んでいる時に早いなァと感じたけれど、あがっていてゆっくり読むことができなかったのが残念です。人前で話すことは慣れているけど久しぶりにスピーチをしたので少しあがってしまい、全部、暗唱していたのに見てしまいました。文章については、九月入学制をやめてほしいという願いを込めて書きました。そしてみんながどう思っているのか知りたいと思って最後を問いかけで結びました。みんな一緒になって考えてくれてすごくうれしかったです。ただ、この六組のみんなが入学は四月の方がいいと主張しても、世論として国会で反映されないのが残念です。

（注　傍線渡辺）

作文評価表1　　　　（六）組　（　）番　氏名（T・M）

評著

友人に次の観点から作文を評価してもらおう。

（評価はABCで行う）

話題（内容）は魅力的か		A
構成について	書き出し部は引き付ける力があるか	A
	展開部は具体的で分かり易いか	B
	結論部は無理なく簡潔にまとめられているか	A
言葉遣いは適切か		A
説得力はあるか・胸を打つものがあるか		B

良い……A　まあ良い……B　良くない……C

〔改善点〕

改めたほうが良いと思われる事柄について具体的に分かり易く示そう。

文の構成については、これといって問題はないと思う。ただ全体を通して考えると作者の意見は、よくわかるが今一つ説得力に欠ける気がする。作者が9月の入学式を否定する理由がその原因だと思う。イメージ的に合わない、それとその頃は暑いという事らしいが、それだけではなるほどと思うかどうかは疑問だと言える。もう少し具体例を考えた方がいいのではないだろうか。九月入学制度の良いとされている部分を、理由をつけて否定する方法の方が説得力はあると思うし…。でないと賛成派の人間がこの文を読んで「そんな事はない。」と言うことのできるスキがまだ残っていると思うから、最後になってしまったが前半の言葉の使い方が、なかなか文学少女を思わせる感じできれいだと思う。

作文評価表2

評著　　　　　　　　　　　　　（六）組　（　）番　氏名（O・M）

友人に次の観点から作文を評価してもらおう。

（評価はABCで行う）

話題（内容）は魅力的か		A
構成について	書き出し部は引き付ける力があるか	A
	展開部は具体的で分かり易いか	A
	結論部は無理なく簡潔にまとめられているか	A
言葉遣いは適切か		A
説得力はあるか・胸を打つものがあるか		A

良い……A　まあ良い……B　良くない……C

〔改善点〕

改めたほうが良いと思われる事柄について具体的に分かり易く示そう。

あたり前だと思っている桜の入学式。そこに視点をおいて題材にしている所がすごいと思った。

又、文章表現もとてもきれいで桜の風景が目にうかんでくるほどでした。

本当に身近な話題で、人を引きつける魅力はたっぷりです。

とってもおもしろく、よかったです。

〔スピーチ用原稿〕

桜のない入学式

三年六組　N・M

入学式と聞いて何を思い出しますか。赤いランドセルそれとも真新しい制服でしょうか。やはり入学式、日本の春と言えば、〝花〟ではないでしょうか。桜の花が満開に咲き誇り、まるでピンクのトンネルのように枝が伸びているそんな桜の木の下を胸をときめかせ歩いたという人も多くいると思います。ところがもしかすると桜のない入学式をむかえるかもしれないのです。

現在、九月入学制度というものが提案されています。外国との交流のうえで必要となってきたものですが、私はこの意見に反対でやはり入学式は四月であるべきだと思っています。例えば卒業式で読まれる送辞や答辞、まず文頭には決まって「桜の花咲く四月にこの学校の門をくぐり…。」などとあります。ところがもし九月に入学式となると桜の花が咲いているはずもなく、どのようにこの季節を表現するのでしょうか。「残暑の中の入学式」なんていうのも情趣がないように思います。それに入学式を行う体育館は風通しが悪いうえに冷房があるわけでもないので、蒸し暑い中汗をかきながら入学式に出席しなければなりません。それに加え一般的に男性はそういう儀礼的な物には背広を着る人が多いですがもし九月となるとまだ暑いので背広では苦しいと思うし、お母さん方が着る着物も暑いということでいなくなるかもしれません。それでなくてもあまり着ることのない着物は一段と遠ざかるのではないかと思ってしまいます。入学式が九月となると卒業は七月か八月ということになると思いますが、人生の憧れでもある袴を着用した卒業式も暑くてやってられなくなると思います。何かすごく寂しい気がします。

こんな細かい点だけを見ていても仕方がないかもしれませんが、外国に合わせる必要があるのかと私は思います。確かに自分を中心に考えてはいけないかもしれませんが、この四月という春の入学式には日本の文化があります。着物においてもそうですし、春はいろいろなものの始まりの季節というイメージがあると思います。その始まりが秋になってしまい、夏には一周が終ってしまうなんて考えられません。入学式にはやはり桜がなかったら寂しいと思います。桜のない入学式を想像できますか。

〔例二〕

スピーチ反省カード

（五）組　（　）番　氏名（T・Y）

スピーチの日　11月10日

1 「スピーチ評価カード」の整理

① 評価項目のまとめ

顔を上げてはなすことができたか。（A）

声はよく聞こえたか。（A）

心を込めてはなすことができたか。（A）

内容は良く理解できたか。（A）

（A）

② 感想のまとめ

・顔を上げてはっきりと読んでいたので分かりやすかった。
・新人類という言葉はあまり好きではない。
・新人類の短所・長所が自分達に当てはまると思った。
・自分の意見もとり入れて良かった。

・緊張してた《ママ》みたいで、落ち着いてゆっくり間をおいてしゃべれたらもっと分かりやすかった。
・少し早口だったかなあ。
・今の子供達とか見てたら、私達の時と全然違うなーと思う内容が良かったです。

2　自分の感想と反省

すごく緊張して、自分で言っている事がうまく言えていないとか、「あーあがってるなぁ」というのが良く分かって恥ずかしかったです。早口になってしまったのも、大失敗！

出来る限り顔を上げて皆の顔を見るよう心がけたけれど、特定の人をじっと見る事は出来ませんでした。

評価カードを読んでいると、さすがに鋭いところを、ついているなぁと思いました。でも、うまく言えてたというのが多数あったのでほっとしたし、うれしかったです。自分の考えに共感を持ってくれた人がいた事もうれしかったです。新人類について、あまりいいイメージを持っていない人も結構いたので驚きました。でも、自分の言いたい事が伝わっていたり、認めてくれていたところもあったので良かった。この題にして正解だったかなと思います。自分が思っている事も素直に書けて、言えたし……。

初め、このスピーチをする事が決まった時は、はっきり言っていやだったけど、やり終えた今は、充実感でいっぱいです。

（注　傍線渡辺）

作文評価表1

評著　　（五）組　（　）番　氏名（T・N）

友人に次の観点から作文を評価してもらおう。

（評価はＡＢＣで行う）

話題（内容）は魅力的か		Ｂ
構成について	書き出し部は引き付ける力があるか	Ｂ
	展開部は具体的で分かり易いか	Ｂ
	結論部は無理なく簡潔にまとめられているか	Ｂ
言葉遣いは適切か		Ｂ
説得力はあるか・胸を打つものがあるか		Ｂ

良い……Ａ　まあ良い……Ｂ　良くない……Ｃ

〔改善点〕

改めたほうが良いと思われる事柄について具体的に分かり易く示そう。

・書き出し部の最初「…皆それぞれどう思っていますか。」から次の「そうは言っても…」という文への展開がちょっと不自然だったと思う。「そうは言っても…」の文の前に自分なりに今の時代について思っていることをいくつか書いてみたらいいんじゃないかと思う。

・一まいめの文章の書き出しから数えて六行目「でも、一、二年くらい前からは…」この文と前の文とを「でも」という接続詞でつなげるのはおかしいと思う。この文を書き出すには二行目から五行目あたりの「そうは言っても…現状です。」を書く必要はないと思う。

・一まい目の九行目「例えば」と十六行目「それが新人類に…一つにありますが」は同じことを言っているので「例えば」を「新人類に代表される事の例として」という風な形に変えて十六行目の方をカットすればよいと思う。

・二まいめの一行目「ここでも新人類…」の「ここでも」という言葉が少しおかしいと思う。「孤立化」についてはここで初めて出てくるのだから「ここでも」の「も」はいらないと思う。

・二まいめの十三行目「けれども…。」の文は、前の文とのつながりを考えると書き方がおかしい。特に「けれども」と、「そういう事が下手であり」という部分。

・二まいめの最後から四行目から始まる段落「次に産業面から…」という話の展開がなんとなく不自然に思われる。その段落が始まる前まではすべて新人類について述べられていたのにここでは急に新人類とのつながりのない話になってしまったからだと思う。もし「産業面から……」という風にするなら産業と新人類について述べる方が自然だと思うし、この段落をこのままにするならその前の文章を「新人類」にしぼらずにもっと視野を広げて書く方がいいと思う。

また、この段落から話しの進み方が急にかけ足になっていて結論部が簡潔すぎているような気がする。結論部が簡潔すぎているからこの文章の全体の内容とのつながりがうすくて、説得力に欠けているように思われる。

・全体的に一つ一つの文のつながりが不自然なところが多いと思う。もう少し話の内容をしぼって書いた方が聞く人にとっては理解しやすいと思う。

（五）組　（　）番　氏名（O・N）

作文評価表

評著

友人に次の観点から作文を評価してもらおう。

（評価はＡＢＣで行う）

話題（内容）は魅力的か		A
構成について	書き出し部は引き付ける力があるか	A
	展開部は具体的で分かり易いか	A
	結論部は無理なく簡潔にまとめられているか	B
言葉遣いは適切か		A
説得力はあるか・胸を打つものがあるか		A

良い…A　まあ良い……B　良くない……C

〔改善点〕

改めたほうが良いと思われる事柄について具体的に分かり易く示そう。

最後のまとめの部分を自分のことか、一般の人達に対して言っているのかが、少しあやふやな感じがする。

二枚目のレンタルビデオを見て楽しむカウチポテト族という所を～楽しむ、いわゆるカウチポテト族とした方がよいのでは？

二枚目、子供をとってみてもの所は、又、子供を例にとってみてもとするのは、どうでせう《ママ》。

〔スピーチ用原稿〕

「新人類」について考える

三年5組　T・Y

数年ぐらい前から、よく新人類という言葉を耳にします。いわゆる一九六〇年代以降に生まれた者の事で、私達が生まれた年代でもあります。様々な方面で現在使われていると思います。例えば、プロ野球では次々と引退していく旧人類との世代交替の時期にあるとか、企業では個性の見直しなどで、はっきりと自分の意見を述べる事が出来る人や、行動力のある人などを採用する傾向にあります。

特徴として、あらゆる事に関して上を尊重したり、たてるというタテの社会から、上下のへだてなく気軽に付き合っていくヨコの社会へ移っている事が、第一に言えると思います。また楽観的で、何事に対しても常に前向きの姿勢が見られ、気持ちの切り替えも早く、くよくよしない事がいえると思います。

こうして挙げてみるといい事ばかり言っているように思えますが、何もヨコの社会だけがいいとは限りません。けじめをつけなければいけない所できちんとして、相手に不快さを与えないようにする事も必要だし、年上の人の意見や忠告にも反抗ばかりするのではなく、素直に受け入れる事も必要だと思います。その辺りの切り替えのうまさが利点でもありますが……。一方、情報化社会へと発展するにつれて孤立化が見られてきました。面倒な付き合いなどは出来る限り避けるようにし、早く家に帰ってソファに座ってポテトチップスなどを食べながら、テレビやレンタルビデオを見て楽しむいわゆるカウチ・ポテト族と呼ばれる人々が現れてきました。子供を例にとってみても、パソコンやテレビゲームなど家に閉じ込もって一人で遊ぶ事が多く、大勢で遊んだり外で遊んでいる光景もあまり見られなくなりました。原因として、遊び場所が少なくなった事や子供の数が減ってきて、近所に同じ年の遊び相手がいない事が言えるし、ますます熾烈となっていく受験戦争に備えて、塾へ通う子が多くなってきている事があげられると思います。他人に関しては全く無関心で、人は人、自分は自分という自己中心的な考え方も孤立化につながっているのではないでしょうか。

この様に、私達新人類は旧人類とは全く違った良さをたくさん持っているが、反面、時代に流され易く、精神的な弱さなども持っています。しかし、ますます発達していく現代の中でうまく対応しながら、新しい社会を作っていくのに十分な力を備えていると思います。

終わり

この二例について、次の二点に触れておきたい。

①　生徒の相互批評の可能性

「作文評価表」によって、スピーチ原稿の相互批評を行わせた。生徒の指摘は鋭く適切であり、予想以上であった。特にNYの原稿に対するTMの批評やTYの原稿に対するTNの批評には見るべきものがある。

TMは、〔改善点〕の中で「今一つ説得力に欠ける」と批判し、その原因が「9月の入学式を否定する理由」にあると指摘して、「具体例を考えた方がいい」と提言し、「9月入学制度の良いとされている部分を、理由をつけて否定する方法」を示す。最後の「言葉の使い方」が「きれいだ」と言う指摘もNMの心をつかむものとなっていて見事である。ただ、NMはこの提言を十分に生かせてはいない。

TNは、TYの原稿を丁寧に読み込み、〔改善点〕の中で細部に渡って批評している。TYは、TNの最後の「もう少し話の内容をしぼって書いた方が聞く人にとっては理解しやすいと思う。」と言う言葉を受けて、全面的に書き改めている。さらに、書き改めたものをONに見せ、ONの言葉遣いに関する提言を受けて手直ししている。

この二例にとどまらず、相互批評における生徒の指摘は適切なものが多かった。「三分間スピーチ」の授業の中でこの相互批評は重視したのでも強調したのでもなかった。中にはおざなりの批評に終わっている者もいた。しかし、生徒の批評は予想以上に有効に機能しているという思いを強くした。表現（作文）における相互批評の可能性を示唆していると言える。

②　「評価カード」の役割

田中宏幸氏は、スピーチの意義の「②　成功感、充実感を実感できるということ」の中で「評価カード」の役割に触れて、次のように述べている。

「こうした効果が生まれるには、『批評カード』が大変重要な役割を担っているということを見落としてはならない。ただスピーチをしてそれで終了としたのでは、このようなふれあいや充実感を実感することはできなかったであろう。一所懸命やればやるほど、私たちはその反応が知りたくなるものである。その機会を意図的に作り出してやることが大切だということであろう。」（注、田中宏幸氏の「批評カード」は「評価カード」と同様のものである。）

スピーチの授業を終えた今、的確な指摘であると実感する。二例の「スピーチ反省カード」における「2．自分の感想と反省」の傍線部は、「評価カード」の働きに拠っている。話し手は、スピーチの場で直感的に聞き手の反応を知る。しかし、より深く、より具体的に知るのは「評価カード」を通じてである。話し手は、スピーチを認めてくれたことにほっとし、共感する者がいたことを喜び、異論を持つ者がいたことに驚くというように、聞き手の反応の中に人間的なふれあいを実感し、同時に自分のスピーチが真っすぐに受け止められていることを知って成功感・充実感を味わう。そのおおもとの所に「評価カード」の役割がある。私はそのことをしっかりと押さえておきたいと思うのである。

ただ、聞き手が、二人の話し手のうちどちらか一方にだけ「評価カード」を出すという方法は、再考してみてよいと思う。田中宏幸氏は、「一人にしぼることで、投げやりな批評やおふざけの批評、あるいはまた辛辣すぎる批評を避けることができ、気の小さい生徒も、ほとんどはいい評価をもらえて自信をもつことができるから」と述べている。私も倣って実践してみたのだが、生徒の様子を見ていると、「投げやりな批評やおふざけの批評」・「辛辣すぎる批評」が多く出るようには思われないからである。それよりも、私には一人に向けて書かせると時間がかかり過ぎることのほうが問題に思われた。

〔参考〕　「評価カード」

Yちゃんへ

スピーチ評価カード

（六）組　（　）番　氏名（I・N）

顔を上げてはなすことができたか。	A
声はよく聞こえたか。	B
心を込めてはなすことができたか。	A
内容は良く理解できたか。	A
感想	あたしも中学校のときなんか頭髪検査とかいって、先生に前髪とかきられたことがあるけど、ぜったいにおうぼうだと思う。それに大学も入学をかんたんにしてくれたら今こんなにめにあわなくてもいいのにとかしんけん考えてしまった。

三　三分間スピーチに対する生徒の反応

授業が終わった後で生徒に次のようなアンケートを無記名で行った。

スピーチを終えて

1　あなたは級友のスピーチを聞いて良かったと思いますか。

ア、良かった　イ、良かったと思わない

ウ、なんともいえない

①　アと答えた人はどういう点で良かったと思いますか。

②　イと答えた人はどういう点で良かったと思われないのですか。

2　あなたはスピーチをやって良かったと思いますか。

ア、良かった　イ、良かったと思わない

ウ、なんともいえない

①　アと答えた人はどういう点で良かったと思いますか。

②　イと答えた人はどういう点で良かったと思われないのですか。

（注　回答欄省略）

〔結　果〕　有効回答　九一

	1、聞いて良かったか	2、やって良かったか
ア	八七、七	四九、五
イ	○	一二、一
ウ	一三、二	三四、一

（注、数字は％　無回答、「1、」―一名、「2、」―四名）

「1」を「ア」と答えた理由としては、

①　「あの子はどんなことを言うのかな」と前から楽しみにしたり、スピーチを聞いてて『あっこんなこと考えているのか、すてきやな……そういう考え方』なんて思ったり、クラスのみんなの見えなかった一面が見えたようですごく良かった。

②　クラスの人たちそれぞれの考えや、体験などを知ることができ、今までより何かひとつ、クラスの人たちのことを知ることができたように思うから。

③　ふだんはあまり話したりしない人のことも、ほんの少しだけど理解できたし、なんといってもクラスのふんいきがすごく良くなったと思うから。

④　色々な考え方、見方があるのがわかったから。

⑤　人の意見をきいていろいろ考えさせられたこともよかった。

という答えが多かった。①②③は話し手への理解と共感の深まり、それによって人間的ふれあいを実感した点、④⑤は話される内容によって考えさせられ、目を開かれた点が、大きな理由と言えよう。中では、①②③が圧倒的に多かった。

「2」を「ア」と答えた理由は、次のような回答に代表される。

①　人前でしゃべることは、むずかしいことだと思ったし、しゃべり終えた後はちょっと充実感があったから。みんなの意見がすごくうれしかった。

②　少しでも「私」を理解してもらえたことです。私も前へでて話すことは得意ではありませんが、「もう一回やってみたいナ」と思うくらいですから、スピーチは良い経験になりました。

③　人前で言う文章を書くのははじめてだったのでむつかしかったけど勉強になった。度胸もついたしクラスの中に自然にとびこめたと思う。

④　将来そういう機会があった時、役立つと思う。
⑤　人の前で話すことはめったになかったので話し手の立場になって考えるようになったし、自信もついた。
⑥　自分の考えていることを人に知らせようとする事の難しさも知る事が出来たと思う。
①は充実感を、②は「私」を理解してもらえたことを強調している。③④⑤⑥は、内容は違うがそれぞれ良い経験を得たことを、スピーチをやって良かった理由に上げている。
「2」を「イ」と答えた理由の主なものは次のとおりである。
①　無駄に時間を費やして得たものがなかったから。スピーチしてる間に他の勉強したい。
②　受験前だし書いたり読む練習するのがいやだった。
③　結局、羞恥心しか残らなかった。
④　私はスピーチをやったおかげで、又自己嫌悪におちいってしまいました。
⑤　こんなのはきらい。
特に女子は二学期に大学の推薦入試を受けるものが多い。②は目前に迫った大学入試との関連で時期の問題を理由に上げている。同様の理由を上げたものが他に三人いた。①も大学入試と関連した理由とも考えられよう。③④の理由も他に同様のものがいくつかあった。「評価カード」による共感や励ましも救いにはならなかったようで残念だ。⑤は感覚的に拒否している例である。

「2」を「ウ」と答えた者が予想外に多かった。「2」で「イ」と答えた理由の中の、
①　緊張して、思ったことを、スムーズに言えないから。もし、うまく言えたなら、アに○をつけれるのだけど。
②　大学の受験と時期がかさなったから。もしちがったら良かったと思っていたと思う。
といった理由を参考にすれば、これはある程度スピーチの意義を認め、スピーチをした経験を良かったと評価しな

がらも、自分のスピーチに満足の行く結果を得ることができなかったという思いや、受験前で時期が悪く十分に打ち込めなかったという思いが「ウ」という答えに反映したものと推察できよう。

おわりに

これまでに触れた点は省略し、時期・方法・時間・指導・テーマ・不参加者の問題という点から反省と課題について、次にまとめてみる。

①時期の問題

三年生の二学期という時期は適切であったか。一部の生徒の、受験の時期と重なって集中できなかったという声はともかくとして、「話すこと・聞くこと」の指導の一方法としての三分間スピーチをこの時期に行うのは適切であったであろうか。本年は授業の活性化のために投げ入れ的に行ってみたが、三学年を通して一貫した指導計画を持つべきであろう。三分間スピーチはできれば二年時で行い、三年では、特定の問題についてディベートが行えるくらいにしたいと思う。

②方法の問題

スピーチは原稿を基に行った。現段階としてはそれで良かったと思う。ただ、完成された原稿があるゆえにかえって原稿に頼ってしまうという傾向が見られた。今後はメモからのスピーチなども試みて良いであろう。

③時間の問題

スピーチは一時間に二名、一週六名の割りで行い、毎時間十～十五分をスピーチに割いた。そのため残りの時間で他の教材について授業を進めなければならず、時間不足を感じざるをえなかった。しかし、スピーチの時間を特に設け、次々とスピーチを行わせるといった方法では、それぞれのスピーチの印象が薄れ、しかも他の生徒のスピーチを自分のスピーチに生かすことが十分にできないといったことになる。一年間を通して一週二名の割りで行うのも間延びするようにも思われる。しかし、表現の時間を設けていない現段階では、一年を通して行うか一学期間を通して行うかしか方法がないのではあるまいか。

④指導の問題

原稿作成の過程で内容・表現に立ち入って指導するつもりでいたが、一週間に二クラス、十二名を指導しなければならず、そのうえ直前に提出する者もいて十分には果たせなかった。指導は、内容・表現よりもスピーチに向けて励ますことのほうが多かった。スピーチの仕方等に関しては、そのつど短い助言を行った。

⑤テーマの問題

個人的体験に関するテーマが多かった。もう少し社会的テーマを扱うなど、全体として広がりと深まりが欲しかった。生徒の中には社会問題に関心は持ちながらも、いわゆる硬い話は避けて受けの良いテーマを選ぼうとする者もいた。問題意識が私達の生活、とりわけ言語生活の質によるであろうことを考えると、その指導は容易ではないと思われる。生徒の真剣な思いが真っすぐに受け止められるような教室作りと、出来るだけ多くの話題を提供して考える機会を設けることが必要となろう。

⑥不参加者の問題

九名の生徒がスピーチをしなかった。しゃべれないという者。しゃべりたくないという者。しゃべることがないという者。しゃべる意義を認めない者。しゃべる用意をしなかった者。理由は様々である。説得はしたもののやむをえぬものとして強制はしなかった。この九名の生徒が他の授業についてもこのようなのではない。しかし、どの授業についても数名の授業不参加者がいる。このような生徒の指導をどうすれば良いのか。全員参加の授業を目指すものの、全員に興味を持たせることは至難である。先行の実践例にも学びつつ、さらに、実践研究を進めていきたい。

二　「三分間スピーチ」の試み（2）
——メモからのスピーチ——

はじめに

音声言語表現指導の一環として、一九八九年度に高等学校一年生を対象に三分間スピーチの学習指導を試みた。この指導は前年度（一九八八年度）に三年生を対象に行った三分間スピーチ[1]に続いて行ったものである。一つには、一年生におけるスピーチの授業の可能性を探りたいとする思いがあり、二つには、三年生のスピーチの指導の課題であった、メモからのスピーチという方法上の課題に応えたいという思いがあってのことである。後者については、すでに、メモからのスピーチによる実践が報告されてはいるが[2]、なお今日、取り組むべき課題が存していると考える。本稿では、この一年生を対象とした三分間スピーチの学習指導の実際について報告し、考察を加えることとしたい。

㈠　学習指導の概略

学習指導は、おおよそ次のとおりであった。

1　対象・時期

大阪府立和泉高等学校、一年生四クラス（各四八人）。

一九八九年度二学期から三学期にかけて行った。

3　指導目標

指導目標は、次のようなものであった。

①自らの思いや考えを明確にし、説得力のある文章にまとめさせる。

②自らの思いや考えをメモにし、メモを用いて説得力のある、あるいは胸を打つスピーチを行わせる。

③スピーチを良く聴き、自己の思いや考えを見つめたり、広げたりさせる。

4　指導過程

指導過程は、次のとおりである。

（1）導入（二時間）

①「外国人による日本語弁論大会」の視聴と感想。②授業計画の説明、モデルスピーチに学ぶ。

（2）展開

③スピーチ用作文の留意点の説明、レイアウト用紙への書き込み。④スピーチ用作文の執筆。⑤相互評価の後、推敲。⑥スピーチ用メモ用紙の作成。⑦毎時間二名のスピーチ。

（3）結び

⑧個々のスピーチ後に「スピーチ反省カード」を提出。

⑨「スピーチを終えて」の提出。

(二)　学習指導の実際

1　学習指導の展開

(1) 導　入

（1）「外国人による日本語弁論大会」の視聴

日本放送協会（NHK）による一九八九年の「外国人による日本語弁論大会」の後半部を授業用に編集してビデオを視聴させ、次のようなプリントを作成し、優勝者を当てさせた。その際、どういう点がよかったか、内容、声、間の取り方、態度に触れながら感想を記入させた。

「外国人による日本語弁論大会」から学ぼう

一年（　）組（　）番（　　　　）

	題名	氏名	国籍
1	旅は道連れ	マーティン・ホールマン	アメリカ
2	「国際国」日本に望むこと	モガム・アヘメド・サイム	パキスタン
3	アルバイトへの挑戦	王　強	中国
4	二千年のユートピア	アミン・ハンマード	シリア
5	私はいったい良いお母さんでしょうか、悪いお母さんでしょうか	賀　建華	中国
6	今どきの熊	ピーター・フィルゴラ	カナダ
7	どの花みてもきれいだな	アントワネット・ジョーンズ	アメリカ
優勝者番	どういう点が良かったのか、内容、声、間の取り方、態度などに触れながら、感想を述べなさい。		

この「外国人による日本語弁論大会」の優勝者は、「7」番のアントワネット・ジョーンズ（アメリカ）であった。そのスピーチのどういう点が良かったのかという点について、一人の生徒は感想も交えつつ、次のように書いている。

　子どもの声、男性の声をうまく使いこなし、声もききとりやすかった。聞いてて《ママ》あきさせない所がよかった。何かはなしにひきつけられるものがあった。子どもの立場になって物事を考え、今の世の中に何か訴えるものがあるような気がした。全体的に、間の取り方がよかったし、話をしている姿も一生懸命なのが伝わってきたので7番を選んだ。

（O・E女）

（2）スピーチの手順説明

説明プリント「スピーチを成功させるために」を配布し、以下の点を説明した。

スピーチまでの手順として、①原稿（千字から千二百字）提出、②二名による相互評価、③推敲、④添削指導、⑤「スピーチメモ用紙」の作成、という点について説明し、⑥スピーチは、毎時間の初めに二名が行うとした。

（3）モデルスピーチの提示

ついで、前年度三年生のスピーチをテープレコーダーで再生し、聴かせた。スピーチの実際を理解させるとともに目指すべきひとつのモデルとするためである。生徒によるモデルの提示は、到達点として効果的に意識されやすいと考えた。

(2)　展　開

（1）スピーチ用作文と相互評価

説明プリントにより、①自分が確信を持ったこと、強く印象づけられたこと、感動したことなどを内容に選び、四百字詰め原稿用紙三枚にまとめること、②組立の基本として、序論・本論・結論、起・承・転・結という型があること、③冒頭部で聞き手の関心を引く工夫も必要、④話に具体性を持たせること、話の結びは簡潔にすること、⑤自分の言葉で、しかも聞き手のよく分かることばを用いることが大切、といった点を説明し、⑥スピーチ題目例[3]を示した。

作文の前には、「一、題名」、「二、主題を一文で書く」、「三、文章のレイアウト（組み立て）」からなる「作文レイアウト用紙」を配布し、記入させた。例えば、I・M女は、

一　題名　石油問題について
二　主題を一文で書く　利用価値の高い石油資源の大切さ
三　文章のレイアウト
・オイルショックについて
・エネルギー消費量の七十％以上を石油に頼っている日本
・石油埋蔵量について
・石油資源を有効につかい、他の資源やエネルギーの利用を考える

と記している。

（2）相互評価

作文は、「作文評価表」に基づいて相互評価させ、二名の評価によって作文を書き改めさせた。「作文評価表」は、①話題、②構成（冒頭部の工夫・展開部の具体性と分かりやすさ・結論部の簡潔性）、③言葉遣いの適切さ、④説得力

に関する評価項目欄と改善点との欄から成る。評価項目欄は、A（良い）、B（まあ良い）、C（良くない）で評価させた。改善点は、どこをどう改めるかを具体的に書く欄とした。

（3）スピーチ用メモ用紙への記入

作文に基づいてスピーチ用メモ用紙に記入させ、メモによってスピーチを行わせるようにした。I・M女は、「石油問題について」と題する、次のようなメモを作成している。

（スピーチメモ用紙）

石油問題について

氏名　I・M女

石油問題と聞いて、一番始め《ママ》に頭に浮かぶことは、
・一九七三年に起こったオイルショック
・オイルショックや石油危機についての本を読んだ

オイルショック
・「もの不足」を背景に灯油などの石油製品が値上がり
・ガソリンスタンドは休日に閉鎖されNHKも放送時間を短縮
・一九七八年にも石油価格が大きく値上がりし、物価上昇をさらに加速させるという問題が起きる
・オイルショックは再び起きないのか

エネルギー消費量の七十％以上を石油にたよっている日本
・コート一着を作るのに七ℓの石油を使う

・日本の石油の自給率はたった〇・二％
・日本が一滴の石油も輸入できなくなってしまう心配はないのか。

石油埋蔵量について ・世界の石油埋蔵量は約一〇六五億kℓ、一年間の生産量は約三一億kℓ ・後三五年で世界の石油資源は完全に底をついてしまう ・「石油埋蔵量」とは正確にいうと「確認埋蔵量」のこと ・新しい油田が発見されたり技術が進歩すれば確認埋蔵量は増加する ・後三五年で石油がなくなってしまうという事は、ほとんどありえない事
他の資源やエネルギーの利用 ・石油資源を有効に使う ・石炭などの利用を進めていく ・太陽や風などのエネルギーを利用した工業化を進めていく

（4）スピーチの方法

話し手への注意としては、①練習こそ成功の秘訣、②恥ずかしがらない、③おなかに力を入れてゆっくりと話す、④心をこめる、⑤特定の聞き手（二、三人）を見て語りかけるように話す、⑥スピーチ中に三度は、顔を上げ、教室後方にいる授業者の顔を見る、ということを説明した。

聞き手には、①話しやすい雰囲気を作る、②スピーチ前と後に拍手をする、③話し手に顔を向けてよく聞く、④やじ、からかい、あざ笑いをしない、という点を注意した。

スピーチ後にすることとして、①聞き手は、スピーチを行った二名の内のどちらか一名に「スピーチ評価カード」を記入して手渡す（授業者は目を通さない）。「スピーチ評価カード」は、顔を上げて話すことができたか、声はよく聞こえたか、話す早さ、間の取り方は適切であったか、心を込めてはなすことができたか、内容はよく理解できたか、説得力はあったか・胸を打つものはあったか、という六項目について、三段階で評価し、コメントを付すというものである。②話し手は、「スピーチ反省カード」に、ア．評価カードを整理したものと、イ．自己の反省を記入して、作文原稿、作文評価表（二名分）、スピーチメモ用紙の三つをまとめて提出することを指示した。

次に掲げたのは、一年二組のスピーチの題名である。

1個性について（I・I男）
2（題名の記録なし）
3クラブ活動について（I・H男）
4部活と私（O・K男）
5一円玉の価値（O・S男）
6進学について（O・Y男）
7倶楽部（K・H男）
8クラブ（K・K男）
9バイクと俺（K・Y男）
10剣道を続けるためには（M・M男）
11陸上競技を通じて（K・T男）
12身近な文化と生活（K・S男）
13学校生活（S・M男）
14個性について（T・K男）
15オレのテレビ論（T・N男）
16クラブ（T・T男）
17普段の言葉と生活（N・Y男）
18勉強の重要さ（H・S男）
19僕とプロレス（H・T男）
20（題名の記録なし）（H・A男）
21アルバイト（M・男）
22日本の四季（Y・K男）
23超魔術（Y・T男）
24映画について（W・A男）

25東西の食文化について（A・S女）
26一円玉の寂しさ（I・C女）
27完璧への憧れ（O・A女）
28父への見方（O・J女）
29社会の迷惑（K・Y女）
30文通をして（K・J女）
31マネージャ活動（S・A女）
32地球（S・J女）
33中学時代のクラブについて（S・Y女）
34今しかできないこと（O・E女）
35ある番組を見て思ったこと（T・Y女）
36一五歳の春（T・C女）

37（題名の記録なし）
38ごめんね（T・C女）
39（題名の記録なし）
40クラブ活動の思いで
41手紙（T・H女）
42離れて気づいた大切な人（T・H女）
43占いは信じられるか（N・J女）
44音楽は雑音か（N・M女）
45未来の地球について（N・T女）
46日本列島が滅ぶ日（H・Y女）
47田舎について（M・N女）
48クラブをとおして（M・S女）

(3)　結　び

生徒個々の結びとして、①「スピーチ反省カード」の提出をもとめた。これは、「1　『スピーチ評価カード』の整理」と「2　自分の感想と反省」とからなる。「1」は、スピーチを終えた後にクラスの生徒から受け取った「スピーチ評価カード」の評価項目と感想のまとめとを整理し記入する欄である。I・M女は、「反省カード」の「2・自分の感想と反省」を、次のように記している。

みんなに書いてもらった感想からもよくわかるように顔をあげてもっと大きな声で話すことができたらよかったなぁと思いました。自分では話す速さも少し遅すぎたような気がします。後から後かいしてしまうけどスピーチをしている時は、すごく緊張していてあれくらいの声の大きさが精一杯だったし、顔を上げて話すと内容を忘れそうになるような気がしてこわかったです。練習不足かなぁと思いました。

こういう形でみんなの前でスピーチをするのは初めてだったので、最初は、わたしは、スピーチをするのには反対でした。でも、スピーチをやり終えてみると、やり終わったんだという解放感とみんなから書いてもらった感想を読んだりしてとてもいい思い出になりました。みんなのスピーチを聞くことで、いろいろ勉強になることが多かったです。

全体の結びとして、アンケート「スピーチを終えて」に記入させた。例えば、I・M女の場合、「1．あなたは級友のスピーチを聞いて良かったと思いますか。」について、「ア．良かった」と答えている。ついで、「どういう点で良かったと思いますか」という問に対しては、「それぞれが今、考えていることや意見などが具体的にわかったし、スピーチを聞くことで勉強になることが多かったこと。」と答えている。「2．あなたはスピーチをやって良かったと思いますか。」については、「ア．良かった」と答え、「2．どういう点で良かったと思いますか。」という問に対して、「やる前はすごく緊張したりしていやだなぁと思ったけど、スピーチをし終わった後は、みんなに自分の考えていることを聞いてもらって感想を書いてもらったので良かったと思う。」と回答している。「3．『三分間スピーチ』の授業についての感想」欄には、人のスピーチを聞いて評価したり評価してもらったりしていい勉強になった／いろいろおもしろいスピーチがあって楽しかった。」と書いている。

2　学習者のスピーチ用メモの実際

スピーチ用メモの実例として二名のメモを、次に掲げる。

（スピーチメモ用紙）

東西の食文化について

・できるだけ前を向く
・できるだけ大きな声で話す

氏名	A・S女

同じ日本に住んでいるのに、その地方によって……

・その代表ともいえるが《ママ》東京と大阪
・まず最もよく知られているのがうどん
・これは東京は辛口で大阪は薄口

ゆっくり

そしてもう一つこれはテレビで見て知ったのですが……

・東京ではほとんどの家庭が……　それでは……
・大阪ではもちろん牛肉を……　私は東京と大阪の……

そこで私は母に頼んでブタ肉入りの肉じゃがを

実際食べてみた感想は
やっぱり……
ブタ肉味がしみこんでいないというか
それでも……　うどんも、……

他にも東京の人はわりとせかせか食べる人が多いのに対し
東京と大阪だけでも捜してみれば……
それでも薄味のほうが……
でも東京の人に言わせれば……やっぱり自分が生まれた時から……

あともうちょっと

私はここまで書いてきて改めて思ったことがありました。
それはどちらの味も……　最近は……
実際私も、朝はパンだし……
これからも……　そうなれば……
西洋料理を……
その地方の味も……

A・S女は、結びの部分を、作文に次のように書きしるしている。

私はここまで書いてきて改めて思ったことがありました。それは、どちらの味もその地方にしかない味なのだから、大切にしたいということです。最近は、パン食が多くなり、おみそ汁のかわりにコーヒーやミルク、うどんよりもスパゲッティが好まれるようになっていると思います。実際私も、朝はパンだし、うどんもあまり食べなくなりました。これからもどんどんとそうなっていくでしょう。そうなれば、大阪の味、東京の味といったものがうすれていってしまうことになります。西洋料理を好むことは、もはや仕方がないのかもしれませんが、その地方の味も残していった方が良いと私は思いました。

（注　傍線は渡辺が付した。）

メモ用紙には「できるだけ前を向く」「できるだけ大きな声で話す」「ゆっくり」などのことばが記されているのが目を引く。A・S女のメモと作文とを比較すると、作文の傍線部が示すように、段落と文の冒頭部がメモされていることが分かる。冒頭部をメモすることによって、冒頭部から段落・文全体が呼び起こされるメモとなっている。

次に、N・S男のメモを見ることにする。N・S男は、自らのスピーチの順番になった時、作文も原稿もできていず、やむなく最後にまわすことにした。最後のスピーチについても、事前に原稿の提出もなく、スピーチができるかどうか危ぶまれた。しかし、当日は、淡々とした話ぶりではあったが、落ち着いて、自らの地に着いたことばで、次のメモに見られるようなスピーチを行った。

（スピーチメモ用紙）

地球環境を考える

氏名 N・S男

自分の趣味について

自分は魚を飼うのがすきである。

自然の宝庫南米について

ジャングルの役わり

南米での自然破壊の進行

美しいヨーロッパについて

フィンランド
スイス
のような美しい国での以外《ママ》性

日本について

日本の水について
大阪と滋賀の水
自分の経験

まとめ

日本の自然のすばらしさ
自然のすばらしさ
自分が人間に望むこと

N・S男のスピーチ用作文（下書き）は、ノートに、次のようにまとめられていた。

僕は魚を飼うのがすきで小学校のころから自分の部屋に水槽をおいています。今、水槽にいるのは南米とアフリカの魚です。ところで、アマゾンとよばれている南米のジャングルは地球のさんその五分の一をつくりだしているそうです。ところが自然の宝庫であるアマゾンにも自然破壊の手がのびています。砂金をとるのに使った水銀を川に流しこんだり、大き業のしん出でたくさんの木を切りたおし飛行場にしたり、工場をたてたりしているそうです。そのために下流の方では魚がとれなくなったり、奇形魚がとれたりしているそうです。このような状態がつづくとどうなるかみんなもだいたいわかるでしょう。多少の開発もしかたないでしょうか。もう少しかんがえてほしいものです。

次に一見美しいフィンランドやスイスのようなヨーロッパの国でもじっさいはそんなに美しくないようです。ニュースステーションでやっていたのですが、ヨーロッパは酸性雨がよくふるために、山の木がかれはげ山になったり、湖も美しくすきとおってはいるのですが、実は魚などの生物が一ぴきもいないというような湖が多いそうです。美しく見える所でもこのように自然破壊が進んでいるのです。

そして私たちの住んでいる日本ですが、日本人は世界でも指おりの美しい自然をもっていながら最も自然破壊に鈍かんだと思います。四季によっていろいろな変化があるし水にもめぐまれている。なのに都市のそばにある池や川は汚なすぎると思います。これは自分の経験ですが、家族で滋賀県の比えい山に旅行に行ったとき昼飯のためによったそば屋の水がすごくおいしくかんじられ大阪の水は汚いんだなと思ったことがありました。

地球が気の遠くなるような年月を経て作りあげた自然をこんなにたやすくこわしていいのでしょうか。破壊は一瞬のことですが、再生にはおそろしいほど長い年月がかかるのです。これからは自然破壊を地球にすむ全人類の重大な問題としてあつかってほしいものです。

この作文（下書き）とメモを比較すると、メモは、まず、スピーチの内容の小さなまとまりが、それぞれ「小見出し」風にまとめられ、ついで、それぞれと関わる内容がキーワードによって示されるという形になっているのが分かる。

以上掲げた二つのメモ例が多くの生徒に見られたメモの型である。他に、作文のほぼすべてをメモ用紙に書いているものの見いだされた。

(三) 学習指導の考察

以下、学習指導の展開に沿って考察を加えたい。

1　導入―モデルスピーチの学習

「外国人による日本語弁論大会」の七人のスピーチを聴き、先に述べたように、予想した優勝者のスピーチに関する感想を記入させた。生徒は、例えば、次のように記入していた。

①・差別問題をとりいれた内容がよかった。／・本当に自分が子どもになったような声もよい。／・ちょうど聞き手が理解できるくらいの間をとっている。／・手はたえず動いていて、顔の表情もさまざまで、聞き手をひきつける態度。（I・A男）

②内容：歌で始まり歌で終わるのが人を引きつけたと思う。途中で内容がわからなくなることがなく、例えなども使ってよかったなぁと思う。声、間の取り方：声というか、話し方がハキハキしていたし、間の取り方も、ゆったりで聞きやすかった。態度：落ち着いているし、ジェスチャーも大きかったし、表情豊かでよかったと思う。（S・S女）

生徒は、スピーチを視聴して、聞き手の関心を喚起・持続させる内容と構成、声・テンポ・間の取り方・表情・態度などのスピーチの方法に学んでいる。

前年度の三年生のスピーチもテープで聴かせた。モデルスピーチは、生徒のスピーチへの興味・関心を高めるとともにスピーチの内容や方法についても学ばせ、さらに具体的な到達目標としても意識させる働きがあると考えられる。ただし、このようにして得た知識は、スピーチをするという実際の経験をとおしてしか身に付いた確かなものとはなりえない。

2　展開―作文とスピーチ

（1）作文

スピーチの題材については、スピーチ題目例を紹介したに過ぎなかった。価値有る内容をスピーチの題材とする、もっと細やかな指導がなされねばならない。作文にあたっては、「作文レイアウト用紙」を用意したが、有効に働いたとは言い難い。もっと書く行為、書くときの心理過程に密着した手引きが必要であろう。相互批評については、前年度のスピーチの実践における作文例の考察から、「生徒の批評は予想以上に有効に機能しているという思いを強くした。[4]」と述べた。十分な検証を行ってはいないが、いくつかの生徒例を検証し、今回も同様の思いを持つことができた。

（2）スピーチ用メモ

スピーチ用メモは、スピーチの構成に基づいたメモを想定してはいない。スピーチの流れに基づいた小さな話題のまとまりごとにメモすることを想定したものである。メモの方法には、先に紹介したように、段落・文の冒頭をメモする、いわば「頭出し型」と段落の小見出しとキーワードをメモする「キーワード型」が見られた。作成した時のねらいは前者にあった。この場合のスピーチ用メモは、作文を前提としたものである。作文に基づきながらスピーチを行うことで、生徒がスピーチに失敗することは避けさせたいと考えた。今回の学習指導の結果、このような方法によるメモからのスピーチは、一年生においても可能であることが見いだされた。しかし、最終的には、「キーワード」型のメモからのスピーチが目指されねばならないであろう。そのためには、生徒の実態に即した細やかな学習指導計画が必要となろう。

（3）スピーチ時の実態

「スピーチ反省カード」の中で、スピーチ時の実態をT・H女は、次のように述べている。

やっぱりすごく緊張するもんですね。その日は、朝から、ずっと心臓がドキドキしていたので、どうなることかと思いました。（中略―渡辺）呼ばれて前へ行くと、何回も練習したはずの、最初の一行さえ、忘れかけました。スピーチを、始めると、自分の中に二つの心ができたような感じがしました。口はかってに動いているのですが、頭の中は白紙で、どうしていいのかわからないんです。考えもせず、話しているもので〝〜なのですが〟を、〝〜なのです〟とマルでくくってしまったり、あせってしまう一方で、頭の中が混乱して次の言葉を探すのに必死でした。でも私の場合内容が自分に身近なため、内容を忘れても、その場、その場で（練習したことも忘れて）スピーチできたことが得だったかなぁって思います。（後略―渡辺）

（T・H女）

傍線部のような実態は、程度の差こそあれ多くの生徒の経験したことである。このような過剰な緊張状態を乗り越えるためには、スピーチの経験そのものを積むことが必要であろう。練習を積み、自信を得てスピーチに臨むことが必要といった類の指導では十分ではない。例えば、対話形式で相互にスピーチを試み批評する。また、グループ内でスピーチを試み、批評し合う。このようなステップを踏んだスピーチの訓練が必要であると考える。T・H女は、傍線部のような状態に陥りながら、「その場、その場で」スピーチすることができている。すでに、過度の緊張状態を脱する兆しが見えているともいえよう。

3　結び―スピーチ後の反応

（1）「スピーチ評価カード」の役割

M・N女は、「スピーチ反省カード」の「2、自分の感想と反省」の欄に、次のように書いている。

（前略―渡辺）「スピーチ評価カード」には、先生が見ないこともあって、みんないつも話している時の調子で、正直な事を書いてくれていて、すごく励みになり、うれしかったです。単に、スピーチをするだけでは、「はずかしかった」「いやだった」という印象しか残らないけれど、みんなの意見、感想を聞くことができたため、良い想い出になりました。満足のいくスピーチはできなかったけれど、ちょっと成長したかなという気持になりました。（M・N女）

前年度の実践の考察の中で、「話し手は、スピーチの場で直感的に聞き手の反応を知る。しかし、より深く、より具体的に知るのは『評価カード』を通じてである。話し手は、スピーチを認めてくれたことにほっとし、共感する者がいたことを喜び、異論を持つ者がいたことに驚くというように、聞き手の反応の中に人間的なふれあいを実感し、同時に自分のスピーチが真っすぐに受け止められていることを知って成功感・充実感を味わう。そのおおもとの所に『評価カード』の役割がある。私はそのことをしっかりとおさえておきたいと思うのである。[5]」と記した。今回の実践においても同様である。

（2）授業後の感想

三分間スピーチの授業後に「スピーチを終えて」を書かせた。「1、あなたは級友のスピーチを聞いて良かったと思いますか。」に対する回答「ア、良かった　イ、良かったと思わない　ウ、なんともいえない」、及び「2、あなたはスピーチをやって良かったと思いますか。」に対する回答（同上）のクラスごとの結果は、次のとおりであった。

	1. 聞いて良かったか			2. やって良かったか		
組	ア	イ	ウ	ア	イ	ウ
一	九七・九	○	二・一	七〇・二	四・三	二五・五
二	九五・七	○	四・三	七二・三	一〇・六	一七・二
三	八二・二	○	一七・七	六二・二	六・七	三一・一

四	九七・九	○	二・一	七〇・八	四・二	二五・〇
計	九三・六	○	六・四	六九・〇	六・四	二四・六

（注　一組四七人、二組四七人、三組四五人　四組四八人、計一八七人　単位は％）

前年度の三年生の結果は、1．聞いて良かったか（ア　八七・七％、イ　〇％、ウ　一三・二％）、2．やって良かったか（ア　四九・五％、イ　一二・一％、ウ　三四・一％）であった。前年度の三年生と比較すれば、とりわけ一九八九年度の一年生は、「2」の「ア」において、全体として二〇％増えている。これには、前年度の三年生の場合、二学期の推薦入試の時期にかかり、スピーチが負担となったと思われるのに対し、一年生は、特別にスピーチが負担となることがなかったということが大きいと思われる。他に前年度は、無記名で書かせたのに対し本年度は記名で書かせたことによる影響もあるいは考えられる。また、「2」の「ウ」が二四・六％であったことを考えれば、さらに細やかなステップを踏んだスピーチの指導が必要であると考えられる。

「1」で「ア」と答えた理由は、おおむね前年度と同様で、話し手への理解と共感の深まりが他を圧して多かった。他に、スピーチの内容に学んだ点を挙げる者もいた。「2」の「ア」も前年度の実践に同じである。多くがスピーチ後の達成感・充実感、スピーチの内容への他からの共感と理解、将来必要とするよい経験を得たということを理由に挙げている。

「2」で「イ」と答えた理由としては、「聞くのはいいけど自分でスピーチするのははずかしい。今自分が何をどう思っているのかみんなに伝える点ではいいと思うけど、やっぱりはずかしい。」（S・A女）、「自分は作文などかくのがきらいで、まして人前でいうなんてとってもいやでした。」（O・K女）などが挙げられていた。

おわりに

以上、一九八九年度、一年生を対象に行ったスピーチの学習指導の実際を紹介し、考察を加えた。その結果を簡略にまとめれば、次のようになる。

①導入として行ったモデルスピーチは、スピーチへの興味・関心を高めるとともに、その方法理解に資する。しかし、その理解は身に付いたものではなく、スピーチの経験を通して確かなものとなると考えられる。他に、モデルスピーチは到達目標としても有効に働くと推察される。

②展開部で用いた「作文レイアウト用紙」は、十分に有効に働いたとは言い難く、さらに細やかな指導を要する。「スピーチメモ用紙」へのメモは、「頭出し型」と「キーワード型」が多かった。今回のようなメモに基づくスピーチは一年生においても可能であった。今後は「キーワード型」のメモからのスピーチが望まれ、そのための指導方法が考えられねばならない。

③「スピーチ評価カード」は、話し手にスピーチの内容や方法に反省を求めるとともに、達成感・充実感をもたらし、聞き手との人間的なふれあいを実感させるものといえる。

④スピーチ後の調査によれば、前年度の三年生に比べ、スピーチをして良かったと答えた生徒が二〇％増えた。これはスピーチの時期に他の要因（例えば入試など）による生徒の負担が大きくなかったことが主な理由であると考えられる。

スピーチは、自己の感じ考えることを、公的な場で、心と身体と音声によって相手に語りかけることである。このような学習経験は、音声言語表現指導においてもっと重視されるべきであろう。しかし、このような経験を学習者に獲得させる場は、通常の授業において多くはない。工夫を凝らしたスピーチの実践が、さらに求められてよいと考える。

注（1）　渡辺春美「三分間スピーチ」の試み―授業の活性化を目指して―（『和泉紀要』一九八八年三月一日　大阪府立和泉高等学校刊）において報告した。本書「第二章」の「二」参照。
（2）　メモからのスピーチを試みた報告に、川村道雄氏「自分のことばで語る力を育てる工夫―スピーチを共有する場を作る―」（『自己をひらく表現指導』兵庫県高等学校教育研究会国語部会（会長　大西堯哉氏）編　一九九五年五月二〇日　右文書院刊）、菅田明子氏「考えたこと感じたことをスピーチする」（中学校国語科教育実践講座刊行会編『中学校国語科教育実践講座　第3巻　話すこと・聞くこと・話し合うことの学習指導〈表現・理解音声言語2〉』一九九七年三月一日　ニチブン刊）が見いだされた。後者は、とりわけ示唆に富む。
（3）　田中宏幸氏「表現（作文）指導の試み―三分間スピーチを活用して―」（『国語教育研究』一九八四年六月三〇日広島大学教育学部国語科光葉会刊）の「スピーチ題一覧」によった。
（4）　注1に同じ（一二六頁〈本書一一三頁〉）。
（5）　注1に同じ（一二六・一二七頁〈本書一一四頁〉）。

三　群読の学習指導

——漢詩「白頭を悲しむ翁に代わりて」の場合——

はじめに

音声言語表現指導の試みとして、漢詩　劉希夷「代《ハリテ》下悲《シム》二白頭《ヲ》一翁《ニ》上」の群読の授業を試みた。授業においては、生徒に群読の発表を目標として意識させることによって、作品を読み取る学習を積極的・主体的にしたいと考えた。また、群読をとおして、作品を深く感得させたいとも考えた。群読の「〝読む〟と〝聞く〟とが混然一体となって古典の世界を体験的に共有する結果を生む」[1]ことに期待したいと考えたのである。

以下、大阪府立和泉高等学校における、一九九四年度の漢詩の授業の内、群読の部分に絞って取り上げて授業の実際を紹介し、併せて考察を試みたい。

㈠　群読の学習指導の概要

1　対象・時期

対象—大阪府立和泉高等学校三年生二クラス（各四三人）

時期—一九九四年度一学期

2　教材

杜甫「登高」（教科書『古典総合』一九九四年　角川書店）
劉希夷「代《ハリテ》下悲《シム》二白頭《ヲ》一翁《ニ》上」（補充教材）

本教材は、場面の変化が明確で、何人かの登場人物を想定することも可能であり、対句を用いた文体には抑揚とリズムがある。群読に適した教材であると考えられる。

3　指導目標

①群読の発表を目標として意識させることによって、漢詩の学習にグループで積極的・主体的に取り組ませる。
②群読とその方法を理解させ、グループで協力して作品の群読の発表を行わせる。
③群読の発表を聴き、いくつかの観点から評価し、コメントができるようにさせる。

4　指導計画

（1）導入（一時間）
①杜甫「登高」の鑑賞。
②「登高」を用いて群読と群読のための記号について説明。
③群読の学習計画の説明。
（2）展開（4時間）
①劉希夷「代《ハリテ》下悲《シム》二白頭《ヲ》一翁《ニ》上」の音読練習、グループによる内容理解の学習。
②グループごとに群読準備。
③グループごとに発表、評価。
（3）終結（カード提出）
①群読の反省―群読反省カードの提出。

(二) 群読の学習指導の実際

次に、指導過程にしたがって学習指導の実際を記述する。

1 導 入

漢詩単元で、前時に「友人を送る」、「子夜呉歌」を読み終え、本時において、杜甫「登高」に入った。「登高」の読みにおいては、「風急に天高くして猿嘯哀し」から「不尽の長江は滾滾として来る」の情景描写が、杜甫の、「常に客と作り」・「百年多病」、「艱難～繁霜の鬢」、「潦倒」といった境遇からくる悲しみ・辛さ・苦しさ・寂しさに重なるものとしてとらえた。その後、次のプリントを配布して、群読について説明し、付した群読の記号に従って授業者が朗読を試みた。

参考―群読のために

登 高　杜甫

① 風急ニ天高クシテ猿嘯哀シ
②③ 渚清ク沙白クシテ鳥飛ビ廻ル
⑥ 無辺ノ落木ハ蕭蕭トシテ下チ

④⑤不尽ノ長江ハ〈滾滾トシテ来タル
①②∨万里悲秋〈常ニ作リ客ト
③百年多病〈独リ登ル台ニ
④⑤∨艱難苦ダ恨ム繁霜ノ鬢
⑥潦倒新タニ停ム〈濁酒ノ杯

○群読のための記号

（一）間　〈　（句読点のないところで間をとる。）

／、〈　（読点のところの間三種。）

ο。〈　（句読点のところの間三種。）

∨　（段落と段落の間の間。）

∨　（場面や論理の転換を表現するための間。）

（二）強弱　∧　だんだん強く読む。

‖　強く読む。

∨　だんだん弱く読む。

……　弱く読む。

▽▽▽　プロミネンス（強調する部分の傍に打つ。）

（三）緩急〜〜〜他の部分に比べて特に速く読む。

〰 他の部分に比べて特にゆっくり読む。

（四）イントネーション

↓ 平に読む。

↙ 下げて読む。

↘ 上げて読む。

↯ 変化させて読む。

（注　「登高」本分の①～⑥は六名の生徒を想定したものである。）

ついで、生徒に群読の記号に従って練習することを課した。「登高」各句の冒頭の番号に従って、生徒六名に群読を試みさせる予定でいたが、時間に余裕がなく、果たせなかった。最後に、次時からの予定を簡略に説明した。

2 展　開

（1）内容理解と音読練習

「白頭を悲しむ翁に代はりて」の一斉音読練習を行った後、六名を基準に七グループを編成し、グループで内容理解のためのグループ学習を行わせた。六、七名という人数は、グループ学習には多すぎる人数であるが、群読のためにこの人数で行った。

音読練習と内容理解にあたっては、傍注付きの教材を用いた。次に、その冒頭の一部を掲げる。

代ハリテ下悲シム二白頭ヲ一翁ニ上　　劉希夷

洛陽◁の城《市街》◁の東◁に桃李ノ花◁が盛りと咲いている。

◁《花びらは》飛ビ來タリ飛ビ去リテ落ツル《落ちるのか》二誰ガ家ニカ《誰の家に》一

洛陽ノ女兒《少女たち》ハ惜シミ二顔色ヲ一《容貌が衰えるのを》

◁《道を》行キ逢ヒテ《行く途中で》二落花ニ一《わが身に思いを寄せて》◁長《長いため息をつく》歎息ス

今年◁は花◁が落チテ《すでに散って》顔色◁が改マリ《容貌が衰え》

明年◁は花◁が開キテ《今年と同様に》復タ誰カ在ル《誰が変わりなくいるだろうか（いることはない）》

このような教材を作ることで、「中央の原文の静かな朗読につれて、横に書かれた意味がしぜんに目に入り、子どもにとって、くどくどしく感じられる注釈なしに意味が頭に映る」、「古文にじかに触れさせられ、文章の調子、味わいが感じとれ、しかも、意味はおのずから心に映る。[2]」ようにしたいと考えた。音読しつつ意味を理解し、理解した意味を基に音読を工夫し、読み味わう。それをさらにグループで検討し、群読という形に高めてもらいたいと考えた。

（２）群読の準備

群読の準備として、各グループに、①この詩の主題（この詩の中心的な考えは何か）、②群読による表現意図（この詩の内容のどういう点を伝えたいか）、③群読の工夫（私たちの工夫した点を具体的にまとめる）という三点をまとめることを課し、併せて「白頭を悲しむ翁に代はりて」に群読の記号を書き込むように指示した。

群読の工夫に関しては、次の参考プリントを配布して説明した。

［参考］
群読のために―「白頭を悲しむ翁に代はりて」を読む
☆分読の原則
ア　場面の変化―場面の変化が聞き手にわかるように読む。
イ　登場人物の交替―登場人物の交替に対応して読み手を替える。
ウ　作品の語り手の視点が変化する箇所―変化が聞き手にわかるように読む。
エ　意味内容への対応―静的・動的、喜・怒・哀・楽、明・暗、情景の大・小・広・狭、朝・夕、春・夏・秋・冬
オ　表現技巧―対句、リフレイン、漸増・漸減的表現

①主題、②表原意図、③群読の工夫に関して、例えば、一組のM班は、

群読「白頭を悲しむ翁に代はりて」
三年（1）組（M）班　班員（H・U・T・Y・K・M）
1　この詩の主題（この詩の中心的な考えは何か）
自然と人間とを比較し、人間のはかなさ、むなしさを強調している。

2　群読による表現意図（この詩の内容のどういう点を伝えたいか）
季節の変化、明暗、喜怒哀楽の場面、意味をよく理解し、時の流れに注意して表現する。
3　群読の工夫（私たちの工夫した点を具体的にまとめる）
対句の場面には、人をかえる。
しみじみとした場面は、ゆっくりとだんだん弱く読む。
明るい場面は、人数を増やし、暗い場面は人数を減らし、明暗を表現する。強調したい場面は、はっきりと読む。

と書きまとめている。

（3）群読発表

群読の発表は、各班ごとにとらえた主題、群読による表現意図、工夫について説明した後に行った。発表を終えるごとに、発表班あてに、次に掲げた「群読評価表」が提出された。

群読評価表―白頭を悲しむ翁に代わりて―

三年（　）組（　）番　氏名（　　　　）

☆A―とてもよい　B―よい　C―もう一歩努力を

1	群読時の姿勢はよかったか。	
2	発声は明確でよく届いたか。	
3	意味内容をよく理解して群読できていたか	
4	群読はよく工夫されていたか。	

5　群読はよく調和したものであったか。	
感想	

例えば、三年二組M班は、主題、群読による表現意図、工夫のそれぞれについて、次のまとめを基に説明して、群読発表に入った。

1　この詩の主題

春になれば再び同じ様な美しい花が咲くのに対して、人間は年をとるにつれて容ぼうも悪くなっていく。美しさを誇った後にはただ、さみしさとむなしさが残っているだけである。

2　群読による表現意図

対句表現に注意し、季節の中に秘められている深い意味をよく吟味して、華やかな場面と暗くなる場面をよく考え、情景と登場人物の心の関係に注意して表現した。

3　群読の工夫

華やかな場面には、人数を多くし、それに対して暗い場面では、人数を減らし、それに応じた読み方を一人一人が責任を持ち感情を込めて読む。対句に関しては男子と女子に分かれ特徴を生かす。

M班の求めた群読は、次の群読のための記号によって窺うことができる。

㊎ 代《ハリテ》悲《シム》白頭《ヲ》翁《ニ》　劉希夷

①②③ 1 洛陽城東桃李《ノ》花　（広）（㊎ 春）（動的）

④ 2 飛《ヒ》來《タリ》飛《ビ》去《リテ》落《ツル》誰《ガ》家《ニカ》

（視点が変化する）

⑤ 3 洛陽《ノ》女兒《ハ》惜《シミ》顔色《シミ》　（登場人物　哀暗）

④⑤⑥ 4 行《ゆく》逢《ヒテ》落花《ニ》長歎息

①② 5 今年花落《チテ》顔色改

④ 6 明年花開《キテ》復《タ》誰《カ》在《ル》

（5・6 対）

③⑥⑤ 7 已《ニ》見《ル》松柏《ノ》摧《カレテ》為《ルヲ》薪《ト》　（哀）

③⑥⑤ 8 更《ニ》聞《ク》桑田《ノ》變《ジテ》為《ルヲ》海《ト》　（広）

（7・8 もりあがり）

（場面変化 ⟶）

対（9・10）　対（13・14）

9 古人無ク復タ洛城ノ東ニ　①

10 今人還タ對ス落花ノ風　③④　動　哀　①②③

11 年年歳歳花相似タリ　②　静　②③④

12 歳歳年年人不レ同ジカラ　②　動　②⑤⑥

13 寄スレ言ヲ全盛ノ紅顔子　①③④　②⑤⑥

14 應ニレ憐ム半死ノ白頭翁　静　哀　①③④　②⑤⑥

登場人物中より

15 此ノ翁白頭眞ニ可シレ憐ム　③　哀

16 伊レ昔紅顔美少年　④　全　登場人物

17 公子王孫芳樹ノ下　②⑤⑥　全

対　はなやか

18 ㊛ 清歌妙舞《ス》落花《ノ》前　大　広

19 ㊚ 光禄《ノ》池臺開《キ》二錦繍《ヲ》一　小　狭

20 (全) 将軍《ノ》樓閣畫《ク》二神仙一

21 ⑤ 一朝臥《シテ》レ病《ニ》無《シ》二相識一　哀

22 ⑥ 三春《ノ》行樂在《ル》二誰《ガ》邊《ニカ》一　春　楽　②⑤⑥

23 ② 宛轉《タル》蛾眉能《ク》幾時《ノ》

24 ③ 須臾《シテ》鶴髪乱《ルルコト》如《シ》レ絲《ノ》　冬

25 ④⑤ 但《ダ》看《ル》古来歌舞《ノ》地　楽

26 (全) 惟《ダ》有《ルノミナルヲ》二黄昏鳥雀《ノ》悲《シム》一　哀

M班は、群読において交響的な効果をねらい、立つ位置にも工夫をしていた。プリントに付された記号を見ると、きめ細かな群読を求めていたことも理解される。ただ、対句については、7・8、17・18には対句の語がなく、あるいは見落としがあるとも考えられる。また、15・16の間、22・23の間に間を取っていることや「場面変化」、「もりあがり」の箇所などに不自然さが目に付く。

3 終　結

群読を終えた後、次の「群読反省カード」の提出を求めた。

群読反省カード―白頭を悲しむ翁に代わりて―

三年（2）組（M）班　班員（M・S・K・K・T・T）

☆A―とてもよい　B―よい　C―もう一歩努力を

1	群読時の姿勢はよかったか。	A
2	発声は明確でよく届いたか。	A
3	意味内容をよく理解して群読できていたか	B
4	群読はよく工夫されていたか。	A
5	群読はよく調和したものであったか。	A

感想のまとめ（どのような感想が多かったかまとめる）

・声がはっきりしていてよかった。
・あまり強調しなくてもいいところを強調した。
・群読の工夫はすばらしい。

・少しばらつきがあった。
・声が大きいのが良かった。
・ハーモニーがきれいだった。

☆私たちの反省点
・Kが最後まで緊張感を持たず一番大事な所でしくじった。(本人談)
・それぞれ個人の意志の素通《ママ》ができてなかった。
・練習の方が本番よりもすばらしかったので、本番でうまくいかなかったのが非常に残念でした。
☆私たちの感想(群読を終えて)
・こういう受験地獄の中で、変わった授業をしてくれて、とても気分転換になった。(K)(K)
・男女の比率(三対三)でちょうどよく、Mさんを中心によくできたと思う。
・机をあわせて、みんなでわきあいあいと意見を言いあえ、とても楽しかった。また、こういうことをしてほしい。
・最初はかなりめんどうな授業だと思っていたけど、終わってみるとけっこう楽しかったと思える。

このようなカードの提出によって、授業を終えた。しかし、今にして思えば、生徒個々が、「白頭を悲しむ翁に代はりて」を、群読ための学習、および群読そのものをとおしてどのように受け止めたかということを知るために、鑑賞文などを記述させるべきであったと反省される。

(三)　群読の学習指導の考察

上記の学習指導の実際を基に、以下、作品の理解、群読の表現意図と工夫に絞って考察を加えたい。

1　作品の理解

傍注を施した教材によって音読練習を行った後、グループに分かれて、群読を目的とした作品理解の時間を持った。作品理解は、一つには、漢詩の主題の把握に表れている。例えば、先に紹介した一組M班、及び二組M班は、それぞれ「自然と人間とを比較し、人間のはかなさ、むなしさを強調している。」、「春になれば再び同じ様な美しい花が咲くのに対して、人間は年をとるにつれて容ぼうも悪くなっていく。美しさを誇った後にはただ、さみしさとむなしさが残っているだけである。」とまとめていた。同様のまとめは、もっとも多く見られた。他に、一組C班は、「永久不変の自然と無常な人間との対比を対句表現の中に見出し、その点に注意して、その意味する内容を効果的に表現できるようにし、また、作者の心情と自然の情景の流れも対比させて考えていきたい。」とし、一組B班は、「自然というものは時がたっても美しさがおとろえないが、人間の顔の美しさ、地位は、一時のものである。その人間のはかなさを書いている。」とまとめている。また、「栄枯盛衰、無常観」(二組O班)、「人間はやがて年老いて、はかなくそしてむなしい人生を歩むということ。」(二組T班)とするまとめも見出された。

作品理解は、もう一つには、群読の表現意図に表れる。先に挙げたように、一組M班、及び二組M班は、群読のねらいを「季節の変化、明暗、喜怒哀楽の場面、意味をよく理解し、時の流れに注意して表現する。」、「対句表現に注意し、季節の中に秘められている深い意味をよく吟味して、華やかな場面と暗くなる場面をよく考え、情景と登場人物の心の関係に注意して表現した。」とまとめていた。他に、「翁の感じている、華やかだった昔を懐かしむ気持ちや、容姿の衰えや、老いに対する不安の気持ちを表現したい。」(二組O班)、「華やかだった昔と衰えた姿になってしまった今の悲しみとをうまく対比させながら表現する。」(二組T班)としている班もあった。

以上の作品理解を見ると、全体としては、主に自然と人間、昔と今、明と暗、情景と心情などの対比、両者の関係や意味、また、「人の姿あるいは自分の姿の移り変わりを嘆いている作者の気持ち。そして風景など移り変わりを伝えたい。」（一組F班）といった群読による表現のねらいに見られる変化とその心情への着目によって、翁の悲しみや嘆きをとらえ、人間のはかなさや老いることの寂しさや悲しさをとらえるに至っている。

このように見ると、作品理解のための方法は、「分読の原則」に拠っていることが理解される。群読のための「分読の原則」が、作品理解にも効果的に応用されているといえよう。

2　群読の工夫

群読の工夫にも、作品の理解は反映する。しかし、ここでは、群読を作品のどのような点に着目して行おうとしたかをとらえるに留めたい。一組M班、及び二組M班は、次のように書きまとめていた。

対句の場面には、人を変える。／しみじみとした場面は、ゆっくりとだんだん弱く読む。／明るい場面は、人数を増やし、暗い場面は人数を減らし、明暗を表現する。／強調したい場面は、はっきりと読む。

（一組M班）（斜線は改行―渡辺注）

（前略―渡辺）それ（華やかさや暗さ―渡辺注）に応じた読み方を一人一人が責任を持ち感情を込めて読む。対句に関しては男子と女子に分かれ特徴を生かす。

（二組M班）

他に、次のような工夫を挙げている班もあった。

（前略―渡辺）文章の表現にメリハリをつけて、聞く人が意味としてだけでなく、雰囲気としても理解できるようにする。

段落と段落の間では、読む人を変えて前の段落とは違った雰囲気を出すようにする。

対句の後半部分の後ろのほうをゆっくりと読み、対句表現を意味深いものとするようにする。

（一組C班）

強く読んだり、弱く読んだり、強調して読んだりすることで、筆者《ママ》の心境や、状況を聞いている人にうまく伝えられるようにした点。

（二組U班）

これを見ると、班の多くが作品の場面の情調、対句に着目している。中に、心情、心境に留意して表現しようとしている班も見出される。表現方法としては、人数の多少、読む人（例えば男女）の交替、テンポの遅速、感情の表現、音声の強弱、強調、メリハリに拠ろうとしたといえる。

3　群読の反省

「群読反省カード」の「私たちの感想（群読を終えて）」に、二組U班は、班員一人ひとりが言葉を寄せている。

大きな声と姿勢、読み方に注意してよんだ。うまいことといったと思う（U）。／みんな大きな声で群読できてよかったし、とてもきれいだったと思う（B）。／声は練習の時より大きかったと思う（N）。／最後だったので他の班のいい所や悪い所がわかった。何人かで読む方がいいと思ったけど3人以上で合わせるのはむずかしそうと思った（T）。／自分たちが今まで読んだ中で一番よかった。読んでいて気持よかった（S）。／たのしかった。最初はうまくいくかどうか心配だったけど思ったよりもうまくいってよかった。考えることと表現することはむずかしいと思った（H）。

（斜線は改行―渡辺注）

この班は、評価カードにおいて、群読時の姿勢、発生の明確さ、意味内容の理解、工夫、調和の5項目ともAと評価されていた。感想はそれを反映するものとなっている。

感想の中で、Hのことばが目を引く。1組B班は、「もう少し練習がほしかった。はじめは結構簡単そうに思っていたけど、いざやってみるとむずかしく、もう一度トライしてみたい気持でいっぱいです。ぜひ！もう一度群読をさせてください（H）。班一同心は一つです。」と述べ、1組F班は、「（前略）結局、群読の記号をつけたけど、緊張しすぎてあまり、できていなかったと思う。」と同様の感想を述べている。他に練習不足を反省する声も多く見られた。

群読の計画と実際との間に乖離はつきものであるが、それを埋めるべく、発表の予行の時間を確保するなど、練習の時間を増やすべきであったと反省される。

また、「私たちの感想」に、「授業中にグループになってどうこうするということを高校になってまでするということにはじめはどうしたらいいのかわからずに困惑したところもあったけれども、班員がそれぞれ一生懸命考えて、工夫をしてがんばったと思う。たまにはこのように普通の授業形態から抜けでたことをするのもおもしろいと思った。」（1組C班）いう記述があった。ここからは、グループ学習が高校生活で初めてであったこと、グループで学習し群読の発表を行う授業が「普通の授業形態」から抜け出た授業であるとする貧しい固定観念があることが見て取れる。これは他ならぬ国語教育に携わる者の責任である。内容理解を深め、音声言語表現力を高めるために、グループ学習を含めた様々な形態による計画的な学習指導がなされねばならない。

おわりに——考察のまとめ——

以上、漢詩の群読の授業の実際を報告し、作品の理解、群読の工夫、群読の反省という点から考察を加えた。考察を簡略にまとめれば、次のようになる。

作品理解は、対比、関係、意味、変化、心情への着目によって、翁の悲しみや嘆きをとらえ、人間のはかなさや老いることの寂しさや悲しさをとらえるに至っている。

この作品理解の方法は、参考として説明した「分読の原則」に拠っている。群読のための「分読の原則」が、作品理解にも効果的に応用され、理解を深めているといえる。

群読の工夫については、多くが場面の情調、対句、心情・心境に留意して表現しようとした。表現方法は、人数の多少、読む人（例えば男女）の交替、テンポの遅速、感情の表現、音声の強弱、強調、メリハリに依ろうとした。群読の計画とその実際との間に乖離が大きかった。

よりよい群読の発表のためには、練習の時間を十分に確保すべきであった。また、内容理解を深め、音声言語表現力を高めるために、様々な形態による計画的な学習指導を行う必要がある。

注（1）木下順二氏『古典を訳す』（一九七八年五月三一日　福音館書店刊　三〇六頁）
（2）大村はま氏『大村はま国語教室　3』（一九九一年七月三〇日　筑摩書房刊　八頁）

四　ディベートの学習指導の実際
――「外国語（英語）教育を考える」の場合――

はじめに

国語科の授業において論理的思考力、表現力（音声表現力を含む）、批判力を育成するにはどのような方法によればよいのであろうか。授業の活性化を求めながら、論理的思考力、表現力、批判力を育成するために、論争を教材化し、ディベートを取り入れ、さらに、小論文に取り組ませる授業を試みた。以下、授業の実際を報告するとともに、1目標、2学習指導の方法、3評価の方法を中心に考察し、試みの有効性について検討したい。

㈠　指導計画

1　指導目標

指導目標を、次のように設定した。

◇　価値目標

①　外国語（英語）教育について自分の考えを持たせる。

◇　技能目標

②　資料から、必要なことを速く的確にとらえさせる。（読解力・情報収集力）

③　資料を批判的に読み、問題点をとらえさせる。（批判力・問題把握力）
④　他者の考えを聴き、論点をとらえさせる。（聞解力・問題把握力）
⑤　自分の考えを、根拠を挙げて筋道だてて主張させる。（話表力・論理的思考力）
⑥　外国語（英語）教育に関する自分の考えを小論文にまとめさせる。（表現力・論理的思考力）
◇　態度目標
⑦　ディベートを体験させることによって、ディベートに親しませる。

2　**指導計画**

(1)　外国語（英語）教育を考える（四時間）
①　平泉渉氏「外国語教育の現状と改革の方向―一つの試案―」
②　渡部昇一氏「平泉渉氏の改革案を批判する」　［評価1］
③　平泉渉氏「渡部昇一氏に反論する―改革案の真意―」　［評価2］

(2)　ディベート（五時間）
①　ディベートについて学ぶ
②　ディベートマッチ
論題「外国語（英語）教育は選択制にすべきである。」　［評価3］（計画過程）［評価4］（計画）

(3)　小論文（夏休み課題）
私の考える外国語（英語）教育・その他（自由題）［評価5］

(1)(2)(3)の学習相互の関係を構造化すれば、次のようになろう。

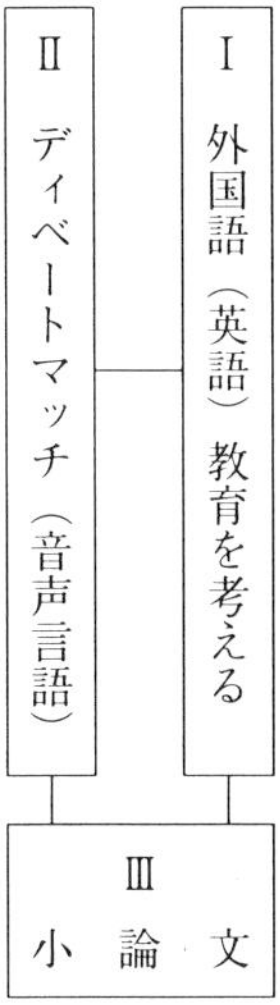

3　教　材

教材は、『英語教育大論争』[1]の中から、①試案「外国語教育の現状と改革の方向」（平泉渉氏）、②「亡国の英語教育改革試案―平泉渉氏の改革試案を批判する」（渡部昇一氏）、③「渡部昇一教授に反論する―外国語教育改革試案・私の真意」（平泉渉）のそれぞれを、次の題名のもとに教材化した。

① 平泉渉氏「外国語教育の現状と改革の方向―一つの試案―」
② 渡部昇一氏「平泉渉氏の改革案を批判する」
③ 平泉渉氏「渡部昇一氏に反論する―改革案の真意―」

問題把握力・論理的思考力・批判力をつけることをねらって、論争を教材化した。

(二)　指導の実際と評価

1　「外国語（英語）教育を考える」の指導の実際

ア・教材①平泉渉氏「外国語教育の現状と改革の方向―一つの試案―」をもとに、読みの観点を設ける。読みの観点は、次のように設けた。

(1) 外国語教育の現状―ア・教育の実際、イ・その成果、ウ・成果の背景・理由

(2)　改革の方法―ア・意義、イ・目的、ウ・教育の方法

イ・読みの観点をもとに作った学習プリントに、教材①を観点に従って整理して書きまとめさせる。

ウ・一斉授業で、教材①を読みまとめ、観点ごとに整理して、生徒の読みを確認させる。

エ・教材②渡部昇一氏「平泉渉氏の改革案を批判する」を読み、学習プリントにまとめさせる。教材②を観点に従ってまとめさせる際に、次のような指示を与えた。

(1)　ポイント、観点に基づき反論をとらえる。

(2)　傍線を付しながら読む。

(3)　漢字・分からないことば―必要なものは調べる。

(4)　批判的に読む。

学習プリントを提出させ、評価した。《評価1》。

評価は、ABCで評価し、評言を加えた。例えば、《評価1》では、「C、平泉氏の論に対応させる形で、反論をまとめるとよいでしょう。ポイントをとらえているところもありますが、まとめる欄を考えて整理することが必要ですね。」(GM女への評価と評言→《評価2》ではA)、「B、ポイントを押さえてまとめる力はありますね。反論はもう少していねいに押さえましょう。」(FM女への評価と評言→《評価2》ではA)というように、評価した後、授業で確認した平泉渉氏の論のポイント(観点)を押さえ、それに対応させる形で渡部昇一氏の反論をていねいにまとめさせるという点から指導した。

オ・教材③平泉渉氏「渡部昇一氏に反論する―改革案の真意―」について、学習プリントにまとめさせる。

カ・最後に、読みの観点ごとに自己の考えを書かせて、学習プリント提出。《評価2》は、設定した観点から論をとらえまとめているか、各自の考えを持っているか、という二点から評価した(［資料1］参照)。

2 「ディベート―外国語（英語）教育を考える―」の指導の実際

(1) 論題

「外国語（英語）教育は選択性にすべきである。」

(2) ディベートの準備

① ディベートの説明

ディベートについては、ある問題について、肯定・否定の二つの立場から、決まったルールのもとに論争し、第三者への説得力によって勝敗を決するものと定義し、そのルールと進め方を、次の表をもとに説明した。

〔立　論〕	① 肯定側立論	2分
	② 否定側立論	2分
〔質疑応答〕	③ 否定側質問	3分
	④ 肯定側質問	3分
	⑤ 否定側応答	3分
	⑥ 肯定側応答	3分
〔論　戦〕	⑦ 作戦タイム	3分
	⑧ 論　戦	6分
〔結　論〕	⑨ 作戦タイム	3分
	⑩ 否定側結論	2分
	⑪ 肯定側結論	2分
〔判　定〕		

② ロールプレイによる練習

「日本の高校一年生の時間割は、現在のように固定すべきか、自由選択制にすべきか」という論題で行われたディベートの記録(2)を利用した。その発言を、司会と、肯定側A～E及び、否定側F～Jとに分け、プリントし生徒に配布した。その上で、司会と、肯定・否定二班(各班五名)、計十一名を生徒の中から選び、役割分担し、生徒の前で読み合わせを行わせた。読み合わせによってディベートの進め方、役割を体験的に理解させようと試みた。

③ ディベート計画表の作成

ア・支持理由—論題に関し、肯定側・否定側の立場から、支持理由をまとめさせる。各班、付箋紙を利用して、ブレインストーミングを行い、支持理由を分類整理してしてまとめる。また、支持理由の根拠となる証拠についても、考えつくものを記入させた。提出させて評価し、支持理由のまとめかたについて、評言を添えて指導した(《評価3》[資料2] 参照)。

イ・反論予想—肯定側・否定側の立場から反論を予想する。付箋紙を利用して、ブレインストーミングを行い、反論予想を分類整理してまとめる。

ウ・反論対策—予想した反論に対して、どう反論するか各班でまとめる。

エ・ディベート計画表は、ディベートが終わった後、提出(《評価4》[資料3] 参照)。

(3) ディベートの実際

ディベートは、司会、計時、記録二名を置き、肯定側・否定側各五名によって行った。ディベートの「結論」が終わった後、聞き手に、判定表に基づいて判定を行わせた。ディベートが終わった後、記録表[資料4]、判定表を提出させた。また、クラスによっては、感想を書かせた。

次に、テープの記録をもとに、「立論」と「論戦」について、その実際を掲げる。

《立論―各二分》

①［肯定側］―英語は受験に必要であるに過ぎなく、しかもレベルが高い。そして、現実の世界では、英語の能力が求められていない。受験に必要というだけで、だれもが将来必要という訳ではなく、選択制にして本当に必要とする人の力を伸ばすべきだと思う。そして、外国語は、読めず書けず分からずというのが、現在の日本の状況であると思います。英語の教育とはまず第一に、国際関係をより親密にするために、耳で慣れてからその英語を話すことを中心に教育を進めて行くことだと思っているので、そのためには英語に対する学習意欲がなければ強制しても効果は上がらないと思います。このようなことから、英語だけでなく他の教科も自分の学習意欲がでるものをえらべる選択制にするべきだと主張します。

②［否定側］―まず第一に、選択制にしたら勉強が偏るという点、英語が嫌いでも学んで行くうちに好きになるかもしれないと思います。英語とかは世界の共通語であるので、だれでも必修にすべきだと思います。外国語は何につけても必要だと思います。選択制にしたら、選択した（者）だけが、外国語がえらくなって不釣り合いになると思います。こういう点から、外国語教育は選択制にすべきではないと思います。

《論戦》

①［否定側］―これからの日本は国際色が強くなって行くので、どんな職についても、英語は必要になると思います。

②［肯定側］―国際関係をより親密にするのに英語を話すことは、絶対に必要だけれども、その話す英語がことばで話されへんかったら、それは何の意味もなく、英語を話すことを中心に、教育を進めて行くことが必要だと思います。

③［否定側］―それやったら高校から英語を勉強した方がいいといって、そして高校に入ったら大学のこと考えて勉強せなあかんし、それやったら、高校に入るために中学校で英語勉強せなあかんから、中学校時代から将来が見えていることになるんじゃないでしょうか。だから、将来国際的な人間になろうと思ったら、まずちゃんとした大学で英語を学んで、高校でもちゃんとした英語を学んで、だから、高校を卒業して大学へ行って、そのためには中学からちゃんとした英語を学んでないとあかんから 中学時代にそれは将来を決めているということになりませんか。

④［肯定側］―大学行けへん子もおるし、社会に出ても英語使えへん人もおるから、それはとにかく自分の夢に向かって選択して行った方がいいと思うんです。

⑤［否定側］―将来に向かって選択してもそれが失敗したらどうするんですか。

⑥［司会］―今の主張で自分の夢に向かって行って失敗したらどうなるのか、ということなんですけど、英語の選択制ということと関連させたらどうなるのですか。

⑦［否定側］―今の意見に付け加えて言うと、英語ばっかりを学生のときから勉強してて、途中で挫折したりしたら、自分の行きたいとこから外れたら、もう何もすることはないから、だから、英語を皆習っていて、英語を選択していたら専門的になるかは知れへんけど、英語は専門的になっても、もしその人が挫折したら、もう次に進む道がなくなって将来こまると思います。

⑧［肯定側］―強制にやって行くとやはり嫌いな人とか出て来くると思います。（笑い）（それぱっかり）、実際に英語の嫌いな人が出て来て予習とかしていない人もこのクラスで多いと思います。（笑い）そんな嫌いな人達に英語を強制して行くと、時間の無駄とかにもなるし、また、中途半端な英語の能力だけがついて、国際社会とは別に関係なくなると思います。

⑨［肯定側］―さっきの質問に対する答えで、F君が社会の倫理を例にして挙げたことですが、英語で一般的

な道徳は中学校で身についていると思います。
⑩［肯定側］―実際大人になっても中学生程度の会話しかできない人が多いと思います。ですから皆さんが絶対に英語を必要とは限らないと思います。そのために、本当に英語の必要な人は、選択制で選んで、会話とかの能力を身につけて行くべきだと思います。（ベル）

①は否定側の基本的な論点。②は反論となり得ていない。③⑦は同じ生徒の発言である。長い時間をかけて主張したが、整理されていず、意味不明に終わっている。④は肯定側の基本的論点。⑤は、否定側の基本的論点から出ているが、司会が指摘しているとおり、選択制と関連づけ、丁寧に主張するべきであった。⑨は、選択制では全員が一定の教養を身につけることはできないとする否定側の論に対する反論であろうが、未熟な発言となっている。⑩は、肯定側の基本的な論点の主張であるが、不明瞭なままになっている。

このディベートにおいて、肯定側・否定側それぞれの支持理由は、次の通りである。

［肯定側］
・個性尊重、興味・関心に応じた英語学習が有効
・英語能力は社会的に必要とは限らず、誰もが必要とは限らない。
・選択制は、学習意欲を生み出し、学習効果を上げる。
［否定側］
・英語は、世界の共通語として全員に必要
・将来の進路の可能性を考え、全員が共通の英語の能力をもつべき。
・学習意欲は、学ぶ中で生み出される。

これらの支持理由が、争点としてかみ合えば、深みのあるものとなったと考えられる。そのように、なり得なかった、主な理由として、次の点が指摘できよう。

ア、立論において相手側の論点が十分に把握できていない。

イ、争点の把握が十分でない。

ウ、反論の方法が理解できていない。

エ、論理的に発言する訓練ができていない。

オ、説得力を持たせための方法の理解が十分ではない。

(4) 判定

判定は、「結論」終了後2分の後に行った。聞き手の生徒に、肯定側・否定側それぞれに判定表《資料5》の点数を合計させ、点数の多いほうに挙手するという形で行った。この論戦の場合、肯定側の勝ちであった。

(5) 生徒の反応

ディベートを終えた後の生徒の感想の一部を、次に紹介する。

①前に出て討論したが、なかなか発言することができなかった。けど内容的には　なかなかまとまっていた。こういう機会をもらうということはすばやい判断力などが養われ、高校生の僕にとっては、+になったと思う。(MY男)

②ぼくは実際にディベートはしなかったけど、周りから見ていても、その場に座ってすばやく、意見・反論を出すのはとても難しいということが分かった。(YT男)

③実際にやってみてすごく緊張した。いざ発表する時になると自分のいいたいことが上手く言えなくて頭の中が混乱した。それから時間がすごく短いように思った。(SK女)

④なんかすごく迫力のある発言とかがあって聞いててもおもしろかった。

そして自分が出ている時は、なんか言いたいことは頭にいっぱいなのに、言葉に表すのがむずかしいなあと思いました。けど楽しかったです。（TU女）

⑤なかなか思ったことをうまく表現できなく話していてはずかしくなった。だけど思ってた以上に楽しかった。論戦では何を言ったらいいのかもわからなくなった。（SH女）

⑥この論戦はすごく楽しかったし、勉強にもなったと思う。相手のどこをつけば相手はひるむか？同じ主張をするにもどのような言い方をすればいいのか？これらの点を学べた。（ST男）

⑦自分の考えをまとめてから発表しないと説得力がないことがわかった。（NT女）

⑧私は実際に討論をしたのですが、はじめる前はするのがいやだったのですが、はじめてみたら、とてもたのしかったです。いろいろと心残りがありますがやってみてよかったです。

⑨とてもおもしろかった。自分も肯定側にたって、討論をしたけれど、作戦タイムの3分は本当に早く感じられた。見ている時も、すごくおもしろかった。（YY女）

⑩一回めはベルをならす係であまり聞けなかったけど、2回戦は全員がうまく発言し、説得力があるので驚いた。話の筋道が通っていて聞きやすかった。鋭く質問したり「がんばろう」という力が伝わってきて、よかった。（AM女）

⑪いつもの授業とはまたちがっていてよかったかもしれないけど、もうやりたくない。（TK男）

生徒の感想に⑪のような感想が表れたことを残念に思う。この生徒は、授業のどのような点からこのような感想を持つに至ったのであろうか。一端このような気持ちを持つに至れば、それを前向きにすることは難しい。それを思えば、授業でさらに細やかな配慮をなしえなかったことが反省される。

①〜⑩の感想に、今回のディベートの意義を見いだせば、次のようになる。

ア、すばやく判断し、すばやく意見・反論を出すことの難しさの自覚（①②）

イ、主張したいことを整理して表現することの難しさの自覚（③④⑤）
ウ、説得力のある主張・反論の方法への関心（⑥⑦）
エ、ディベートへの興味・関心―親しむ態度の育成（⑧⑨）
オ、力を合わせて学び合うことの楽しさの自覚（⑩）
このような、感想に見られる積極的な反省・自覚を生徒に共有させ、今後、生かして行かねばならないと考える。

3　小論文

(1)　小論文の指導

指導は、次のような手引きを用意して行った。小論文の書き方を具体的なことばの枠によって例示し、経験的に身につけることができるようにしたいと考えた。

一　小論文のテーマ
次の二つのテーマの中から一つを選び小論文（八〇〇字以内）を書きなさい。
1　「私の考える外国語（英語）教育」
一学期に私たちは、「外国語（英語）教育を考える」というテーマのもとに、平泉渉氏の外国語教育の改革の試案、試案に対する渡部昇一氏の反論とそれに対する平泉渉氏の反論を読み比べた。また、「外国語（英語）教育は、選択制にすべきである」という論題のもとに、ディベート（討論）をも行った。論争を読み、ディベートを行いながら、私たちは、外国語（英語）教育の意義・目的・方法などについて考えてきた。これまで、学び考えてきたことを生かしながら、「私の考える外国語（英語）教育」を小論文としてまとめてみよう。

2　その他

あなたの関心を持つ問題について、小論文としてまとめてみよう。

二　小論文の書き方

1　「私の考える外国語（英語）教育」の場合

(1)　小論文の構成

・題名―一行目

・二年（　）番　氏名（　　　　　）―二行目

ア　序論―小論文を書く動機・目的・方法について述べる。

イ　本論―中心となる問題を考察し、筋道だてて述べる。

ウ　結論―全体のまとめを簡潔に述べる。

(2)　小論文の書き方

次の書き方を参考にして小論文を書きなさい。

ア　序論―書き方

例①―自らの経験を踏まえながら、小論文の目的と方法を述べる。

私たちは英語を中学校で三年間学び、さらに現在、高等学校で週数時間学んでいる。その効果は、一定程度、上がっているとは思われるが、英語を学ぶことに費やす時間を考えると、なお十分ではないと思われる。英語を話す・聞くという分野に関しては、とりわけ効果が上がっていないという思いがする。そこで、以下、私なりにその理由を考え、私の考える理想の英語教育について述べてみたい。

例②―英語学習の意義・必要性を述べながら、目的と方法を述べる。

二十一世紀は、国際化の時代である。国際化社会において、外国語（英語）の習得は、コミュニケーション手段の獲得と異文化理解という点で、必要不可欠である。一人一人が、外国人とコミュニケーションできることによって、国際化社会は、円滑に機能する。また、外国語を学習することによって、異文化への理解も深まり、自国の文化についてもより深く理解することが可能になる。それでは、このような意義のある外国語（英語）教育はどうあるべきであろうか。以下、この意義を踏まえ、外国語（英語）教育をどう進めるかという点に絞って述べていくことにする。

イ　本論—書き方

例—外国語（英語）教育の問題点を考え、その改善を述べる。

まず、現在おこなわれている外国語（英語）教育は、（効果ということから考えると・国際化社会における外国語教育といことから考えると）次の点に問題があると考える。

①（短くまとめる）—例えば、読解中心・文法中心など

②

③

この内、①は、～という点で問題があるといえる。②は、～という点で改善が望まれる。また、③は、～という点で問題があり、今後の課題である。

以上の問題点をふまえ、私は、外国語（英語）教育を、次のようにすべきだと考える。

①

②

③

④

この中で、①は、～という点を考えたものであり、②は、～という点を改善し、効果を上げようとするものである。また、③は、～の上から、意義がある。さらに、④は～ということから必要だと考えた。

ウ　結論―書き方

例―全体をまとめる

以上、外国語（英語）教育の問題点を挙げ、～という点から、（私の理想と考える・国際化社会に必要とされる）外国語（英語）教育を考えた。このような改善を行うことで、外国語（英語）教育は、～になると考える。

2　「その他」の場合

書き方は、「1『私の考える外国語（英語）教育』の場合」にならって、序論・本論・結論の構成のもとに書きなさい。

(2)　小論文の例

生徒の多くが「外国語（英語）教育」の是非を巡って小論文を書いていた。次に紹介するのは、小論文の手引きに基づいて書いた、平均的な小論文の例である。

私の考える外国語教育

私たちは中学校で3《ママ》年間、高等学校でさらに1《ママ》年数ヶ月英語をまなんできているが、実際外国人と話すという点においては、ほとんど成果は上がっていないように思われる。だからといって英語を選択制にするなどという英語教育では英語を学習しない者、つまり国際社会に対応できない者ができてしまう。そこで、以下、私の考える英語教育について述べていくことにする。

まず現在に行われている英語教育の効果と国際社会の英語教育をふまえて考えると、
① 読解中心、文法中心
② 大学入試と大きく関連
③ 他の教科に比べ学習時間が多い
この内、①は効果はあまりみられない上に、国際社会に対応することもできない点で問題がある。②は大学入試もまた、文法中心という点で今後の課題である。③はいくら国際社会だからといって、効果があるとは思えない文法中心の英語に時間を使いすぎているという点で改善が望まれる。

以上の問題点をふまえて、私は英語教育を次のようにすべきだと考える。
① ヒアリング、外国人教師との会話中心の授業
② 大学入試もヒアリングを中心に
③ 英語は必修科目
この中で①は話せる英語を身につける点を考え、②は①の学習方法でも大学に入れ、英語を話せる社会人の基礎をつくることを考えている。また、③は日本人すべてが国際社会に対応することが必要だと考えた。

以上、英語教育の問題点を挙げ、話せる英語を身につける点から、英語教育を考えた。このような改善を行うことで、英語教育は国際社会に対応すると考える。（AM女）

この生徒は、国際社会に対応する英語教育＝話せる英語教育をあるべき英語教育として、現在行われている英語教育の問題点を指摘し、自ら考える英語教育のための改善策を提案している。英語教育の問題点について三点を挙げているが、その掘り下げは、十分なものとはなっていない。三つ目の問題点は、授業時間の問題か、内容の問題

かも突き詰めて考えられてはいない。また、改善策も、二つ目は、英語教育の自体の問題ではなく、影響を及ぼす外的条件の問題である。このように、必ずしも十分ではないが、小論文の手引きに従い、規定の字数の中で、自らの考える英語教育の有るべき姿を書きまとめている。

私の考える外国語（英語）教育

私達は中学校で三年間、そして高校で英語を学んでいる。一学期にはディベートを行い、英語教育について考えた。改めて考えて、現在の英語教育では外国人に接した時、通用しない、効果がでていないという事を感じた。そこで、どのように改善すれば効果がでる英語教育になるのか考えてみたい。

ディベートでは、選択制にすべきか否かを題材にした。選択制にするかしないかは、英語教育の効果を上げる点で重要な事だと思う。特に選択制にすべきだというのが私の考えである。選択制にするという事で、希望者つまり意欲を持つ人を集められるという利点がある。意欲を持つ人達で英語教育を行えば効果が今よりは上がるのが当然だが、それ以上に高度な教育にするためには、今の教育の仕方自体を改善しなければならないと思う。今の教育は、読解中心・文法中心で行われている。私はここに根本的な英語教育の誤算があると思う。それは英語、言語という物《ママ》が人どうし《ママ》のコミュニケーションをとる重要手段だという事である。読み、書きという物《ママ》は、人を対象に考えず、むしろ物を対象に考える場合の物《ママ》だと思う。人どうしのコミュニケーションをとるためには読み、書きより、「聞く・話す」が重要だと思う。だから私は外国人と接するような授業を増やしたら、より実践的な英語力を身につけられると思う。

いままで書いてきたように、現在の英語教育の欠点、読み書き中心で外国人には通用しないという点を聞く話すを中心にあくまで外国人に通用する英語教育に転換する事で、外国語を学ぶ意義（外国人と理解し合える事）

を守れる《ママ》充実した外国語教育になると思う。（ＩＮ男）

この生徒は、直接には小論文の手引きに依らず、三段構成のもとに論を進めている。外国人に対し通用しない英語教育に疑問を感じ、その改善策を考えている。まず、英語教育を意欲ある者を集めて効果を上げるために選択制にすべきだと主張する。ついで、英語を「人どうしのコミュニケーションを取る重要手段」ととらえ、「読解中心・文法中心」で行われる英語教育を、「根本的な英語教育の誤算《ママ》」と批判する。「実践的な英語力」を付ける観点から、「聞く・話す」教育を重視し、外国人と接する授業を増やすことを提案している。この生徒の場合、表現に明瞭さを欠いている箇所もあり、「読み・書き」の機能に関してとらえ方が誤っていると思われる点も見いだされる。また、読み・書き、読解・文法中心の英語教育と「聞く・話す」英語教育とを対立的にのみとらえている点などに問題を残している。このような点に不十分さがあるが、この生徒も先の生徒同様、問題点を押さえて自らの考える英語教育の方向を示し得ている。

次に掲げたのは、自由題で書いた小論文の例である。

仏の核実験に対する日本の対応について

太平洋戦争、いや第2次世界大戦終結から今年は50年目という節目である。人々は平和を願い、再び戦争を繰り返すまいと様々な式典やイベント等が行われ戦争について語られた。しかし、フランスは約4年ぶりに中止していた核実験を強行したのである。そこで、以下今回の仏核実験に対し日本はどうしていくべきかという点について述べていくことにする。

まず、今回の核実験実施について考え方の面で核保有国と非核保有国とでくい違っている点をあげてみる。

①実験全面禁止を結ぶ前に、コンピューターシュミレーションの為に実験を行わねばならない。（保有国側）

②核の抑止力信仰と核のない世界の違い

この内①は日本等は実験禁止→核廃絶→平和という考えなのに対し保有国は実験禁止→シュミレーション→核の長期維持という日本が願う形とはかけ離れているのである。②は核の力で世界平和にしようという考えがあるということ。言語道断。そんなのは平和ではない。

以上の問題を点をふまえ、私は日本の対応を次のようにすべきと考える。

①世界唯一の被爆国としてもっと強く訴え、核の恐ろしさを知ってもらうべき。

②国民は気持ちをもっと行動に出さねばならない。よって今回のような民間運動も盛んにすることが望ましい。

③武村蔵相の行動は個人としてと首相は言ったが政府でももっと強く行動してもいいのではないか。

④アジア諸国に対し日本の核への誤解を解く努力は惜しまないこと。

この中で①は被害しゃぶっているのではないとはっきり訴えねばならない。②は①を広めるには政府間だけでなく人間同士として世界に訴えることが大切だからである。③は太平洋諸国のような強い怒りの表明も必要なのではないかということである。声明だけではフランスには伝わりそうにもない。かといって暴力に出ろといっているのでは、あくまでもないことを示しておく。④は、アジアではどうしても日本が「核の傘」の中で守られていながら「核廃絶」を訴えていると映るようだ。これは日本政府がこれまでなかなかアジアに対して行動しなかったことによる。謝罪だけでは、やっと一歩踏み出したにすぎない。今後の重要課題である。

以上、問題点を上《ママ》げ非核保有国の代表というぐらいの姿勢を示して行く必要があるという点から、今後の日本の対応について考えた。このような行動を行っていくことでの日本の仏への行動は評価すべきであり、それ故、さらに私の上《ママ》げた点を強く示していかねば、道のりは険しいのだから日本の深い悲しみは伝わらないと思う。

（ＨＹ女）

この生徒は、小論文指導の手引きを利用し、仏の核実験に対して取るべき日本の対応について自らの考えを四点に絞って述べている。それは、生徒なりに多角的に考えたもので妥当なものといえる。核保有国と非核保有国の考えの違いを押さえて展開しようとした点は評価できるが、核保有国の考えに対し、「日本が願う形とはかけ離れている」、「言語道断。そんなのは『平和』ではない。」と述べるだけで、有効な反論がないままに対応策に移っているのが惜しまれる。

多くの生徒は、ここに掲げた生徒のレベルにある。今後、論証の仕方、反論の扱い方、表現の仕方を学習させ、書き慣れさせることで、より洗練された小論文になっていくものと思われる。

4　評価―考査問題を中心に

(1)　「外国語（英語）教育を考える」の考査問題

次に、考査問題三問の内、二問を掲げることにする。

去年、中津燎子さんの『何で英語やるの』が大宅賞をもらって話題になった。この中津さんが①日本の英語教育の根本的欠陥に気づいたそもそもの始めは、フィールド・サーヴィスの奨学生としてアメリカに行くことになった女子高校生の英語が、ちっとも聞きとれなかったことからであるという。自分の英語が外人に通じないでルサンティマンを持っていた日本人は、熱烈同感の意を表したわけである。この本をさっそく買って読んで非常に面白かったので、これに対する反響をかなり注意深く観察していたつもりだが、②一つキラリと光るコメントがあった。それは英語教育界の権威小川芳男氏のものである。氏は言われる、「その女子高生も、アメリカに行って半年ぐらいしたら上手になっているかも知れない」と。

つまり周囲に英語を話す外人もいないところにいて、英会話の能力を身につけたり、その能力を維持し続けることはナンセンスに近い努力である。重要なのは、アメリカに行って三ヵ月か半年後になってから着実に伸びる土台を与えることなのだ。たとえば it~that の構文を確実に理解しているかどうかで、後の進歩はまるで違うはずなのである。そういうことなら日本の学校でもきっちりやれるはずだし、まともなところでならやっている。もちろん発音を正しくするのは大いに結構だ。しかしそれは文法不要とか、訳読不要とか、あるいはその軽視に絶対連なってはならないのである。つまり学校における英語教育はその運用能力の顕在量ではかってはならず、③潜在力ではからなければならないということである。

④この区別をしなかったために、平泉案はほとんど国民教育に関する案としての価値を失ってしまったと言ってもよい。平泉案は日本における外国語教育（実質的には英語教育と言ってよい）の効果が全く上がっていないと断定した上で、その理由として、日本の社会では外国語の能力のないことは全く不便をきたさず、英語は上級学校入試のための必要悪であるにすぎないから、学習意欲が欠如するということをあげている。更にこの学習意欲の欠如を悪化させているのは「受験英語」の程度が高いことだとしている。しかし賢明な読者は、ここの「英語」というところに「数学」を入れても全く同じになることに気づかれるであろう。

実生活においては（⑤）ができれば大抵間に合う。つまり算盤ができればよいのである。この頃は計算機の小さいのが安く買えるから、理屈の上では九九を覚える必要もない（実際にアメリカの学校の中では算数の時間に小型計算機を使わせるところが出てきている）。確かに微分積分やピタゴラスの定理の証明などは銀行員になるには不要である。富士銀行を建てた安田善次郎などという人は算盤は達者であったろうが、対数や解析幾何などはしらなかったろう。高等数学を知らなくても銀行を創立することだって出来たのである。このように高等数学は社会の必要がないから学習意欲は欠如し数学嫌いが多い。かてて加えて「受験数学」の程度が高すぎるから、生徒に対してははなはだしい無理を強要することになって、学習意欲はますます失われることになる。そのようにして習った高等数学は、ほとんど理解もできず、応用もできず、式も立てられないというのがいつわらざる現状である。

以上の数行の「数学」を「英語」にすれば文字通り平泉案になるのであるが、ここに明らかになることは、⑥顕在量と潜在量の違いであろう。国家が数学を学校教育で必要な課目として見ている理由は、生徒がすぐに高等数学を実用に使うことができるからではなくして、その学習が、若い頭脳の潜在力を豊かにすると考えているからではないのか。⑦その議論をそっくり外国語教育にあてはめてはいけないのか。平泉案は「いけない」というのである。

1　傍線部①はどのような欠陥を意味しているか。簡潔に答えなさい。
2　傍線部④は、何と何との区別か答えなさい。
3　（　）部⑤に適切なことばを漢字四字で入れなさい。
4　傍線部⑥は、外国語教育の場合、どういうことを意味するか説明しなさい。
5　傍線部③がどのようなものかを端的に表している箇所を十字以内で抜き出しなさい。
6　傍線部②でいう「コメント」は、何について触れている点で、「キラリと光る」ものであったのか。文中の語句で答えなさい。
7　傍線部⑦で、「その議論をそっくり外国語教育にあてはめていけないのか。」と述べているが、「その議論をそっくり外国語教育をあてはめ」るとどうなるか。簡潔に書きなさい。

問「1」は、中津氏のとらえた英語教育の問題点をとらえる問題である。これは、平泉氏の問題把握につながる。「2」は、平泉・渡部両氏の問題把握の相違点として、渡部氏が提起した概念、「顕在量」と「潜在力」を押さえさせる問題である。この文章の要となっている。「4」は、「顕在量」を具体的に理解させるものであり、「5」・「6」はそれぞれ「潜在力」に関するものである。「7」も「潜在力」に関わる問題であるが、数学を学ぶ意味を外国語教育に重ねる渡部氏のレトリックに着目した問題である。全体に読解力・問題把握力・表現力を測る問題となっている。

「3」は、ここでは、必要のない問題である。配点を合わせるための問題であり、反省される。

次に二題目の問題を掲げる。

改革方向の試案

1　外国語は教科としては社会科、理科のような国民生活上必要な「知識」と性質を異にする。また数学のように基本的な思考方式を訓練する知的訓練とも異なる。それは膨大な時間をかけて修得される暗記の記号体系であって、義務教育の対象とすることは本来むりである。

2　義務教育である中学の課程においては、むしろ「世界の言語と文化」というごとき教科を設け、ひろくアジア、アフリカ、ヨーロッパ、アメリカの言語と文化とについての基本的な「常識」を設ける。同時に、実用上の知識として、英語を現在の中学一年修了程度まで、外国語の一つの「常識」として教授する。（この程度の知識ですら、現在の高校卒業生の大部分は身につけるに至っていない。）

3　高校においては、国民子弟のほぼ全員がそこに進学し、事実上義務教育化している現状にかんがみ、外国語教育を行う課程とそうでないものとを分離する。（高校単位でもよい。）

4　中等教育における外国語教育の対象を主として英語とすることは妥当である。

5　高校の外国語学習課程は厳格に志望者に対してのみ課するものとし、毎日少なくとも二時間以上の訓練と、毎年少なくとも一ヵ月にわたる完全集中訓練とを行う。

6　大学の入試には外国語を課さない。
7　外国語能力に関する全国規模の能力検定制度を実施し、「技能士」の称号を設ける。

(1)　上に示す平泉渉氏の「改革方向の試案」に対して、渡部昇一氏は、「亡国の案」と批判した。平泉氏の「試案」のどこが、どういう理由で「亡国の案」というのか、渡部昇一氏の考えていたことを述べなさい。

(2)　また、「改革方向の試案」に対するあなたの考えを述べなさい。

問「1」は、論点理解の定着度を測る問題である。「2」は、平泉提案に対し、自らの外国語教育に関する考えを表現する問題である。問題把握力・批判力・表現力のかかわる問題ともなっている。

(2)　「ディベート」の考査問題

一学期末の考査問題を、次に掲げる。(3)

次の文章は、「ニュースは、テレビと新聞とではどちらがすぐれているか」をテーマにして行われたディベート（討論会）の記録です。これを読んで、あとの問いに答えなさい。

司会　まず、テレビを指示する立場の人から論じてもらいます。

生徒A　はい、僕はテレビニュースのほうがすぐれていると思います。というのは、新聞に比べてテレビは、はるかに生々しく事実を伝えるからです。火山の噴火や地震による被害状況でも、戦争の悲惨さでも、テレビを見る僕たちの心に、うんと強く訴えてきます。

生徒B　わたしもテレビを指示します。なぜなら、①ソクホウセイという点では、テレビのほうがはるかにすぐれているからです。アメリカやヨーロッパ、アジアなど全世界の出来事があっという間に、わたしたちの家庭に届けられているなんて、すごいですよ。ほんと。（笑い）

生徒C　それに、なんていったって、楽ですよ。（笑い）画面を見ているだけでよくわかるんだから。耳から解説も入ってくるし。ここらが、テレビの強みかなあ。

司会　では、今度は新聞のほうがすぐれていると考えている人から、意見を出してもらいます。

生徒D　わたしは、新聞のほうが、ニュースを伝えるという点では②すごいと思います。それは、何度も繰り返して読み直せるからです。大切なところ、わかりにくいところ、詳しく知りたいところなど、自分に必要なところを読み直せるのがとてもいいと思います。

生徒E　僕も、Dさんの意見に賛成です。新聞はいつまでも保存できます。一週間後でも一ヵ月後でも、必要なときに読み返せます。これは大変ありがたい特質と思います。（笑い）実は、この間の社会のレポート、新聞で調べて書いたんです。

生徒F　わたしは、別の理由から新聞のほうがいいと思います。それは、どこへでも持ち運びできる、という点です。電車の中で立っていても読めます。すごい人になると、歩きながら読んでいます。（笑い）こんな便利さは、テレビにはありませんよ。

司会　双方の意見がでたところで、一分間の作戦タイムに入ります。

（一分経過）

司会　では次に、質問に移ります。最初に、新聞を指示するほうから相手に質問してもらいます。テレビ指示派はできるだけ簡単に返答してください。

生徒D　Aさんに質問。ニュースは生々しければよいというものではないと思います。見ている人は、子供から老人まで、いろいろな人がいるのですから。見ている人は、テレビニュースを選べませんが、どうですか。
生徒Ａ　返答します。ニュースの使命は、真実に迫ることです。それを嫌うならチャンネルを回したらいいでしょう。
生徒Ｅ　Ａさん、テレビで実際の映像を流せば、それが真実に迫ることなんですか？

―以下省略―

問１　傍線部①を漢字に改めなさい。
問２　この記録には、誤字が繰り返し、用いられている。それを指摘しなさい。
問３　生徒Ｄの発言中の傍線部②を別の適切な表現に改めなさい。
問４　生徒ＢＣＥＦの発言のとき、実際に起こらなかったと思われる（笑い）をひとつ選び、生徒の記号で答えなさい。
問５　生徒Ｄの意見は、新聞のどのような性質に着目しているといえますか。□□性という形で答えなさい。
問６　ディベートがうまく行われている理由として不適当なものを、次のア〜オから選び記号で答えなさい。
ア　自分の意見や考えを冒頭ではっきり述べている。
イ　意見の裏付けとなる事実や例証を述べている。
ウ　部分的な事実や例から普遍的な意見を導いている。
エ　簡潔に、わかりやすく意見を述べている。
オ　司会者が双方に公平で、進行をリードしようとしている。
問７　最後の部分で出された生徒Ｅの質問に対し、生徒Ａの立場になって考えるとすればどう答えるか。解答欄にまとめなさい。

「問1」「問2」は、主に理解力・聞解力を測る問題。背景に漢字力を必要とする。「問3」は、語彙力・表現力、「問4」は、理解力・状況把握力に関する問題となっている。「問5」は、問題把握力とともに、抽象化・普遍化する力を必要とする。

「問6」は、理解力とともに、ディベートを行うための知識を問う問題とも考えられる。「問7」に関しては、主に問題把握力と表現力を必要とするものといえよう。それぞれディベートの際に必要とする力に関する問となっている。

ついで、「ディベートにおける『立論』について、A・誰が、B・ディベートのどの段階で、C・何をするか説明しなさい。」という問題を課した。

ディベートの基本的な知識の一部を尋ねる問題である。

(三)　考察のまとめ――反省と今後の課題――

以下、1目標の達成、2学習指導の方法、3評価の方法の三つの観点から考察をまとめ、本実践の反省と今後の課題について述べたい。

1　目標の達成

ア、目標①は、学習プリントの「私の考え」の欄の内容、ディベート計画表、小論文の内容を読めば、類型的ではあるが、それぞれに自らの考えを持ち主張しているといえる。目標①は、学習の全体を通しておおむね達成したと考える。

イ、目標②（読解力・情報収集力）、③（批判力・問題把握力）の達成に関しては、以下のように考える。

a．論争の教材化を試み、読みの観点を設けて読ませ、学習プリントに記入させた。いくつかの観点から、速く、必要な情報を読みとる力を養おうとした。また、主張↓反論↓再反論と読ませることで、ひとつの意見に流されず、意見を相対化し、問題点をとらえさせ批判的に読ませようとした。

b．ディベートの準備によって、問題を把握する力、批判する力、必要な情報を収集する力、論理的に考える力、反論を予想し批判する力などが養えると考えた。

c．小論文によって、問題を把握する力、論理的に考える力、批判力、必要な情報を収集し、適切に用いる力、適切な構成の下に的確なことばを選んで書く力を育成できると考えた。

この試みが有効であったとは考えるが、それぞれの力がどの程度ついたかは、十分に検証できていない。それぞれの力は一つの授業でつけられるのではなく、養うべき力を明確にした継続的な授業の積み重ねによって育成されるべきものであろう。今後、継続して行うべき課題である。

ウ、目標④（聞解力・問題把握力）、⑤（話表力・論理的思考力）に関しては、ディベートの実際によって、これらの力を育てようとした。問題の在りかを自覚させ、関心を持たせた点では、意義があったと考えるが、今後の大きな課題である。

エ、目標⑥（表現力・論理的思考力）は、学習の手引きを利用した小論文指導が有効であったと考えるが、今後に継続的な指導を試みたい。

オ、目標⑦は、生徒の感想を見る限り、おおむね達成したと考える。

2　学習指導の方法

ア、教材―論争の教材化

問題把握力・論理的思考力・批判力をつけることをねらって、論争を教材化した。筆者の論に流されず、問題点を把握し、絶えず論理的思考力を働かせ、批判的に読む力をつける教材として優れていると考える。外国語（英語）教育は、生徒にとっては身近な問題であり、興味・関心を喚起するものとしても良かったと思う。今後、更に論争を教材化することを、問題把握力・論理的思考力・批判力の育成を視野に入れて試みたい。

イ、ディベート

「外国語教育を考える」の授業展開を受けて、ディベートを行った。ディベートの授業は、「外国語教育を考える」の発展と位置づけられる。「外国語教育を考える」の授業内容の理解をどれだけ生かし、新たな意見を加えて説得力を持たせ、決められたルールの下で主張するかが問われたといえる。準備段階で用いた方法―ブレインストーミングを行い、付箋紙を利用し、支持理由・証拠・反論予想・反論対策からなる「ディベート計画表」を作成させたことは、ディベートに有効に働いたと考える。ディベートの実際は、a.相手側の立論の論点把握、b.争点の把握、c.反論の方法、d.論理的発言、e.説得力を持たせる方法、という諸点において不十分であった。しかし、f.即決的表現の難しさ、g.要点を整理した主張の難しさ、h.説得力のある主張・反論方法という点について積極的な反省・自覚を生徒に生みだし、i.ディベートへの興味・関心―親しむ態度、j.協力して学び合うことの楽しさを育てた点で意味があったと考える。

ウ、小論文

小論文の手引きを配布し、夏休みの課題として書かせた。手引きは、小論文の枠組みを、具体的な構成と展開に用いることばとによって例示したものである。生徒の多くは手引きを用いて、おおむね整った小論文を書き上げていた。しかし、なお先に見たような点で不十分であった。今後、論証の仕方、反論の扱い方、表現の仕方を学習させ、書き慣れさせることが必要であると思われる。

エ、指導形態―一斉、グループ、個別

形態は、指導の内容・目標・計画に基づき、生徒の実態を考えて決められるべきであろう。本実践では、「外国語教育を考える」を一斉、「ディベート」をグループ、小論文を個別指導で行った。「外国語教育を考える」の授業は、一部グループを取り入れることも可能であったが、時間の関係から果たせなかった。

3　評価の方法

ア、形成的評価―評価1、評価3

《評価1》は、設定した観点をもとに、読み取り、ていねいにまとめることができているか否かという点から評価し、評言を加えた。また、《評価3》は、ブレインストーミングをもとに意見を分類し、立論の支持理由となしえているかどうかを評価し、評言を加えた。いずれも、おおむね評価が、次の学習に生かされていったと考える。

イ、達成度評価―評価2、評価4、評価5

《評価2》は、《評価1》の評価の観点に加え、外国語教育に関して自分の考えを打ち出せているか否かで評価し、評言を加えた。《評価4》は、立論、反論予想とその対策ができているかどうかで評価した。《評価2》は、妥当であったと考えるが、《評価4》は、形成的評価と位置づけるべきであった。《評価5》は、提出点と論文としての構成、主張の明確さによって評価した。これらの他に、問題点の把握、改善策の妥当性、展開、ことば遣いなどの観点を設定しててていねいに評価すべきであった。なお、ディベートマッチを評価すべきであったが、時間の関係で、各クラス二組、四グループしか行なえなかったので、評価から外した。

ウ、定期考査

問題の一部に反省すべきものはあったが、それぞれ、指導目標の中の「技能目標」に関連した力を測る問題となっている。ディベートの評価については実際に即した評価も必要であろう。ディベートの考査問題については、改善工夫が望まれる。

今後は、育成すべき学力を明確にし、その観点から評価方法を工夫し評価するよう心がけたい。

おわりに――指導の改善を求めて――

以上、授業の実際を報告し、考察を加えた。

今後は、生徒の実態を把握し、学力構造に応じて指導目標を明確にし、思考力、表現力を育成する授業を試みたい。その際、指導形態を目標や指導内容に即してダイナミックに多様化し、生徒が興味・関心を持って、主体的かつ積極的に取り組めるよう工夫したいと考える。

音声言語表現も豊かな言語生活に資するものとしてのみならず、授業の基本として位置づけ、取り組みたい。ディベートに関する指導は、短期、長期の計画のもとに、取り立て指導（推論の方法、資料収集の方法、反論の方法）も含めた指導に取り組む必要があろう。

評価については、評価の観点を明確化し、形成的指導を重視するとともに、興味・関心や態度の評価も形成的な評価の観点から考えたい。

課題は多いが、一つ一つ工夫し、考察、検討し、積み上げて、授業改善を確かなものとしたい。

注（1）　平泉渉・渡部昇一氏『英語教育大論争』（一九七五年十一月　文芸春秋社刊）

（2）　藤森裕治氏「教室ディベートの理論と方法」（川本信幹・藤森裕治氏編『教室ディベートハンドブック』月刊国語教育　一九九三年五月別冊　東京法令出版刊）の五二〜五五頁を教材化した。

（3）　井上次夫氏「討論する力をみる表現問題―『ディベートで討論しよう』より」（国語評価問題研究会編『新しい学力観に立つ評価問題』月刊国語教育　一九九五年五月別冊　東京法令出版刊　六六〜六八頁）を、一部変えて出題した。

〔資料1〕

外国語（英語）教育を考える—私の外国語（英語）教育論—

2年（8）組（　）番　氏名（A・M女）

		平泉渉氏の外国語教育改革試案	渡部昇一氏の反論	平泉渉氏の反論	私の考え
外国語教育の現状	教育の実際	国民子弟の全部に対して、6年間にわたり、平均して週数時間に及ぶ英語の授業が行なわれている。高校3年生における教科教育の内容は、高度で、義務的に課せられている。	効率が低かったことに対しての反論。主要著者の翻訳を原文で正確に読解することがなされていた。日本人は語学の障壁を突き破ることによって、近代化が欧米人以外に可能であることを世界に証明した。	成果は上がっていない←事実認識。 ①母国語との格闘「読めず、書けず、わからず」能力　格闘できない ②外国語古典の翻訳—専門家の能力 →問題外　無関係な論 ③潜在能力—5%以下	6年間の義務教育で英語授業が課せられている。高校ではかなり高度で勉強は難しい。
	その成果	全くあがっておらず「学習した」外国語は、ほとんど読めず、書けず、わからないのが実状である。	全くあがっていない←甚しい短見	成果はあがっていない—事実認識 母国語との格闘は「読めず、書けず、わからず」の能力では格闘できない	少しは上がっている。一般にあいさつ程度の英語は身についている。
	成果の背景・理由	○学習意欲の欠如。 ○現代の社会ではそのような能力を求めていない。 ○「受験英語」の程度が高すぎる ○日本語とは語系が異なる英語	①語学の障壁を突破—近代化 外国翻訳 ②母国語との格闘を教えた。 ③顕在力で測らず潜在力で測るべき。	一週数時間の英語が課せられている。全国民が、英語を6年間週数時間かけて学習しなければならない。	一週間の授業時間が、他の教科より重視されて多い学校が少なくない。
改革の方法	意義	①知的訓練とも異なる ②暗記の記号の体系　〉義務教育の対象外	①知的訓練・知力を増進 ②暗記—知・情・意・本質的関係 ③英語は社会的に必要	①わからなければ知的訓練にならない。純粋な知的訓練でない。 ②国民生活に必要—受験英語は不必要。 ③意義もわからず希望していない者に課すべきではない。	知識を広げる。国際社会で生活して困らないほどの英語は必要。
	目的	国民の5%が実際的能力をもつこと。	潜在能力としての英語を仕上げる母国語との格闘を一応終えている。平泉案→亡国の案	5%—実用能力(Working Knowledge) コミュニケーション能力 義務教育から外す	国際社会に対応するために英語を身につけること
	教育の方法	世界の言語と文化ごと《ママ》について基本的常識を授ける。外国語教育を行う課程とそうでないものとを分離する。中等教育における外国語教育の対象を主として英語とすることは妥当。高校教育での外国語学習を志望者のみに課し、少なくとも2時間以上、1カ月にわたる完全集中訓練。大学入試から外国語を外す。	伝統的方法を続ける。 5%の志望者—過剰競争・義務教育の破壊 大学入試から外す —他学科の能力との相関関係が高い大学入試にすべき。	○「言語と文化」 —語学への熱情を育てる。 ○伝統的方法—不合理 志望者を対象{①熱意の存在 ②完全集中訓練 過剰競争 約2時間｝生きた接触大切 完全集中｝負担は軽い ｝語学活用者を現在より多く生み出すと確信	中学まで簡単な文法を身につけ高校では外人教師との会話を主とし、英語を話すという役に立つ英語を身につける。

〔資料２〕

ディベート計画表

（A）班　氏名（E・U・U・O・A）５名

論題（主張）〔肯定側〕外国語（英語）教育は選択制にすべきである。	〔否定側〕外国語（英語）教育は選択制にすべきではない。	
理　由（注　①〜⑦は付箋紙に書いたもの。） ①選択制にする事でやる気のある人だけを教育できる ④基本的な英語（最低条件の）は中学でおわっているため ②本当に外国語を使える人をもっと増やすため ⑤高度なことをしているので選択した人だけが高度なものをしたらいい。 ③よその国の言葉だから興味のある人だけでよい ⑥他の教科を専門に学びたい人もいるから ⑦授業時間が多すぎる （注　以下は指導者の評言。） ①と②は関連付けてまとめることができますね。 ④と⑤は同様に関連付けることができますね。 ③は国際化の時代から必要を反論されればどう答えますか。 ⑦はどういうことでしょう。選択にすれば、とる人は時間が増えますよ。	反論（予想） （注 以下は付箋紙に書いたもの。） 今でも実際につかえる人がいる。 みんな、絶対に英語を学びたいだろうし、受験に必要。 やる気のない人でも、英語ができる人がいるかもしれない。 国際化時代だから英語が必要だ。 他の教科を専門に学ぶとしても、英語が必要です。 選択制にすると、外国語に対する基礎知識さえも得ない人がでてしまう。	反論対策 （注　以下は付箋紙に書いたもの。） 英語はたしかに受験に必要だけど、他の教科が受験にいる人もいるから。 国際人にならない人もいる。 英語に苦手意識を持つ人は、学びたくないだろうし、就職によって受験を受け《ママ》ない人も存在する。 実際に英語ができる人は少数だし、私たちもすぐつかえといわれるとつかえない。 中学校で基礎をやっているから選択でいい。
証拠（資料・実態・意見） 実際に私達の学校では選択制になっているし、それでよかったと思っている。 高校でならっている英語を実際に使うことは少ない。		

〔資料３〕

ディベート計画表

（A）班　氏名（E・U・U・O・A）５名

論題（主張）〔肯定側〕外国語（英語）教育は選択にすべきである。	〔否定側〕外国語（英語）教育は選択制にすべきではない。	
理　由 ①　実際に外国語を使える人をもっと増やすために、やる気のある人だけを教育するように、選択制にすべきである。 ②　他国の言葉だから興味のある人だけ勉強すればよいから。 ③　基本的な（最小限の）英語は、中学で終わらせているから、高度なことを学びたい人が学べるように選択制にすべき。 ④　他教科を専門に学びたい人もいるから。	反論（予想） ①：ア　今でも実際に使える人がいる。 イ　みんな受験に必要だから、絶対に学ぶべきだ。 ②：ウ　国際化時代だから、外国に進出することもあるので、英語は必要。 ③：エ　他の教科を専門に学ぶとしても、英語は必要である。 ④：オ　英語が全くできない人（基礎知識さえない）ができてしまうから。	反論対策 ア：必修でとっている今、私達は英語を、使えといわれても、すぐにつかうことができない。また使える人がいたとしても、極少数で、多くの意欲のある人が、本当に力をつけることのできる選択制がよい。 イ：たしかに受験に必要だが、他の教科だけが必要な人もいる。また、基礎ができていれば、自分で勉強できるのではないだろうか。（小論文のみの受験も増えている。） ウ：全員が外国に進出するとは限らないし、簡単な基礎ができていれば、生活に支障はない。基礎ができていれば、自分で学べる。 エ：英語に苦手意識をもつ人は学びたくないだろうし、就職を選んで受験しない人もいるから。 オ：中学の３年間で基礎はやっているので、全くできないという人が、できるはずがない。 ア：基礎はできていても、なかなかつかうことは難しい。 中学校で、英語教育の方法を改善して、基礎は、そこで身につけるべきである。
証拠（資料・実態・意見） ○実際に和泉高校では、選択制になっている。 ○高校でならっている英語を実際に使うことは少ない。		

〔資料４〕

ディベート記録表

記録者（H．R女）

〔論題〕（外国語教育は選択制にすべきである）

〔肯定側〕H班	
肯定側立論（選択制にすべきである）	
立論根拠	①現実では英語能力は必要としない。
	②能力を伸ばせるようにする。
	③英語を話せるようになる。
	④学習意欲を持っているものを選択できるようにする。
	⑤
	⑥

〔否定側〕M班	
否定側立論（選択制にすべきでない）	
立論根拠	①勉強がかたよる。不つりあいになる。
	②必修にすべき教科である。
	③何につけても必要な教科。
	④
	⑤
	⑥

事項記号　Q―質問　A―応答　主―主張　反―反論

順	事項	発言の主旨	論争	順	事項	発言の主旨
①	Q	強制しているのに成果が上がっているのか。		①	Q	選択制じゃ勉強がかたよらないか。
②	Q	英語を嫌いになることはないか。		②	主	英語を学んでもむだじゃない。
③	Q	英語だけじゃなくて他の教科も選択して勉強できるのではないか。		③	主	迷いやすい高校時代に決めてしまうと後悔すると思う。
④	A	強制された英語は好きになれないから時間のむだだ。		④	Q	高校のときから人生を決めてもいいのですか。
⑤	A	大学に行くのが第一の目的だから選択にしてしたい科目をとっていった方がいい。		⑤	A	英語をとらなかったら、忘れる。高校で取ると慣れるから少しは上がっている。
⑥	反	国際関係に英語を話すのは必要だけど、話せなかったらだめ→話すこと中心に授業。		⑥	A	全教科選択にすると好きなものばかりとって、必要な知識がつかなくなる。
⑦	主	英語を使わなくてもいい仕事があるからそういう夢を実現するためには英語はいらない。		⑦	主	これからの時代は国際色が強くなり、どんな職についても英語が必要だ。
⑧	反	強制すると嫌になるのでは、嫌いなのに強制するとむだ、国際社会とは関係ない。		⑧	反	将来国際的になろうとしたら大学、高校で英語を勉強するということは中学でもちゃんとした授業をうけないとだめ→決めてしまっている。
⑨	反	中学校で一般知識はついていると思うのですが。		⑨	反	その夢がだめになったらどうするのか。
⑩	主	英語を選択して会話とかの能力を身につけるべきではないか。		⑩	反	英語をみんな習ってて、英語がいる仕事をめざしてだめになったとき何もできない。

（注　川本信幹・藤森裕治氏編『教室ディベートハンドブック』〈月刊国語教育〉一九九三年五月別冊　東京法令出版刊〉参照）

結論	今現在の授業は訳しているだけで会話の勉強になっていない。会話ができる方が国際社会に役に立つと思う。中途半ぱな能力をつけてもむだ、そのためにも強制じゃなく選択にして、本当に英語を好きな人が会話できて社会に役立つようにしていくべきだ。

結論	英語だけ集中して勉強すると、嫌いな人は英語をとらないから、中学レベルで終わり、国際的な社会についていけない。広範囲でとるべきだ。英語をとるとらないではだいぶ違うから、迷ってしまうってだめだ。義務教育の英語ではこれからの英語が必要な社会についていけないと思う。通用しない。

〔判定〕（M）班の勝ち
〔コメント〕
書いていくのがすごくしんどかった。
どちらもけっこう言いあえてたと思う。

〔資料５〕

ディベート判定表

２年（　）組（　）番　氏名（Y・Y女）

論題（外国語教育は選択制にすべきである）
肯定側（原）班　否定側（松井）班

	評価の基準	肯定側	否定側
立論	①発言は、筋道が通っていたか。	3	2
	②論拠は適切であったか。	2	2
質応	③質問は、筋道が通った、鋭いものであったか。	3	2
	④応答は、質問に対し的確であったか。	1	3
論戦	⑤主張は、筋道が通った、鋭いものであったか。	2	2
	⑥活発に論戦ができていたか。	2	2
結論	⑦論争が生かされていたか。	2	2
	⑧主張は、筋道が通っていたか。	3	2
全体	⑨説得力はあったか。	2	2
	⑩声は明瞭で、よく届いていたか。	2	2
討論	⑪誠実な態度で、取り組めていたか。	3	3
	⑫班員はよく協力していたか。	3	3
点数合計（①～⑫の点数を合計する）		28	27

〔コメント〕
自分が肯定側の意見なので、評価を下すのが難しかった。両側とも班員全員が協力していて好感がもてた。

評価　とてもよい—３点・よい—２点・あらためるべき—１点

五　音声表現力の評価問題

(一) 宮沢賢治「永訣の朝」——朗読の評価問題——

評価問題1　宮沢賢治「永訣の朝」（第一学習社『国語二　現代文・表現編』からの出題）

〈けふのうちに
とほくへいつてしまふわたくしのいもうとよ
みぞれがふつておもてはへんにあかるいのだ
①（あめゆじゆとてちてけんじや）
うすあかくいつそう陰惨な雲から
みぞれはびちよびちよふつてくる
（あめゆじゆとてちてけんじや）
青い蓴菜のもやうのついた
これらふたつのかけた陶椀に
おまへがたべるあめゆきをとらうとして
わたくしはまがつたてつぽうだまのやうに
このくらいみぞれのなかに飛びだした
②（あめゆじゆとてちてけんじや）
蒼鉛いろの暗い雲から
みぞれはびちよびちよ沈んでくる
ああとし子
死ぬといふいまごろになつて
わたくしをいつしやうあかるくするために
こんなさつぱりした雪のひとわんを
おまへはわたくしにたのんだのだ
③ありがたうわたくしのけなげないもうとよ
わたくしもまつすぐにすすんでいくから〉
（あめゆじゆとてちてけんじや）
はげしいはげしい熱やあへぎのあひだから

おまえはわたくしにたのんだのだ
　銀河や太陽　気圏などとよばれたせかいの
そらからおちた雪のさいごのひとわんを……
……ふたきれのみかげせきざいに
みぞれはさびしくたまつてゐる
わたくしはそのうへにあぶなくたち
雪と水とのまつしろな二相系をたもち
すきとほるつめたい雫にみちた
このつややかな松のえだから
わたくしの④やさしいいもうとの
さいごのたべものをもらつていかう
わたしたちがいつしよにそだつてきたあひだ
みなれたちやわんのこの藍のもやうにも
もうけふおまへはわかれてしまふ
　（⑤Ora Orade Shitori egumo）
ほんたうにけふおまへはわかれてしまふ
あああのとざされた病室の
くらいびやうぶやかやのなかに
やさしくあをじろく燃えてゐる
わたくしの⑥けなげないもうとよ
この雪はどこをえらばうにも
あんまりどこもまつしろなのだ
あんなおそろしいみだれたそらから
このうつくしい雪がきたのだ
　　（うまれでくるたて
　　　こんどはこたにわりやのごとばかりで
　　　くるしまなあよにうまれてくる）
《おまえがたべるこのふたわんのゆきに
わたくしはいまこころからいのる
どうかこれが兜卒の天の食に変つて
やがてはおまへとみんなとに
聖い資糧をもたらすことを
わたくしのすべてのさいはひをかけてねがふ》

問一　〈　〉部の朗読について、次の(1)・(2)の問いに答えなさい。
(1)　最も大きく転調すべき箇所を一か所挙げるとすれば、どこを挙げるか。転調するすぐ前の五字を抜き出しなさい。

(2) そこを挙げた理由を答えなさい。

問二 傍線部①②の朗読について、(1)・(2)のどちらかを選び、その理由を述べなさい。

(1) ①②とも同じ朗読の仕方をする。

(2) ①と②は違った朗読の仕方をする。

問三 傍線部③について、

(1) 「ありがたう」は、どういうことに対して述べられたことばか。

(2) 「まっすぐにすすんでいく」とは、どのような生き方をすることを意味するか。

問四 傍線部④・⑥は、具体的には「いもうと」のどのようなところをいったものか。

問五 傍線部⑤がローマ字書きになっているのは、なぜだと考えられるか。

問六 「いもうと」の死に臨んだ「わたくし」は、最後に《 》部に表された心境に至っている。「わたくし」のここに至る内面の変化を、「わたくし」の日記として、「わたくし」になったつもりで表現しなさい。

1 指導の概要―「私の心ひかれる詩の紹介」

(1) 指導のねらい

ア 朗読の基本的技能を理解させ、朗読することによって詩を理解、鑑賞させる。

イ 多くの詩の朗読に触れ、多様なものの見方、感じ方、考え方に気づかせる。

ウ 詩を味わうことで、語・語彙を増やし、言語感覚を鋭くする。

エ 朗読を通して詩に親しみ、関心を持たせる。

オ　詩や他の文学作品を朗読しようとする態度を育てる。

カ　学習目標・学習計画の明確化、個別学習（詩の選択、資料作り、朗読）、相互評価、学習の記録（冊子）作成により、主体的・積極的に学習させる。

(2)　指導の展開

①　導入

ア　生徒数名に、親しんできた詩、詩人について発表させる。授業者の親しんできた詩や詩人についても、朗読を交えて紹介する。

イ　a詩への親しみ、b心に残っている詩と詩人、c好きな（読んでみたい）詩の内容、d詩を朗読した経験の有無、という四点について簡潔に書かせる。［詩の学習に対する診断的評価］

ウ　詩の単元「私の心ひかれる詩」の学習計画の概要説明。a学習目標、b学習内容の説明。［学習目標・学習方法の明確化］

エ　宮沢賢治「永訣の朝」の二者による朗読（長岡輝子朗読・川久保潔朗読）を聞かせ、a「永訣の朝」の感想、bどちらかの朗読を選び、その特徴や良さをメモさせ、提出させる。［「永訣の朝」の読みに対する診断的評価］

②　展開

（生徒の感想を要点ごとに分類し、詩の構造―動揺する心・依頼の意味の発見・妹の死を認識・祈り―に従って、構造的に並べ、それぞれに、生徒の氏名を付した一覧表を配布。）

ア　生徒と授業者が繰り返し朗読する。

イ　朗読の実際と表現意図とを、感想要点を利用しながら検討し、理解を深める。

ウ　指名朗読させながら、プロミネンス・転調・間・イントネーション・リズムについて、指導する。

エ　二名の朗読によってまとめとする。
オ　「永訣の朝」の感想を書く。［評価］

③　発展（帯単元）
ア　授業の最初に、一時間二名が、心ひかれた詩を朗読。授業者による評価、助言。
イ　朗読する生徒は、a詩の本文、b詩人略歴、c内容紹介（感想）、d「光ることば―すぐれた表現」、e朗読の表現意図を発表資料にまとめ、印刷配布。［評価］
ウ　聞き手の生徒は、二名のうちどちらかに対し、評価カードに記入し朗読者に提出。［相互評価］
エ　朗読後、聞き手の生徒の評価カードを読み、反省カードに記入し、授業者に提出。［自己評価］

④　まとめ
ア　「『私の心ひかれる詩』の学習を終えて」という題で感想を書かせる。
イ　作成、配布された資料をすべて学習の記録として冊子にする。［評価］
エ　アンケート（詩への親しみの変化・生徒の朗読で心に残った詩・この学習で学んだこと）を採る。［評価］

2　評価の意図・観点

問一　転調の決定は、文意・文脈、場面・状況の理解に拠ることから、文意・文脈、場面・状況の理解（想像）を評価する問題といえる。
問二　生徒個々が、朗読の仕方（ねらい）を、場面・状況の理解から判断し、決定する問題。理解力、思考力の評価が目的。授業で扱ってはいるが、学習による知識を問うのではなく、生徒個々の理解力と思考力を問う意味で、「新学力観」に立つものである。

問三では、朗読に必要な、文脈理解を評価。これに関関連した事項を、授業で扱っており、学習効果を測る問題でもある。

問四は、授業で学習。登場人物像を理解（想像）する力の評価。

問五は、表現形態への着目から意味内容を考え、理解する力を評価する問題。

問六は、朗読によって感得した「わたくし」の心情を、「わたくし」の立場に立って、『わたくし』の日記」として表現する問題。「新学力観」に基づき、理解力、想像力、創造的表現力を評価する問題である。

3　評価例と評価の手引き

問一　(1)（例）飛びだした　(2)（例）前半は妹の死に面し、動揺しながらも、妹の頼みに「あめゆき」を取ろうと、外に飛び出す場面であり、後半は、妹の頼みの意味を理解し、妹への感謝とともに、まっすぐに生きることを決意するという場面であるから。（場面と「わたくし」の心境に変化が見られる点を押えていること。）
問二　(1)—（例）①②ともに「わたくし」のこころに響く妹のことばであるから。（①は妹の実際のことば、②は心によみがえる妹のことばであるが、②は①の妹のことばが、そのままよみがえると考えられるから。）
(2)—（例）①は妹の実際のことばで、②は「わたくし」の心にひびく妹のことばで、違いがあるから。
（理由付がしっかりしていれば、(1)・(2)どちらを選んでも良い。）
問三　(1)、①妹の依頼が「わたくし」を「いつしやうあかるくする」ためのものであった点、②依頼の内容が清らかな「あめゆき」であった点。（妹の依頼と、その内容の清らかさにの二点が必要。）
(2)、人々の幸せのために生涯をかけて尽くす生き方。
問四　（例）熱にあえぎ、死に望みながら、「わたくし」に救いを与えたところ、人々のために苦しみ、尽くすことを願っているところ。
問五　妹が自らの死を受け入れたことばを、「わたくし」が衝撃を持って受け止めたことを表したものと考えられる。（衝撃とその内容をどうとらえるかという点から評価）
問六　解答省略（「わたくし」の心境の変化―妹の死に望み悲しみ動揺→妹のことばによる救い→避けられぬ妹の死の認識→祈りと決意、「日記」という形式、想像力豊かな表現という点から評価。）

4　実施上の配慮事項

ペーパーテストによる評価は、朗読の授業によって育成される能力の一部―理解力の評価であり、音声表現力に関しては、基本的知識と表現意図・方法を評価するに過ぎない。この点を認識し、評価は、朗読そのものの評価を含め、指導過程の幾つかの段階で行い、総合的になされねばならない。授業のどの段階で評価するかということについては、「1指導の概要」（傍線部）に掲げた。

(二)　「木曽の最期」（『平家物語』）――群読の評価問題――

評価問題2　「木曽の最期」（『平家物語』）（『国語一』第一学習社より出題）

Ｉ〈今井四郎ただ一騎、五十騎ばかりが中へ駆け入り、鐙ふんばり立ち上がり、大音声あげて名のりけるは、日ごろは音にも聞きつらん、今は目にも見たまへ、木曽殿の御乳母子、今井四郎兼平、生年三十三にまかりなる、さる者ありとは、鎌倉殿までも知ろしめされたるらんぞ、兼平打つて、見参に入れよ、とて、射残したる八筋の矢を、差しつめ引きつめ、さんざんに射る。＊死生は知らず、やにはに敵八騎射落とす。その後、打ち物抜いて、あれに馳せ合い、これに馳せ合い、切つて回るに、面を合はする者ぞなき。分捕りあまたしたりけり。ただ、射取れや、とて、中に取りこめ、雨の降るやうに射たれども、鎧よければ裏かかず、あき間を射ねば手も負はず。〉

Ⅱ《①木曽殿はただ一騎、粟津の松原へ駆けたまふが、正月二十一日、入相ばかりのことなるに、薄氷は張つたりけり、深田ありとも知らずして、馬をざつと打ち入れたれば、馬の頭も見えざりけり。あふれどもあふれども、打てども打てども働かず。②今井がゆくへのおぼつかなさに、振り仰ぎたまへる内甲を、三浦の石田次郎為久おつかかつて、よつ引いてひやふつと射る。痛手なれば、真向を馬の頭に当ててうつぶしたまへるところに、石田が郎等二人落ち合うて、つひに木曽殿の首を取つてんげり。》太刀の先に貫き、高くさし上げ、大音声をあげて、「＊この日ごろ日本国に聞こえさせたまひつる木曽殿をば、三浦の石田次郎為久が討ち奉つたるぞや。」と名のりければ、今井四郎いくさしけるが、これを聞き、「③今は誰をかばはんとてか、いくさをもすべき。これを見たまへ、東国の殿ばら。日本一の剛の者の自害する手本。」とて、太刀の先を口に含み、馬より逆さまに飛び落ち、貫かつてぞ失せにける。さてこそ粟津のいくさはなかりけれ。

問1　文章Ⅰの〈　〉部分について、次の(1)・(2)の問いに答えなさい。

(1)　全ての会話部分を、抜き出しなさい。ただし、二十字以上の会話は、最初と最後の五字を〜でつないで抜き出しなさい。

(2)　対句の部分をすべて抜き出しなさい。

問二　群読において、文章Ⅰの〈　〉部と文章Ⅱの《　》とで転調を行うとすれば、それぞれをどう読むか。

問三　傍線部①について、木曽義仲が「粟津の松原」へ駆けるのは、何のためか。
問四　傍線部②からうかがえる木曽義仲の人物像を簡潔にまとめなさい。
問五　傍線部③を参考にして、これまで今井がどのような思いで戦って来たかまとめなさい。
問六　「木曽義仲の最期」の全体を踏まえて、ア「木曽義仲への手紙」、イ「今井四郎兼平への手紙」のどちらかを選んで書きなさい。

1　指導の概要

『平家物語』――「人は運命をどう生きるか」

(1)　指導のねらい

ア、群読の基本的技能を理解させ、『平家物語』を群読できるようにする。
イ、群読をとおして『平家物語』を読み味わい、運命を生きる人物の考え方・生き方を考えさせる。
ウ、群読をとおして、『平家物語』の文体の特徴に関する理解を深める。
エ、学習目標・学習計画の明確化、学習テーマの設定、グループ学習、相互評価、形成的評価、学習の記録（冊子）作成によって主体的・積極的に学習させる。

(2)　指導の展開

①　導入

ア、『平家物語』と登場人物について知っていることをメモさせ、発表させる。授業者が補足し、登場人物の生き方に関心を持たせる。メモは提出させる。［診断的評価］
イ、『平家物語』の学習計画・学習目標を説明。「人は運命をどう生きるか」をテーマに、基本学習・発展学習を行う。

②　基本学習（「木曽義仲の最期」）

ア、源平合戦地図に基づき『平家物語』の展開の概略を説明。

イ、三場面分け、場面ごとに学習を進める。

◇第一場面の授業展開―群読の基礎学習

a音読を繰り返し、場面を想像させる。b意味を取りにくい箇所の説明。c授業者の用意した群読プラン（木曽左馬頭〜主従五騎になりにけり。）の提示、説明。d読み分かちの方法（場面・段落、登場人物・主語の変化、語り手の視点の変化、語りの対象の変化、会話、表現技巧―対句、強調、漸増的強調表現による読み分け）説明。eプランに従って、グループ別に群読練習。f群読発表（一〜四グループ）。声の大きさ、発声、プロミネンス・転調・間・イントネーション・リズムについて、指導。

◇第二場面の授業展開―群読の応用学習

a音読を繰り返し、場面を想像。b意味を取りにくい箇所の説明。c群読プランの作成。d練習。e木曽義仲と今井四郎の心情、考え方についてまとめる。f発表（五〜八グループ）。g聞き手の生徒に、分かち方、声の大きさ、発声、読み方などに関し、気づき・感想を求める。［形成的評価］

◇第三場面の授業展開―朗読を中心に

a音読を繰り返し、場面を想像する。b意味を取りにくい箇所の説明。c朗読プランの作成。d朗読練習。e発表（三、四人）。f朗読について指導。［形成的評価］

ウ、まとめ

感想文を書かせる。

③　発展学習

ア、グループで、維盛（「維盛都落」）・薩摩守忠度（「忠度都落」）・新中納言知盛（「知章最期」）・能登守教経（「能登殿最期」）を学習させ、その成果を発表資料にまとめ発表させるとともに、群読を行わせる。聞き手の生徒は、発表・群読について、評価カードに基づき評価する。発表したグループは、反省カードを提出。［自己評価・相互評価］

④　まとめ

ア、「人は運命をどう生きるか――○○の場合」という題で、感想を書く。［評価］

イ、配布した資料、発表資料、感想、自己評価カードなどを綴じ、学習の記録として冊子にする。［評価］

2　評価の意図・観点

問一　会話、対句の指摘は、群読のための読み分かちの基本である。読み分かちの基礎能力を評価する問題。

問二　転調に関する問題。それぞれの判断には、文意・文脈の理解が必須。文意・文脈の理解力と読みを決定する思考力と判断力を評価する問題であり、新学力観に立つものといえる。

問三　文意・文脈の理解力を評価する問題。

問四・五は、登場人物の心情や人物像を表現に即して理解（想像）する力を評価するための問題である。

問六、群読によって感じ考えた、木曽義仲、今井四郎兼平への思いを、それぞれへの手紙として表現。理解力、思考力、表現力を評価する「新学力観」に立つ問題。

3　評価例と評価の手引き

問一　(1)　日ごろは音～参にいれよ。射とれや　(2)　省略。
問二　文章Ⅰの〈　〉は、今井四郎兼平が華々しく奮戦する場面である。読み手の参加数を多くし、間を短く、速いテンポで、力強く、勇壮に読む。
文章Ⅱの《　》は、読み手の数を少なくし、間をやや長く、少し遅目のテンポで、張りのある声で、張り詰めた雰囲気のもとに読む。
問三　武将としての名誉ある生き方を貫き自害するため。
問四　[a]深田に馬の足を取られ窮しながらも、乳母子の兼平の身を案じる義仲は、兼平と[b]人間的な絆によって結ばれた、[c]深い情に満ちた人間として描かれている。（aから、b・cを導き出している点を評価する。）
問五　義仲に武将として立派な最期を遂げてもらいたく、そのためには我が身はどうなってもよいという思い。
問六　解答例省略。（ア「木曽義仲への手紙」—勇猛さ、巴・兼平への人間的な情、兼平との深い絆、痛ましい死、武将としての生き方等のいくつかを取り上げ、手紙の形式を取り、表現としてまとまりを持っていることを評価。
イ「今井四郎兼平への手紙」—義仲との絆、義仲への労り、献身的な愛、自己犠牲、武人としての生き方等のいくつかを取り上げ、手紙としてまとめていることを評価する。）

4　実施上の配慮事項

朗読の場合と同様である。評価は、群読そのものの評価を含め、「1指導の概要」（傍線部）に掲げた指導過程の幾つかの段階で行い、総合的になされねばならない。

六　音声表現力育成の構想

はじめに――国語科授業活性化と音声表現力――

授業において、音声表現は、指導者の側からいえば、発問・指示・説明・助言等の各場面で用いられる。学習者の側からいえば、応答・質疑・発表・討議・司会の各場面で用いられている。それは、授業成立の基盤的役割を果たすものといってよい。音声表現力の高低は、授業の質を左右する。国語科授業の活性化も、音声表現力の育成なしには考えることができない。さらに、音声表現力は、例を挙げるまでもなく、生きるための根本的な力の一つとしてもとらえられる。音声表現力の育成は、国語科授業活性化の課題にとどまらず、その目指すべき、ことばを通して豊かに生きる人間育成のための大きな課題ともいえる。ここでは、授業実践に基づいて、音声表現力育成の構想について考えてみたい。

㈠　音声表現力の構造

音声表現力の育成を構想する前に、音声表現力の構造をとらえたい。構造をとらえることが音声表現力育成の基盤ともなる。

音声表現力の構造については、次のように考えたい。(1)

①音声表現希求力―音声表現の機能を認識し、音声表現を求め、高めようとする力。

②問題・主題発見力—疑問を感じ、問題をつかむ力、音声表現を想定した上で、主題・要旨を明確にする力。
③素材選定力—音声表現を想定した上で、素材（材料・資料）の価値を見抜き、素材を利用する力。
④表現構成力—音声表現を想定した上で、素材を並べ、要点を明確にし、筋道立て、整理して表現する力。
⑤処理・活用力—場を考え、目的や相手に応じ適切な語を選び、音声に注意しながら音声表現する力。応答・質疑・発表・討議・司会の各能力（狭義）を含む。
⑥評価力—音声表現が適切になされているか評価し、改善する力。

この内、②③④⑤が音声表現力の中心的な能力であり、中でも⑤は、その中核的能力であると言えよう。①は、他の諸能力を支えつつ、諸能力の高まりにともなって確かなものとなっていく。⑥は、音声表現を終えた後に働かせるのみでなく、②③④⑤の活用にともなって働かせるべきものであり、メタ認知的能力とも言える。

(二)　音声表現力を育成する授業の試み

音声表現力を育成する授業の試みとして、①音声表現希求力を育成する授業、②音声表現力を育成する授業、③音声表現力を生かす授業を、次に紹介する。

1　音声表現希求力を育成する授業——「赤い繭」（安部公房）

音声表現希求力は、音声表現を支えるものとして重要である。ここでは、その育成の実際を、次の授業実践に探ってみたい。

一九九七年六月、三年生三クラスを対象として計三時間で、教材「赤い繭」を用いて「全員発言の授業」[2]を行った。「全員発言の授業」の意義は、浮橋康彦氏によれば、次の点に認められる。

①授業の「読み」の過程において、一人ひとりの学習者を生かす場が創られている。
②「要点」グループごとの、感想文に基づいた発言なので、安心感を持って発言できる。
③授業は、生徒の発言によって「読み」が深められるように、組み立てられており、学習参加の意識・意欲を引き出すことができる。
④全員の発言を聞くことによって、生徒は、他者のさまざまな角度からの「読み」に触れるとともに、ものの見方考え方を広めることができる。
⑤話すこと、聞くことの基本的な訓練となる。

一時間目は、一読した後に生徒に初発の感想を書かせた。感想は、要点ごとに分類し、次のような一覧表を作成し、全員に配布した。

私たちの考えた寓意一覧　　三年三組（　）番　氏名（　　）

Ⅰ　最初の感想	生徒名	気付き
1　「おれ」という存在の意味を考えて読んだ方がいいのかなと思った。	N・H	
2　内容が分かりにくい。主人公が人間かどうか迷った。不思議な話。	M・S	
3　体がななめになり、「地軸がゆがんだ」という表現がおもしろく、少し異様な感じ。	O・Y	
4　単純なようで奥が深そうな話。	M・A	
5　不思議な感じで。後半は場面を想像できなかった。	F・M	
6　全体的に空虚なあきらめたような物哀しい感じがした。	A・M	
7　「彼」は誰を指しているのかわからなくて気になる。	K・N	

8	抽象的でよくわからない。	T・T	
9	変わった話でたとえが多い様に思った。	T・K	
10	おもしろくて不思議な表現が目を引いた。	S・E	
11	作者はあぶない人。私が考えもしないことを考えている。おれと彼がわからない存在。	U・T	
Ⅱ	「おれ」		
12	おれの頭の中では昔のことと現代のことが入り交じっている。	F・K	
13	「おれ」は不思議というかおもしろい人。少しさびしそうな感じもする。	K・A	
14	自分勝手に考える人。少し世間とはずれた人の心。	S・H	
15	おれには生きて行く術が与えられていない。生きようとしても現状にたちうちできない。	K・Y	
16	おれ↓自分自身を失っている。	N・R	
Ⅲ	家・道		
17	家↑心の逃げ場。	(S・H)	
18	家という夢を探して、道という長い人生を歩き続ける。	W・T	
19	帰る人があって初めて家と呼ばれる。	H・M	
20	家↓必要なもの、目標。	N・M	
21	道は人と人をつなぐもの。	(N・R)	
Ⅳ	女・彼		
22	狡猾な人	(W・T)	
23	女↓自分のことを理解してくれない人。	(N・R)	
24	女↑普通の人。	(S・H)	
25	世間の不条理・不自由さ。	(Z・K)	
Ⅴ	繭		

26	繭…自分が閉じこもっている殻。	
27	帰りたくて求めていた家になり、帰る自分はいなくなる。皮肉（風刺）を込めている。	U・K
Ⅵ	玩具箱	
28	玩具箱は心のない人間の集まり	K・S
29	玩具箱に入れられ、誰かのものになる。	（K・S）
Ⅶ	全体の寓意	
30	戦時中の状況と現代の状況とを比べている。（出口・植田）	N・N
31	おれという日本が独立国という家をさがして女の家という植民地を取ろうとするが、敗北して繭となり、彼というアメリカに拾われ、植民地が集まる玩具箱に入れられた。	N・H
32	だめな人間はどうあがいてもだめである。	K・M
33	自分をしっかり持っていると、新しい道がある。	S・E
34	人間は自分を投げ出してしまうと、何の意味も無い存在になる。	Y・M
35	安住の地は人に頼っても叶わず、結局は自らに内在する。	K・M
36	人間は、他人を拒む殻を持つ。都合が悪くなると自分のことしか考えない。	S・M
37	他人だからと言って優しさや思いやりのない人間を批判。	（K・S）
38	家を探して、繭になり自分がいなくなる。彼に拾われ玩具箱に移される。空しさを表現。	U・S
39	人は家がないと、さまよえる動物で、孤独。家があっても人と関わらず、孤独。	H・H
40	人間は孤独で、さまよえる動物。強がっても他人との接触は避けられず、抑圧感が生じ自分の殻に閉じこもる。	T・Y
41	居場所もなく社会にいる人を表現することで、疎外された状態と、殻にこもる人々を批判	（A・M）
42	形があっても本質がなければ何の意味もない。人間は常に何かを求め変化していくもの。	K・A
43	人間は自分から変化しようとしないと、固定したものになり、人間らしくなくなる。	T・M

44　「おれ」は、孤独・孤立などを意味し、「おれ」を取り巻く状況（家がないこと・女・こん棒を持った彼など）は、孤独な者・孤立した者に対する世間の不条理・不自然さを表している。繭になることは世間にあわせて変化することであり、受け入れられる（ポケットに入れられる）が、自分の本質を失う（帰る「おれ」がいなくなる）こと。	Z・K	
私のとらえた寓意		

（注　感想要旨に付した番号は発言順を、傍線付きの姓は、女子生徒を表す。（　）付きは複数回登場。下段は気づきをメモする蘭）

この一覧表は、感想の要旨に基づき、できるだけ教材本文の構造と関連させ、感想を順番に発表させることによって、次第に読みが深まるように配慮して作成しようとした。大きな構成では、Ⅰでは、興味・関心を喚起するとともに、疑問を出させ、発言に関連させつつ「おれ」や「彼」等の登場人物、「おれ」の求める「家」、「おれ」が変化した「繭」、「おれ」の歩き続ける「道」などの意味を明らかにすることで内容理解が深められるよう、読みの方向付けに配慮した。Ⅱ～Ⅵは、それぞれに込められた意味を明らかにしようとした。その上でⅦは、全体の寓意をとらえさせようとしたものである。例えば、Ⅶでは、①30、31が戦時中の状況や国際間の状勢を読み取ろうとするのに対し、②32～37は、それぞれに対立点を抱えながらも、人間の内面の問題を読み取ろうとしている。③38～41は、人間の内面を状況との関係も考えつつ、疎外状況を見出している。④42～44は、人間の実存の問題を読み取ろうとする。①→④は、対立し、絡み合いつつ、新しい読みを広げ深める方向に機能するものとなっている。生徒は、一覧表に基づき、教材の表現や文脈と絡めつつ発言し、読みを深めていく。

生徒の読みが、感想に基づいた一人ひとりの多様な発言の総体（授業の実際では、指導者によって組織化されている）によって深められたと実感するとき、音声表現を価値あるもの、実効あるものとして求める態度、すなわち、「音声表現希求力」は、おのずと形成されると考える。

「全員発言の授業」は、浮橋康彦氏によるその意義の「⑤」に、「話すこと、聞くことの基本的な訓練となる。」とある。「全員発言の授業」は、その他の音声表現力の全体に培う学習指導の一つである。しかし、ここでは、音声表現力を育成する上で取り分け重要と考えられる「音声表現希求力」の育成に絞って言及した。

音声表現力を高めるためには、このような、「音声表現希求力」に培う授業の工夫をさまざまな場で試みることが必要であろう。

2　音声表現力を育てる授業――「三分間スピーチ」の授業

（1）「三分間スピーチ」の授業概要と音声表現力

一九八九年度二学期から三学期にかけて、一年生四クラス（各四八名）を対象に三分間スピーチの授業を行った。[3] 授業は、冒頭の一〇分―一五分を使って毎時間行った。授業の概要を、授業をとおして育てることができると想定した音声表現力とともに、次に掲げた。

授業の概要

展開	学習活動	想定した音声表現力
導入	①スピーチ用原稿の作成（夏休みの作文課題） ア、主題を一文で書く。 イ、レイアウトを行う。 ウ、下書き。 ②スピーチの実例から学ぶ ア、「外国人による日本語弁論大会」（ＮＨＫ）から学ぼう。 イ、三分間スピーチ例。	問題・主題発見力 表現構成力 素材選定力 （記述力） 評価力 音声表現希求力
展開	③スピーチに至る手順 ア、原稿（一〇〇〇字―一二〇〇字）提出。 イ、原稿返却後友人二名による評価。 ウ、友人の評価を基に書き改める。 エ、添削指導を受ける。 オ、原稿を基に「スピーチ用メモ」を作る。 ④スピーチ 「スピーチ用メモ」をもとにスピーチを行う（一時間二名） ⑤スピーチ後 ア、聞き手は、話し手二名の内の一人に、「評価カード」に記入して提出。 イ、話し手は、「スピーチ反省カード」の「1、スピーチ評価カードの整理」と「2、自分の感想と反省」とを記入して、作文レイアウト用紙、原稿、作文評価表、スピーチ用メモとともに、まとめて提出。	評価力 表現構成力 素材選定力 処理・活用力 評価力 評価力

終結	⑥「スピーチを終えて」（アンケート）の提出。	評価力（音声表現希求力）

三分間スピーチの原稿例を一例、次に掲げる。原稿例によって、スピーチの内容が理解できる。スピーチの実際は、これをもとに「スピーチ用メモ」を作り、それに基づいて行った。

（2）「三分間スピーチ」例

障害を持つ人々　　K・T女

現在の社会には、多くの社会問題があります。部落問題や女性問題、就職問題などがそれです。その中で、私は以前に障害者問題について、深く考える機会を持つことができました。

（もう去年のこととなりましたが、―削除）〈それは去年の〉5月にこの和泉高校に牧口さんが来て、いろいろ話してくれ（ました―削除）た時です。〈みなさんは〉どんな話があったか覚えていますか。〈その中のひとつに〉「エスカレーター」の話がありました。私は今までエスカレータ《ママ》は楽でいい、としか思っていませんでした。でも障害者とよばれる人にとっては何の役にもたたないものだということを知り、とてもショックでした。また、「口で歩く人」の話には驚きました。ベッド型の車いすの人が、見ず知らずの人に話しかけるということは、とても勇気がいることだと思います。そのうえ人を信じてこそできる行動だと思います。「人の力をかりたら何でもできる」という牧口さんの言葉が、印象に残っています。これは、その通りだと思います。しかし、障害者の人たちが力をかりるために他人に話しかけるということは（本当にその人を信頼しなければならないし、ともて勇気がいることです。―削除）〈なかなかできないと思いますが、〉いつか、こういうことが、あたりまえにできるようになればいいなと思いました。他にも〈「手話でなく顔で話す人」の話など〉いろいろ話してくれました。私にとってとても勉強になり、障害者の人たちが一生懸命だということがわかりました。

（その後、テレビで難聴者のことを見ました。—削除）〈テレビでも難聴者について考える機会がありました。〉難聴者の人たちを見ただけでは、耳の障害があるとは気づきません。その分、社会生活していく上で他の障害者にくらべると、たいへん苦労が多いそうです。しかし、難聴者の人たちは、他人に自分たちのことをよく知ってもらうために、積極的に運動を起こし、進めていました。

このように障害者の人たちは、障害というハンデを背負いながらも、自分たちがより良い暮らしをできるように努力しているのです。

私は、先ほどから何度か『障害者』という言葉を使っていますが、こんな言葉は必要ないと思います。〈なぜなら〉障害をもたない（健状《ママ》者—消去）人が、障害をもった人を『障害者』と呼ぶこと（で、—消去）〈によって、〉はっきりと（区別してしまっているのではないでしょうか。—削除）〈差別が生じているからです。〉だからといって、『障害者』という言葉をなくしてしまうことは（できません。—削除）〈できないでしょう。〉しかし、〈私たちの努力しだいで〉障害者問題をなくすことはできます。先にも言ったように障害者の人たちは努力しています。しかし、今の社会は、障害をもたない人が中心で、まだまだ協力が少ないと思います。ですから、一人一人がもっと障害者のことを認識し、〈ほんの小さなことからでも〉力になってあげられたらいいなと思います。

（注　（　）は、削除した箇所。〈　〉は、挿入した箇所。）

生徒は、スピーチ用原稿を書き、友人の評価を得て、推敲した。これを基に、スピーチ用メモを作り、三分間スピーチを行った。この過程をとおして、問題・主題発見力、素材選定力、表現構成力、評価力、記述力、処理・活用力などを働かせたものと考える。

（3）「三分間スピーチ」に対する生徒の反応

授業後に、次のようなアンケートを行った。

スピーチを終えて

1、あなたは級友のスピーチを聞いて良かったと思いますか。

ア、良かった　イ、良かったと思わない　ウ、なんともいえない

①アと答えた人はどういう点で良かったと思いますか。

②イと答えた人はどういう点で良かったと思われないのですか。

2、あなたはスピーチをやって良かったと思いますか。

ア、良かった　イ、良かったと思わない　ウ、なんともいえない

①アと答えた人はどういう点で良かったと思いますか。

②イと答えた人はどういう点で良かったと思われないのですか。

3、「三分間スピーチ」の授業についての感想（回答欄省略）

アンケートの結果（有効回答一八六人）は、次の通りである。「1、聞いて良かったか」に関しては、「ア、良かった」が、九三・六％、「ウ、なんともいえない」が、六・四％であった。また、「2、スピーチをして良かったか」に関しては、「ア、良かった」が、六九・〇％、「イ、良かったと思わない」が、六・四％、「ウ、なんともいえない」が、二四・六％であった。

このうち、「1」の問いに「ア、良かった」と答えた生徒の理由を分類すると、次のようになる。

①話し手への理解と共感、人間的ふれあいの実感

・みんなの考えていることがわかった。
・その人の色々な意見や経験したことがわかった。
・級友のことが前よりもよくわかった。　・いつもと違う友達を見ることができた。
・個性が出ていてよかった。　・その人の経験を聞いて親しみがわいた。
②自己の考えの深まり、自己反省
・人の文章を聞いて考えさせられるところがたくさんあり、とても自分にプラスになったところがうれしい。
・自分にとっても参考になると思う。　・考えさせられるところがいっぱいあった。
・自分を改めて省みることができた。
・世の中にはいろんな問題があるということがよくわかった。
②話し方の理解
・自分の言いたいことを自分なりのことばで表現していた。　・上手な人が多かった。
・説得力のある人ない人がわかった。
「2」の問いに「ア、良かった」と答えた生徒の理由を掲げるとつぎのようになる。
①意義深い経験・充実した経験
・いい経験になった。・自分に自信がついた。・自信と満足感が得られた。
・大勢の前でのスピーチの難しさがわかった。・勇気がでるようになった。
②自己表現の喜び
・自分の想いを話せた。・自分の言いたいことがみんなに伝わった。
・不断は話さないような内容もスピーチの場をかりて言えたところが良かった。

・少し自分をアピールできた。自分の漠然とした考えを具体化することではっきりと形づけられた。

③理解される喜び

・みんなが自分の話をちゃんと聞いてくれたこと。

・自分の考えていることを他にたくさん考えている人がいるとわかった。

・アドバイスしてもらえた。クラスの人の感想がもらえたこと。

「2」の問いに「イ、良かったと思わない」と答えた生徒の理由は、次のようであった。

・好きではないから、終わったあとも良かったと思わなかった。

・前の日に緊張して神経をすり減らした。

・自分の思ったことを前を向いてはっきり言えなかったから。

アンケート「1」「2」に「ア」と答えた生徒の理由を見ると、「1」の理由と「2」の理由が相俟って、多くの生徒の「音声表現希求力」を育てていると考えられる。「2」の問に「イ」と答えた生徒については、話すこと、聞くことの学習の意義を実感として持たせる指導、様々な場面で話すことに慣れさせる指導が必要であろう。少数ではあるがこのような生徒への音声表現力に培う細やかな指導も求められる。

この三分間スピーチをとおして、音声表現力を支える構造的な諸能力も育てられたと考えるが、その点については、以下に考察することにする。

(4) 音声表現力を育てる三分間スピーチ—K・T女の例を中心に—

学習指導過程の各段階で、育成すべき表現力を、先に授業の概要をまとめた表の下段に掲げた。学習過程のそれぞれの箇所で、どのように音声表現力の指導を行ったか。音声表現力によってスピーチに取り組んだ生徒の実態はどうであったか。以下、K・T女の例を中心に取り上げて、考察を加えたい。

①問題・主題発見力

「作文課題」の学習プリント中で、問題・主題発見力の育成にかかわる指導は、次のようになされている。

> 1、何について書くか。その内容を選ぶ。
> 「参考資料①」（三分間スピーチ題目例―渡辺注）を参考にしながら、自分が確信をもったこと、強く印象づけられたこと、感動したことなどを内容に選び、何について書くかを決めよう。
> 決まったら、「作文レイアウト用紙」（省略―渡辺注）の「一、主題を一文で書く」の所に最も言いたいことを一文で書いてみよう。
> 「参考資料②」（生徒によるスピーチ用原稿例）の主題を一文で表すと次のようになる。
> 例、四月という春の入学式には日本の文化があるのだから、外国に合わせて九月に入学式を変えるべきではない。

すなわち、ここでは、ア、生徒を、参考資料による具体例を用いつつ、「確信を持ったこと、強く印象づけられたこと、感動したこと」、疑問に思ったことなどを観点とした問題・主題の発見（書く内容の発見）に導き、イ、主題を明確にするための方法として、一文による記述が課されている。例えば、先にスピーチ用原稿例として取り上げたK・T女は、「障害をもつ人々…『障害者』という言葉をなくすことはできないが、『障害者問題』をなくすことはできる。」と、主題を一文で表している。一文であらわすことで、主題を明確に意識することができると考える。しかし、この「ア」、「イ」の指導によって、問題・主題発見力が育成されるかどうかは、なお今後に丁寧に検討されねばならない。音声表現力を高めるためには、この問題・主題発見力の育成は大切である。生徒主体を取り巻く状況をどう対象化し、どう表現に値する価値ある問題・主題を発見させるか。問題・主題発見力育成の具体的な指導法を探究しなければならない。

②表現構成力

「作文課題」の手引きにおいては、「表現構成力」の指導が、次のようになされている。

2、文章のレイアウト（組み立て）

どんなに短い文章でも、レイアウト（組み立て）がしっかりしていないと読んで分かりにくい。書く前に「作文レイアウト用紙」にレイアウトしてみよう。

①基本的には、教科書にあったように「読み手の注意をうながし、興味を呼びさます提示の部分、それを受けて、テーマを浮き彫りにしていく展開の部分、そして、それらのすべてが一点に凝縮する結論の部分」というレイアウト（組み立て）にすると良い。他に、「起・承・転・結」というレイアウトを考えても良い。

手引きでは、ア、レイアウトの必要性、イ、レイアウトの方法の二点から指導がなされている。K・T女、M・Y女は、次のように書き込んだ。

序論…牧口さんの話やテレビで難聴者について見たことで深く考えさせられた。
本論…障害者という言葉はいらない。
結論…障害者の力になってあげられたらいいな。（K・T女）

提示…今や、「男らしさ」「女らしさ」という言葉を使う必要があるだろうか。
展開…「男らしさ」「女らしさ」という言葉の使われ方。

結論…「男らしさ」「女らしさ」という言葉はいらない。(M・Y女)

K・T女の場合、序論が曖昧で、結論も明確ではない。M・Y女の場合、展開部に具体性がほしいところである。生徒は、指示にしたがって「作文レイアウト用紙」に、作文のレイアウトを記すことで、また、友人の作文を構成に注意しながら評価することで、表現構成力を身につけることが期待される。

③評価力

「三分間スピーチ」の授業では、評価力育成の指導が、次のようになされている。

ア・評価力育成1―「外国人による日本語弁論大会」の評価(評価の観点有り)
イ・評価力育成2―スピーチ用作文の評価(評価の観点有り)
ウ・評価力育成3―級友のスピーチの評価(評価の観点有り)
エ・評価力育成4―自分のスピーチについての反省(評価の観点無し)

このうち、「ア・評価力育成1」・「イ・評価力育成4」の実際を、次に掲げる。

a・評価力育成1

「どういう点が良かったのか、内容、声、間の取り方、態度などに触れながら、感想を述べなさい。」という指示に対し、例えば、K・T女は、次のように書いている。

チューリップの歌を使い、私たち日本人の黒人に対する見方を例えているところが、よかったと思う。話の中で会話の部分があると、声や話し方をかえていたので、きいていて分かりやすかった。間の取り方もよかったので、ふっと考えさせられるところもあった。何も考えずにうたっていたチューリップの歌でこんなに考えさせられるとは思わなかったが、とても理解しやすくよかったと思う。（K・T女）

態度に関する評価がないが、指示された評価の観点にしたがって感想がまとめられている。評価の観点としては、他に展開のしかた、スピーチの構成を設けるべきであった。

b・評価力育成4

自己のスピーチの反省が、次のように述べられている。

みんなの前に立つと緊張が増して来て大きな声を出すことができなかった。一番後悔しているのは、もっと顔を挙げて話すことができたのに…ということです。このスピーチの内容は、頭の中で先にできあがったので〝完璧〟とまではいかなくても、結こう覚えていたので、顔を挙げてはなすのは、ぜったいにできるとおもっていたのに、すごく緊張してた《ママ》ので思ったようにいかず残念でした。でもスピーチをやってよかったです。良い経験になりました。本当によかったです。（K・T女）

（前略―渡辺）このスピーチで私は、「伝えたいことをすべて伝えるのではなく、その中でも、出来る限り筋の通るような事柄にする」という事を学んだ。捨てがたい事柄でも、矛盾した内容になるよりは、すっぱり捨ててしまった方が、かえって良い。また、スピーチは、人に聞かせるということが第一なので、話し言葉を工夫するということ、じっさいに、スピーチをして苦いことばかり体験したけど、スピーチをしたことを後悔していない。むしろ後悔しているとすれば、文面を直前まで考えていたことだ。私は、もっと余裕を持って考えたかった。そして、十分にみんなに伝えたかった。（後略―渡辺）（K・K女）

K・T女の場合、大きな声で、顔を上げて話せなかったことを反省している。K・K女の場合、話をできる限り筋の通るような事柄にする」こと、話しことばを工夫することを学んだことが述べられている。「1」で試みた評価の観点、「3」の評価の観点は、あまり生きてはいない。しかし、スピーチの実際を経験するなかで一つ一つ気づいたこと、反省したことが、生きて働く評価力につながっていくものと考える。二人の生徒は、スピーチの経験を前向きにとらえている。このような音声表現希求力につながる姿勢が、音声表現力の全体を高める力となるであろう。

④素材選定力

スピーチ原稿の書き方における、素材選定力に関する指導は、次の通りであった。

②内容に具体性を持たせると、分かりやすくなり、文章が生き生きとしてくる。具体性を持たせるということは、客観的に誰にも分かるように書くということだ。また、自分の考えに反対の考え・意見も紹介しながら自分の意見を主張すると、説得力が増す。

例、「私にとってクラブ活動は、心身を鍛えるものであるとともに、生活を充実させてくれるものである。」という主題で書く場合、予想される反対の考えは、

ア、クラブをやっていると時間に余裕がなくなる

イ、勉強とクラブの両立が難しい

などが考えられる。それらを紹介しながら、私はこう思う、と体験を交えながら書くことによって主張に深まりが出るし、説得力が増す。

文章を生き生きとしたものにし、客観的に誰にでも分かるようにするためにも、また、対立意見を踏まえ自己の

考えを主張するにも、具体例としての素材の力は大きい。素材選定力は、どのような具体例をどのように用いるかということに関連する。

K・T女は、先に掲げたスピーチ原稿によれば、牧口氏と牧口氏による話（障害者にとってのエレベーター、「口で歩く人」、「顔で話す人」の話、および難聴者の話）を素材として、「障害者」はなくならないが、「障害者問題」はなくすことができると書きまとめていた。そこに素材選定力の具体化を見ることができる。

⑤処理・活用力

処理・活用力の実際を、次のM・Y女の反省文からうかがうことができる。

> 私はスピーチをする前の日は、ドキドキして泣き出しそうでしたが、いざみんなの前でスピーチすると、㋐初めは、舌が回らなかったけど、㋑先生の目を見ているとなんとなく落ちついてきて、気持よく、スラスラと出てくるようになり、㋒最後には、〝もう少しやっていたい。〟という気持にもなりました。文章の内容では、簡単にまとめたせいもあって〝よくわかった〟という評価が多かってうれしかったことと、自分でも気に入ってた、〝人を愛し…〟のところを先生にもみんなにもわかってもらえてとてもよかったです。
>
> —また一つステキな想い出がつくれました。—（M・Y女）

生徒の㋐から㋑を経て㋒に至る変化の過程に、実際のスピーチをとおして、㋐の状態を乗り越え、㋑のように、処理・活用力を働かせ、㋒のように自信を持つにいたった様子が窺える。T・Y女は、「何回も練習したはずの最初の一行さえ、忘れかけました。スピーチを始めると、自分の中に、二つの心ができたような感じがしました。口はかってに動いているのですが、頭の中は白紙でどうしていいのかわからないんです。」とスピーチを開始したときの様子を生々しく語り、ついで、「あせってしまう一方で頭の中が混乱して、次の言葉をさがすのに必死でした。

でも私の場合、内容が自分に身近なため内容を忘れても、その場、その場で（練習したことも忘れて）スピーチできた」と何とか自己を取り戻し、スピーチをやり遂げたことを書き記している。スピーチ時に働く、処理・活用力は、このような経験を重ねつつ育成されるものであろう。

⑥音声表現希求力

生徒（K・T女）は、「スピーチを終えて」の中で、「はじめはすごくイヤだったけど、みんなの前で話したという自信と満足感が得られた。」と述べ、次のようにも記している。

みんな最初嫌がっていたけど、ぜったいやってよかったと思う。それに、人のスピーチを聞くときも静かに聞きとることもできたし、本当によいと思う。また他の学年でも「三分間スピーチ」をやってみたらいいと思います。（K・T女）

「スピーチを終えて」の中で、一人の生徒は、

自分の出番が来るまでは、どうにかして逃れようと思っていたけれど、いざ、自分の番になってみると、「どういうふうにして人に自分の思っている事を伝えようかと」だとか、「この部分はもう少し分かりやすくした方がいいんじゃないか」といろんな事に気を使い、すっかりヤルキになっていました。

クラスの皆から感想をもらえてうれしかったし、自分の次の人からのスピーチは、今まで以上に一生懸命聞くようにしていました。（N・T男）

と述べている。ここからは音声表現希求力につながる思いが見出される。先に述べたように、授業後にとったアンケートからも、スピーチを聴くことを良かったとした理由に、ア。話し手への理解と共感、人間的ふれあいの実感、

イ・自己の考えの深まり、自己反省、ウ・話し方の理解が挙げられ、スピーチをやって良かったとした理由に、ア・意義深い経験・イ・充実した経験、自己表現の喜び、ウ・理解される喜びが挙げられていた。このような経験をもたらす音声表現の授業を、工夫をこらして創り出し、積み重ねることによって、音声表現希求力は、生涯にわたる確かな力となっていくにちがいない。それは、また音声表現（力）を高めていく基盤ともなる力である。

3　単元「アメリカ文学を読む」の授業―音声表現力を生かす授業

（1）単元「アメリカ文学を読む」の授業（二年）の概要

授業展開の概要を、導入・展開・発展・結びに整理すると、次のとおりである。(4)

①「導入（夏休み課題）」―推薦した一〇冊のアメリカ関係の本の中から一冊の本を読み感想を書く（個別学習）

②「展開（アメリカ文学を読む）」―アーウィン・ショウ「ドライーロック」を読む（一斉学習　七時間）

③「発展（アメリカ文学を読む）」―「ドライ・ロック」の内容とつながりを持つ五短編文学作品を読み、発表。（班別学習　一二時間）

教材には「乾燥の九月」（フォークナー）、「金曜日の朝」（ラングストン・ヒューズ）、「モニュメント」（アーウィン・ショウ）、「目撃者」（同）、「正義派」（志賀直哉）を用いた。

④「結び」試験に置いて、「アメリカ文学を読んで」という題で感想を述べさせた。

（2）「アメリカ文学を読む」（「発展」学習）の展開と育成すべき音声表現力

「アメリカ文学を読む」の発展学習では、次の学習活動を行うことで、下段の音声表現力を身につけていくものと考えられる。

学習活動	育成すべき主学力
①班別学習の説明、班分け、教材の選択	
②「発表プリント」作成↑「発表の手引き」（省略）を参考 ア、学習課題の作成―班員で疑問点を整理、読み深めに役立つ課題を精選。 イ、作品の構造図の作成―中心人物の行動・言動・心情を分かりやすく図解。 ウ、作品の主題―作品の最も訴えかけているものを文章化する。 エ、参考―作品理解を補い、理解を深めるものを調べまとめる。	問題・主題発見力 素材選定力 表現構成力
③発表（1時間に2班）↑「発表の手引き」を参考 ア、「発表プリント」に基づき発表。 イ、発表は1時間に2班とし、発表時間は、15～20分。 ウ、質疑応答	処理・活用力 評価力
④評価 ア、聞き手は、「評価カード」を2班の内一方に提出。 イ、発表班は、「反省カード」を指導者に提出。	評価力

（3）生徒の学習と育成すべき音声表現力

ここでは、「金曜日の朝」（ラングストン・ヒューズ）の学習を例に取る。[5] 生徒は、どのような学習を展開したのであろうか。生徒は、学習課題を作成し、構造図を描き、主題をまとめた。

六組五班の生徒は、ア・ナンシーリーの人物像、イ・ナンシーの描いた「春の三角形」の絵の意味、ウ・ナンシーの得た賞は誰のためのものか、エ・ナンシーの大好きな誓いの言葉で、心の支えとなった言葉、オ・ナンシーの受賞撤回の理由、カ・ナンシーの心の支えとなったオーシェイ先生の言葉、キ・ナンシーの涙の意味、ということに関して課題を作成した。主題については、ナンシーの受賞による喜び→受賞撤回による絶望→オーシェイ先生の言葉によるナンシーの決意と希望をとらえてまとめた。

課題作成には、問題・主題発見力が必要とされる。構造図には、何を選び、何を骨格として、表現するかが問われる。そこには、当然ながら、問題・主題発見力とともに素材選定力・表現構成力が働くことになる。主題をまとめるには、問題・主題発見力とともに、表現構成力が必要とされる。

発表では、生徒は処理・活用力を働かせる。生徒は、評価力を用いて、発表のそれぞれを聞き、評価カードに書き込む。自班の発表に関する反省についても同様の力を働かせ、そうすることで評価力を身につけていく。

音声表現力の育成は、音声表現を生かす授業の場（実の場）を作り、生き生きと活動させる中で育てたい。

おわりに――音声表現力を育成する授業のために――

音声表現力の育成をどのように図るか、実践に基づき構想してみたが、次のことが課題として考えられよう。

①音声表現力の構造の明確化―音声表現力はどのような学習によって育成されるのかということを考えるうえで、音声表現力の構造を、さらに精確にとらえることが必要であろう。

②音声表現力の評価法の明確化―音声表現力を明確にするとともに、評価の基準を明確にすることが必要となろう。

③本稿では、音声表現力の育成を、便宜的に、ア・音声表現の意欲を育てる授業と、イ・音声表現力を育てる授業とに分け、さらに、ウ・音声表現力を生かす授業の中で音声表現力を育成することを考え、その実際を授業実践の中に探った。今後さらに有効な授業方法が検討されねばならない。

④国語科授業活性化の観点からも、話し合い、討議・討論、発表の音声表現を取り入れた授業を試み、音声表現力の育成を図りたい。

注（1）森久保安美氏『書く力を育てる国語教室　作文指導改善の視点』（一九八四年五月　教育出版センター刊　五八頁）による作文能力の構造に示唆を得た。
（2）浮橋康彦氏『読む力をつける国語教育』（明治図書刊　一三・一四頁）
（3）授業の実際は、渡辺春美「音声言語表現指導の試み―三分間スピーチの場合―」（『国語教育攷』題一六号　二〇〇一年四月　兵庫教育大学言語系教育講座「国語教育攷」の会刊）に詳しい。
（4）授業の実際は、渡辺春美「国語科による国際理解教育の可能性―アメリカ文学を読む」の場合―」（『大阪の国際教育』一九・二〇合併号　一九九三年三月　大阪府高等学校国際教育研究会刊、渡辺春美『国語科授業活性化の探究―文学教材を中心に―』一九九三年八月　溪水社刊　所収）に詳しい。
（5）注（3）に同じ。

第三章　古文・現代文に関連づけた表現指導

一　古文との関連指導

(一)　表現を開く『枕草子』の学習指導

はじめに

古典の授業活性化は、高等学校国語科教育の大きな課題の一つである。古典の授業活性化の方法を、『枕草子』の学習指導に探りたい。『枕草子』の学習指導については、かつて高等学校三年生を対象に構想し、[1]その構想に立って授業を試み、活性化の観点から考察して報告したことがある。[2]今回の授業は、高等学校一年生を対象に『枕草子』への入門という設定で、活性化をねらいとして試みた。

本稿は、この授業の実際を取り上げ、授業活性化という観点から考察し、活性化の方法を探ることを目的とする。

(一)　学習指導計画

1　授業活性化の方法

1　表現を軸とした展開―理解の深化と対話交流のために

ア・理解を深め、イ・生徒各自の考えを確かめたり、広げたりする方法として、また、ウ・作品と生徒、生徒相互の交流を促し、関心を喚起するものとして表現を取り入れた。

2　教材の開発

ア・『枕草子』の教材化―『枕草子』への入門という観点から、生徒の関心に配慮して試みた。

イ・生徒の表現の教材化―「1」で述べたように、生徒の考えを広げ、相互の対話交流を促すために進んで教材化を試みた。

3　基本→発展を取り入れた指導課程

基本→（応用→）発展と指導過程を組むことで、生徒が基本を押さえながら積極的、主体的に学習できるよう考えた。

4　章段の性格に合わせた学習

ア・類聚章段―筆者の観点・美意識・表現（言語感覚）に学ぶ。

イ・日記章段―状況と筆者の心情把握、機知・ユーモア、筆者の人物像の読み。

ウ・随想章段―筆者のものの見方・考え方を把握し、生徒に自己の考えを持たせる。

5　学習の成果の集積

学習の成果を冊子にまとめることをとおし、学習の全体を振り返らせるとともに、達成感、充実感を持たせる。

2　学習指導計画

1　指導目標

①　清少納言のものの見方、感じ方、ユーモアや機知を理解させるとともに、人物像について考えさせる。

②　さまざまな表現活動をとおして、作品や清少納言への理解を深めるとともに、自己の考えを確かめたり、

深めたり広げたりさせる。

③ 形容詞・形容動詞・助動詞・掛詞・縁語について、表現の実際をとらえて理解させる。

④ 『枕草子』と清少納言への興味・関心を高め、進んで学ぼうとする態度を養う。

2　時期・対象・時間

①時期―一九九六年度　三学期　②対象―一年一・二・三組（各四〇名）　③時間―九時間（類聚章段4・日記章段2・随想章段2・まとめ1）

3　学習指導の概要

授業の展開と指導目標	教材	学習活動の概要
1　『枕草子』―類聚章段を読む ①　清少納言のものの見方、感じ方を理解させる。	(1)　基本 「うつくしきもの」 （教科書＋プリント）	「うつくしきもの」の特徴把握。共感を覚えるもの三つと各自がとらえた「うつくしきもの」を三つ表現。〔一斉学習〕
②　生活の中で感じていることを、『枕草子』類聚章段の表現にならって表現させ、両者を比較することを通し、『枕草子』と清少納言への理解を深めるとともに、各自のものの見方、感じ方を確かめ、広げたり深めたりさせる。	(2)　応用 「にくきもの」 （二五段）	「にくきもの」の共感を覚えたもの三つ抜き出して現代語訳。各自がとらえた「にくきもの」を三つ表現。「うつくしきもの」と「にくきもの」を読んだ感想。〔一斉学習〕

③ 表現を通して、作品、作者、さらに学習者相互の交流を促し、理解を深めさせるとともに興味・関心を高めさせる。 ④ 形容詞・形容動詞・助動詞（べし・む・らむ・なり）について理解させる。	(3) 発　展 ―私たちのものづくし― ① 二〇の類聚章段。 ② 各自の選んだ段の口語訳。	『枕草子』の類聚章段二〇段から一つを選び、それを題名として「私たちのものづくし」を表現。選んだ段を現代語訳。各自の書いたものと清少納言の文とも比較し気づき感想を書かせる。〔個別学習〕
2　枕草子―日記章段を読む ① 章段に見いだされる、ユーモアや機知を理解させる。 ② 清少納言の人物像について考えさせる。 ③ 掛詞・縁語、助動詞（まほし・じ・き）を理解させる。	(1) 基　本 七日の日の若菜を （教科書）	どのような点におもしろさがあるか整理して考えさせる。〔一斉学習〕
	(2) 応　用 二月つごもりのころに	返事を出すまでと返事を出した後の清少納言の心情、清少納言の返事への評価についてとらえさせ、全体から清少納言の人物像を考えさせる。〔一斉学習〕

3　枕草子―随想章段 ①　清少納言のものの見方・考え方をとらえさせる。 ②　清少納言の見方・考え方に対して意見を持たせ、感想や清少納言への手紙の形で表現させる。 ③　表現をとおして、清少納言の見方・考え方への理解を深めるとともに、各自の考えを確かめたり、広げたりさせる。 ④　表現をとおして、筆者、作品、生徒、生徒相互の対話交流を促す。	①　「生ひ先なく、まめやかに」（二一段） ②　「男こそ、なほいとありがたく」（二五〇段）	①②を読んで、「女性（男性）と仕事」、「女性論（男性論）」について、「随想」「清少納言への手紙」のどちらかの形式を選ばせ、意見を述べさせる。〔個別学習〕 書いたものを友人に見せ、コメントを記してもらわせる。 生徒の意見のいくつかをプリントして紹介し、読ませ、考えさせる。 〔一斉授業〕
4　「枕草子」を学んで ①　枕草子で学習したことを振り返り、感想や意見を持たせる。		①枕草子に学んで、②枕草子を読んで、③清少納言に思う、④その他から選ばせ表現させる。
5　「枕草子」冊子づくり ①　学習の後を振り返らせるとともに、達成感や充実感を持たせる。 ②　冊子にすることで、「枕草子」への親しみや関心を確かなものにする。	配布した教材、学習の計画、学習課題、生徒作品	すべてのプリント類を学習の順序に沿って整理して冊子にして提出させた。

注　教科書以外の章段は、「荻谷　朴氏『新潮日本古典集成　枕草子』上　中　下」からプリントして配布した。

(二)　学習指導の実際

1　『枕草子』―類聚章段の学習指導

(1)　「うつくしきもの」・「にくきもの」の学習指導

『枕草子』の学習計画の概要を述べ、類聚章段「うつくしきもの」と「にくきもの」の授業を、次に掲げた「学習課題プリント」に基づいて進めた。生徒に類聚章段学習の目標を示し、「うつくしきもの」の学習に入った。「うつくしきもの」の学習は、範読、音読練習の後、ところどころ質問しながら、説明を加え情景が浮かぶよう試みた。類聚章段の意味、清少納言のとらえた「うつくしきもの」の特徴を考えさせた後、教科書では省略されている後半も傍訳付きで紹介し、共感を覚えるもの三つを挙げさせた。その後、清少納言の視点と表現に習い、生徒各自のとらえた「うつくしきもの」を現代語で三つ書かせた。

「にくきもの」は、傍訳付きの文章で読み進めた。範読後、いくつかの点を証明し、すぐに、共感を覚えたこと三つを抜き出させ、現代語に訳させた。また、生徒各自のとらえた「にくきもの」三つを表現させた。ついで、「うつくしきもの」「にくきもの」を読んだ感想を短い文章で書かせた。

枕草子―類聚章段

一年（　）組（　）　氏名（　　　　）

〔学習目標〕

①　清少納言のものの見方、感じ方を理解する。

② 生活の中で感じていることを、表現をまねて表現する。
③ 形容詞・形容動詞・助動詞（べし・む・らむ・なり）について理解する。

〔学習課題〕
◇基　本
1　「うつくしきもの」の例として挙げられたもの（こと）から、清少納言は、どのようなものを「うつくしきもの」ととらえているかまとめてみよう。
2　「うつくしきもの」の例の中で、共感をおぼえるものを、三つあげなさい。
3　あなたが、「うつくしきもの」と感じるもの（こと）を三つ、清少納言の表現をまねて、現代語で書いてみなさい。
◇応　用
4　「にくきもの」を読んで、共感を覚えたもの（こと）を三つ選び、現代語に訳しなさい。
5　あなたが、「にくきもの」と感じるもの（こと）を三つ、清少納言の表現をまねて、現代語で書いてみなさい。
6　「うつくしきもの」と「にくきもの」を読んだ感想を書きなさい。

生徒各自のとらえた「うつくしきもの」「にくきもの」の実際を、次に数例掲げることにする。

〔うつくしきもの〕
① くつを左右逆にはいている子供。電車の窓の外をじっと見ている子供。笑っている子供。（ＴＹ男）
② 顔を洗っている子猫。泣き疲れて寝ている赤ちゃんの顔。じゃれている子犬。（ＫＹ女）

③　動物が人なつっこくやってきて、ひざの上にちょこんと座ること。あやすと楽しそうに笑う子供。子供がおもちゃで遊んでいるところ。（TM女）

④　五、六才ぐらいの女の子がままごとして、なりきっていろんなふりしてるのがかわいらしい。ハムスター（ねずみ）がぐるぐるまわる道具に夢中になって、よく転んだりするところがめっちゃかわいい。二、三才用の子供の服やくつが小さくてかわいらしい。（OM女）

⑤　犬やねこがボールなどにとびついてじゃれているのはかわいらしい。また、ついさっきまで泣いていた赤ちゃんがすぐにねてしまっているのもかわいらしい。また、二・三歳の子が、何かを一生けん命にしているのもかわいらしい。（MS女）

⑥　一つ二つぐらいの子供が、ふとんの上で、すやすやとねている時の、真っ白でふわふわした顔が、かわいい。生まれたばかりの、犬の子が親のお乳に吸い付くようにのみ、その後、並んでねている姿もかわいい。子供と手をつないだ時、自分の手にすっぽりはいる小さな手もかわいい。（KA女）

⑦　前歯のぬけた子供。（YT男）

⑧　鳥のかたちのオカリナ。おもちゃのオルゴール。五色のビー玉。（YT男）

〔にくきもの〕

①　静かにしていたいのに、物音をたてる人や、学校などにでかける時の雨降りや、テストが憎らしい。（NM女）

②　自分の自まんばかりする人。欲だけおうせいな人。物をそまつにする人。（TY男）

③　満員電車で足踏む人。電車でいびきをかく人。よっぱらい。（KY男）

④　朝まで寝ていたい時にずっと鳴りっぱなしの目覚まし時計。冬の日の北風。テスト。（MS女）

⑤　にくいもの。自分の道のようにクラクションをならしている車。せっかくの休みの日に山ほどある宿題。後でたべ

ようとわざわざ残しておいたものが誰かに食べられた時はしゃくにさわる。（ＤＡ女）
⑥　あまり知らないことを知っているように語る人。自分のことばかり考えている人。横を通ると吠える犬。（ＷＳ男）
⑦　にくらしいもの。雨の日、水をはねて走る車。なかなかあかないふみきり。故なく吠える犬。（ＯＭ女）
⑧　本当の意味も知らずにその言葉を得意気に使う子供。酔っぱらった男が道を歩いているのもいやなものだ。あと、晴天のそらが急にくもるのも大変いやなことだ。（ＳＭ女）
⑨　病院などで自分の番を待っているときにさわいでいる子供。列をつくっているのに横から入って順番をぬかす人。人が御飯を食べていると横でタバコを吸う人。（ＭＣ男）
⑩　いびきをかいてねむっている人。自分勝手でわがままな人。口がかるい人。（ＮＹ女）

生徒は、清少納言の視点と表現に学びながら、身近なものごとに目をむけて、やや類型的ではあるが、くっきりと「うつくしもの」、「にくきもの」を表現している。「にくきもの」には、現代の世相への批判の目もうかがえる。「うつくしきもの」「にくきもの」を学んだ感想をいくつか挙げると、次のとおりである。

〔感　想〕
①　昔と今では生活は大きくかわったけれど、人々の考え方感じ方はあまりかわっていないことにはびっくりさせられた。これからの将来も人の感じることはかわってはいかないのであろうか。（ＫＹ女）
②　「うつくしきもの」は今の「かわいい」に、「にくきもの」は今の「煩わしい」や「嫌なもの」に変わっているが、昔の人にとっても、現代人にとってもものごとへの感じ方、見方に共通している所があるなあと思いました。共感するものがたくさんあり、枕草子に興味を持ちました。（ＭＲ女）
③　現代と時代がかなりちがうけど、読みながら「あっそうそう！」と共感できるものがいっぱいあって驚いた。

④　これが書かれたのは遠い昔のことだ。だが今の私たちにも充分通用する感覚をもっている、清少納言もすごいが、もしかすると、私たちは日本人の感覚はいう程かわっていないのかもしれない。これを読んで、そんな思いが湧いてきた。（OM女）

⑤　「うつくしきもの」は心がほのぼのとするような感じをうけたけど「にくきもの」は共感するところがあっておもしろかった。蚊が情けない音をたてて飛びまわっていることが〝にくい〟といっている気持ちはとくにわかるのでめちゃめちゃおもしろかった。（SM女）

⑥　いつの時代でも、かわいいと思う物は、小さかったり、繊細な物であって、この先もそう変わるものではないと思った。「にくきもの」は自分の身のまわりにたくさんあっていつも感じていることだと思った。（TN女）

⑦　清少納言はとても観察力が鋭いなと思いました。中には思わず共感してしまうところがあって、感じることは昔の人も今の人も同じなんだなあと思いました。（TM女）

⑧　「うつくしきもの」と「にくきもの」を読むと、清少納言の感受性と観察力のすばらしさがよくわかった。また、誰が読んでも「そうそう」と納得してしまうところがとてもおもしろかった。（TY男）

⑨　清少納言のいう「うつくしきもの」「にくきもの」はいまでも共感できるものだ。これほどの感受性の強い人がこの現在どのくらいいるだろうか。（YT男）

⑩　普段何げなしにこういうことを見逃していたけれど、これをよんだ時にははっと思い知らされました。清少納言はすごくよくいろんなことを見ているなと思いました。

⑪　読んでいると、「うつくしきもの」や「にくきもの」がありありと浮かんでくる。それに、リズムがあってあきることはないと思う。文の内容には現在に通じるものがあるから、ただの古文を読むよりすらすら読めていい。

⑫　清少納言という人は書くのもうまいが情景をとらえるのもうまいと思った。（WS男）

⑬　共感できるものも、できないものもあった。

「うつくしきもの」では今も昔もかわいいと感じるものは、同じで、子供の行動もかわっていないと思った。「にくきもの」では共感する所もあったけれど、身分の高いものは下品なことはしなくて、低いものはするという身分の差があることや、くしゃみのことなど風習によっても、今と昔では見方がかわってくるものだと思った。（ZA女）

⑭　どちらも、今も昔も感じ方はかわらないんだなぁと思った。でも「身分の低い者」とか「何のとりえもない者」というのは少しひどいとおもったけれど、昔は身分差別があったからしかたないかもしれない。清少納言はきっとこどもが好きな人だったんだと思う。

感想①～⑥は、「うつくしきもの」、「にくきもの」の内容に共感を覚えたことが中心となっている。現在と過去をつなぐ、時代を越えて存在する普遍的な感覚を見いだし、新鮮な驚きを感じてもいる。そこにおもしろさを感じ、『枕草子』に興味、関心を持つに至っているものもある。⑦～⑬は、共感を覚えたことへの驚きに加えて、今日なお共感を呼ぶものを鋭くとらえた清少納言の感受性、観察力に思いをいたすものとなっている。また、清少納言の表現のリズムやすぐれた形象力にも言及している。共感を得たことを中心に授業を進めたこともあって、多くの生徒が共感に基づいて述べているが、⑬⑭は、違和感のあることに目をむけ、そこに身分差や風習による違いがあることを見いだしている。

(2)　「私たちのものづくし」を通した類聚章段の読み

「発展」として、次のような「課題プリント」を作成し、「私たちのものづくし」を表現することを通して類聚章段を読ませる学習指導を進めた。

枕草子―類聚章段

一年（　）組（　）番　氏名（　　　　　　　）

◇発　展

1　次のことばの意味を調べなさい。また、その中から一つを選び、番号を○で囲みなさい。

① 心ときめきするもの（二六）
② 心ゆくもの（二八）
③ あてなるもの（三九）
④ たとしへなきもの（六九）
⑤ ありがたきもの（七一）
⑥ ねたきもの（九〇）
⑦ かたはらいたきもの（九一）
⑧ あさましきもの（九二）
⑨ 見苦しきもの（一〇四）
⑩ いみじう心づきなきもの（一一六）
⑪ 恥ずかしきもの（一一九）
⑫ はしたなきもの（一二二）
⑬ 胸つぶるるもの（一四三）
⑭ むつかしげなるもの（一四八）
⑮ 苦しげなるもの（一五〇）
⑯ うらやましげなるもの（一五一）

⑰　心もとなきもの（一五三）
⑱　したり顔なるもの（一七七）
⑲　さかしきもの（二四一）
⑳　うれしきもの（二五八）
2　選んだものを題にして類聚的な文章を、現代語で書きなさい（別紙）。
3　清少納言の書いた文章について、
①　清少納言の文章を現代語に訳しなさい（別紙）。
②　自分の書いたものと読み比べて、もののとらえ方、その内容、表現の仕方、共感したこと、意外に思ったことなど気づいたこと、感想をまとめなさい（別紙）。

授業の進め方は、次のようにした。

ア・類聚章段の中から二〇段を選び、その章段名を提示し、それぞれの意味を調べさせた後、一つを選ばせ、それを題名として類聚章段を模した文章を書かせる。

イ・生徒の書いた文章を編集し、「私たちのものづくし」としてプリントする。

ウ・生徒各自に、一つ選んだ類聚章段を配布し、別紙に口語訳させる。

エ・自分の書いたものと、清少納言の類聚章段とを読み比べて、もののとらえ方、内容、表現の仕方、共感したこと、意外に思ったことなど気づいたこと、感想をまとめさせる。

次に、「私たちのものづくし」の生徒作品例を紹介する。

〔私たちのものづくし〕

①　心ときめきするもの

授業中にあてられて、本読みをする時。採点された答案用紙が返ってくるのを、自分の番まで待っている時。良い結果を望みながら、悪いけっかになるかもしれないと、もうすぐわかることに心がどきどきする。

友達からもらったプレゼントを開ける時。買った服を、家に帰ってからもう一度着てみる時。新しいピアノの楽譜を、少しずつ弾いてみる時。

人にものを尋ねられた時。初めは、尋ねられたことにどきっとし、もう少しすると、うまく説明ができるかという不安を感じる。（MH女）

③　あてなるもの

毎年三月に出されるおひなさま。白い顔にちょこんと紅がおかれているのが上品だ。ふわふわした白い毛のペルシャ猫、門柱などの上にちょこんと座っているのは、とても上品である。また、少し太めのものも良い。すれちがった時にふと香る香水の香り。ハイヒールでもきれいに歩いている女の人。自分に一番合う口紅をつけている人。

どんなものでも、さりげないのが上品だ。（OM女）

⑥　ねたきもの

腹が減って、弁当をたべようと思ったら、はしが入っていなかった時。またさらに御飯がすみによっていたりした時。寒さで手がかじかんで、服のボタンがかからない時。ビデオの録画に失敗した時。家に帰って早速見て見よう思ったら違う番組が録画されてた時の悲しみは、口では表現できない。天気予報では「今日は晴れ」と予報して雨が降った時。またその逆も大変いまいましい。夜すぐに寝つけない時。

期待している事がうらぎられるどんな事でも大変いまいましきことである。

⑧　あさましきもの

中国雑伎団。壺の中に入ったり、何人も肩ぐるまをしながら玉のりしたりできる。あの人たちの体の柔らかさには驚いてしまう。

雲が水蒸気でできているということ。地球がまわっているということ。自分もまわっているのだからたいへん意外だ。かみなり。光っておわりかと思えば、突然地割れがおきそうな音には、いつも驚くことだ。なんでも自然のものには驚きがある。

また、プロレスのすさまじさ。選手は血だらけになりながらも戦う。ときには、触れると火花が散る電線で囲まれたリングで、何百針も縫うほどのけがをしながら戦う。見ている人も驚きあきれることだ。（ＯＭ女）

⑨　見苦しきもの

道に落ちている軍手。くしにひっかかる毛。

男子更衣室。満員電車

字の汚いノート。字を書いた人さえ見苦しく思える。女子だとより。所かまわずしゃべる人。老若男女問わず人の迷惑を考えない。

常識のない人。自分がどう思われているかしらない人。（ＹＴ男）

⑬　胸つぶるるもの

階段をふみはずした時。お金を失くした時。授業中おなかが鳴りそうな時。授業中先生に当てられそうになった時。ジェットコースターに乗る時。合格発表の時。試合の前。かくれんぼをしていてかくれている時。お金をたくさんもって歩く時。つりばしを渡る時。ホラー映画を見ている時。体重計にのる時。（ＳＭ女）

⑲　さかしきもの

ゲーム編～コンシューマ～

弱パンチ。特にバーチャーのしゃがみパンチ。

飛び道具。射程外からの攻撃。ＲＰＧの世界の住人たち。

～アーケード～

負けそうになると急に強くなる敵。ゲーム機に金おいて順番確保しているやつ。又はグループで来て、そいつらだけで、ゲーム機占領してるやつら。（ＴＴ男）

⑳　うれしきもの

朝、教室に入った時、友人達から「おはよう」と声をかけてもらうこと。昼食の後、友人からおかしをもらうこと。友人と遊びに行く案を練っているとき。遠足なども同じで、用意しているときが楽しい。カゼをひいて学校を休んだ時、電話してくれたり、手紙をとどけてくれる友人。ベルよりもよいなと思う。中学時代の友人に出会ったとき。当時そんなに仲よしではなくても、笑って話しなどができてとてもうれしい。（ＯＭ女）

生徒は、おおむね積極的に取り組んだ。生徒の日常生活を対象とし、題名に基づき、生徒らしい視点から対象を切り取り、表現している。表現がやや冗長に感じられるものもあるが、全体に簡潔なものとなっている。作品は、現代高校生の生活や意識を反映させているが、中には、個性的な感受性や鋭い観察力をうかがわせるものも見いだされる。

清少納言の文章と読み比べた感想例のいくつかを、次に掲げることにする。

〔清少納言の文章と読み比べて―気づきと感想〕

①　当時の宮仕えという仕事は、現代と違って、恋愛と結びついたようなところがあると感じた。だからおもしろみのある仕事と言えるだろう。私の書いた文章と違う点は、清少納言のは、大人の女性らしいことが書かれていることだ。恋人がくるのを待っていたり、化粧をした自分を見て、胸がときめくことなど今の私には、まだないなあと思った。

そして、弱いものをいたわる優しさも表れていると思った。

どの事にしても、高貴な生活から生まれてくる感情だと思った。私も、もっと生活の中で、いろいろ胸がどきどき、わくわくすることがあるよう、繊細な心も持ちたい。（MH女）

③ 清少納言の文章は現代の文章に比べ、言いたいことをずばりといっていて、しかも趣もある。これを現代文になおすのは、この文章の感じをこわすようで気がひけた。（OM女）

⑥ 清少納言の文章を読むと、いつも思うが、「あるある」とついうなづいてしまうことがよくある。縫い物をした時、ついつい違う所を縫ってしまって、くやしい思いをしたことが何回もある。清少納言は、よくもまあここまで人の心を読むなあと不思議に思った。（TY男）

⑧ 私が書いたものと、清少納言のとも比べると、清少納言の方は、日常生活にはあまり関わりのない内容であることに気づいた。多分私は、〝驚きあきれる〟の「驚き」に重点をおいて考えていたら、「日常さはんじのことだとだめだ」と思ってしまってあの文ができたのだと思う。それに比べて清少納言は私と正反対でよくある話だから、誰にでも受け入れられる文でおもしろい。それから、清少納言は話の中に読者を引き込むのが上手だなあと思った。特に七行目で「烏《ママ》のいと近く「かか」と鳴く」《ママ》という文は、すごく情景が浮かんで来るし、〝烏の声〟があきれたことをいっそう強くしていると思う。（OM女）

⑨ この章段の清少納言は少し辛口と思った。彼女の文章はいつもより何か批判的なものがある。それは、彼女自身のひがみかもしれないしこの時代の美意識かわからないが、「男女そい寝編」がこんなに長いのは、生々しい体験が下となって考えられていると思う。見たところ清少納言の「見苦し」は「不細工不釣合」であると思った。

⑬ 清少納言が胸つぶるるものと感じるときと、私が感じるときとでは、全然違うのかなと思っていたけれど、この清少納言が書いたのを読んでみると、同じようなときだった。だから、私は胸つぶるるものを感じるときというのは、いつの時代でもかわらないんだなあと思った。（SN女）

⑲ 最初の題の意味から取り違えているのだから、お話しにもならない。読み比べて思えることはこれぐらいのことし

かない。

この文に書いてあることを考えれば、言っていることに間違いと思えるものは何もない。関係無いが、この文に出てくる人々は一人を除き、むかつくやつらばかりだ。（ＴＴ男）

⑳　今よりも、ずっと昔に書かれたものなのに、共感できる所があるというのがすごい。書き出しの話などはまさに、その通りだと思う。

人が破り棄てた手紙を……というのは少々悪シュミではないだろうかと思うが、そういったイタズラっぽいものまで書いてあるので、日記のようだなというイメージをうけた。

高貴なお方の前で……というのは彼女のあこがれが伝わってくるみたいだった。

清少納言という人物は一体飾らない人物なのだろうか。（ＯＭ女）

生徒各自は、自分の書いた文章と清少納言のそれとを比べ、さまざまな感想や気づきを述べている。感想例から、生徒がア・共感可能な普遍的な見方、感じ方の存在、イ・貴族生活から生じた感情の表現、ウ・現代語に置き換えようのない的確で、趣ある表現、エ・読者を引き込むすぐれた表現、オ・人の心をとらえる確かな目の存在、カ・清少納言の思いや憧れなどに気づき、発見をとおして、生徒は、作品と作者との出会いを確かなものにしていると感じられる。

2　『枕草子』―日記章段の学習指導

まず、日記章段学習の目標を示し、学習計画の概要を説明した。授業は、次に掲げた学習課題に沿って進めた。

一年（　）組（　）　氏名（　　）

枕草子―日記章段

〔学習目標〕

① 章段に見いだされる、ユーモアや機知を理解する。
② 清少納言の人物像について考える。
③ 掛詞・縁語・助動詞（まほし・じ・き）を理解する。

〔学習課題〕

◇基　本

1 「七日の日の若菜を」の段では、どんな点におもしろさがあるか整理しなさい。

◇応　用

2 「公任」の文を見て、返事を出すまでの清少納言の気持ちの変化をとらえなさい。
3 返事を出した後の清少納言は、どのような気持ちでいたか答えなさい。
4 清少納言の返事は、どのように評価されたか。また、それはどういう点からの評価であったのだろうか。
5 清少納言の人物像をまとめてみなさい。

「七日の日の若菜を」の授業は、①授業内容の確認　②範読、③音読練習、④前半（〜と笑ふに、）を質問しながら現代語訳、⑤「『むべなりけり。聞かぬ顔なるは。』」と笑ふに、を中心に、次のように板書してまとめる。

七日の日の若菜を

●七日の日の若菜―七草粥
せりなづなごぎょうはこべらほとけのざ
すずなすずしろこれぞ七草
見も知らぬ草
何とかこれをば言ふ →
とみにも言わず
聞かぬ顔 ＝ 耳無草
むべなりけり
ユーモア
機知

次に、和歌「つめどなほ耳無草こそあはれなれあまたしあれば菊もありけり」を、掛詞の説明を加えて、現代語に訳す。ついで、助動詞「まほし」、「べし」を説明し、最後まで現代語に訳す。生徒は、分かりにくそうであった。
次時「二月つごもりころに」の授業は、おおむね次のように展開した。

二月のつごもりのころに
公任―歌人・詩人

☆傍訳付き。『桃尻語訳　枕草子　中』（橋本治）の訳と説明を参考に付した。
☆範読の後音読。ついで学習課題を考えさせる。

すこし春ある心ちこそすれ

←南秦の雪

（清）思ひわずらひぬ（これが本はいかでかつくべからむ）

←心ひとつに苦しきを

恥づかしき中に

平凡なもの

×事無しび

←×御前にご覧ぜさせん

御殿ごもりたり

「さばれ」とて、わななくわななく

書きて取らす

花寒み花に粉へて降る雪に

←「いかに思ふらむ」とわびし

これがことを聞かばや

譏られたらば聞かじ

内侍に奏してなさむ

高い評価

←公任の文の意味、ねらいを理解させる。

☆公任の句が漢詩を踏まえていることを説明。

←返事を出すまでの清少納言の気持ちを表している箇所を示しなさい。

←「心ひとつに苦しき」というのはなぜか説明しなさい。

←「事無しび」ではだめだと考えたのはなぜか。

☆詩歌の第一人者公任への返歌の出来が清少納言ばかりか、中宮定子の評価にもつながりかねないことを説明。

☆返歌が漢詩を踏まえていることを説明。漢詩に通じている清少納言の高い教養を説明。

←返歌を出した後の清少納言の気持ちはどのようであったか。

☆矛盾した気持ちをとらえさせる。

←返歌はどのように評価されたか。

←評価はどのような点からの評価か。

●春の心ち―花のイメージ
●漢詩を踏まえている―教養
●才知・機知

まとめとして、清少納言の人物像を考えさせた。
生徒の記した人物像は、次のようであった。

〔清少納言の人物像〕

① 主人の顔をつぶしてはいけないと悩むことから、非常に細かいところにまで気が行き届き、また教養が高い人物である。（MH女）
② よく物事を考え、それでいておもいきりがよく、しっかりした人。頭のきれがいい人。（NM女）
③ 才知あふれる知的な人という反面才能をひけらかすａｃｔｉｖｅな人（YT男）
④ とても高い教養・才知・機知がありながらも、思っていることや感じていることは普通の人と全然変わらなくむしろとても純粋で人間らしい人だと思った。（SR女）
⑤ 漢文の教養などもあり普通の人とは違うなあと思ったけど歌の上の句を考えろと言われて不安になりおどおどするところは普通の人と同じだなあと思った。（SM女）
⑥ 何でもてきぱきとこなす才女であったのだろうと思う。そのなかには、ユーモアの発想や機知に富み、人の信頼も厚かったのだろうと考えた。当時の女の人の中でもこれだけ教養を深く持った人はめったにいなかったにちがいないと思った。（TY女）
⑦ 立派な人達にも信頼され認められていて教養や発想も優れていて仕えている中宮様のことをよく考えている人物で

ある。（ＩＫ男）

3　『枕草子』―随想章段の学習指導

「生ひ先なく、まめやかに」（二一段）、「男こそ、なほいとありがたく」（二五〇段）の二段を、傍訳付きの文章で読み、現代語訳も併せて読ませた。二段を読んだ後、「一　女性（男性）と仕事―二一段」、「二　男性論（女性論）―二五〇段」のどちらかを選び、「一　随想（感想）」、「二　清少納言への手紙」のどちらかの形式で文章を書かせ、友人のコメントを求めた上で提出させた。

次に、「一　女性（男性）と仕事―二一段」を選んで書いた生徒の文章例を紹介する。

(1)　女性（男性）と仕事―「生ひ先なく、まめやかに」（二一段）

〔感　想〕

①　僕は、男の人は働いて、女の人が家庭を守るという古い考え方は、必ずしも正しくはないとは言い切れないと思う。人の考え方は人それぞれなので、他人がどうこう言うことではないのではないだろうか。実際に、僕の家は男の人は働いて女の人が家庭を守るという考え方で、昔からそうだったので自分自身は全く悪いとは思ってないし、むしろ良いとさえ思っている。だが自分の意見を他人に無理やり押しつけようという気などさらさらないし、文句をつける気もない。そういうことは男の人と女の人が互いに決めればよいのではないか。互いが納得さえしていれば、他人はそれを見守っていけばよいのではないか。これが僕の考えである。（ＴＹ男）

②　昔は、女性は家にいて家庭を守り、男性は外に出て仕事をして家族を養う。それがあたりまえだったかもしれない。でも今は違う。女性だって仕事を持ち働いたっていいと思う。それなのに「女のくせに」とか言って女性を差別する

人が多いと思う。今でこそ、「女性も働く」という考え方が一般的になってきているけど、清少納言はずっと昔にこの考えを持っていた。私はすごいと思った。昔の方がきっと女性に対する差別が強かっただろう。当時彼女のような考えを持つ人がいただろうか。現代の女性を差別する考えを持つ人は彼女を見習うべきだと思う。（NY女）

③　清少納言という女性は、大きな視野を持っている人だと思った。しかし、それと同時に、他人の幸福をあまり理解しようとしない人だと思った。

それは、なぜなら、幸福というものは、その人その人によって感じ方がちがうものなのに、清少納言は他人に自分の価値観を押し付ける感じが多かれ少かれしたからだ。

うれしいことをうれしいと感じるという素直さが欠落すれば人はもうだめだと思う。だから、家庭でも仕事でも幸せを感じられればどちらでもよいと思う。それをあまりとやかくいわないで欲しいと思います。人生はしあわせでないと意味がないので。（SK女）

④　〔清少納言への手紙〕

私は、枕草子の第二十一段を読んで、とてもあなたに共感しました。結婚し、夫を一途に愛することだけに満足するのではなく、自分の能力を発揮することが望ましいと思っている点です。この考え方は、現代の社会に広まってきています。でも、当時にしては、随分新しい考え方だったのではないですか。

私は結婚しようと思いますが、ずっと仕事を続けたいです。夫であっても、夫の世話ばかりで一生を終えたくないし、いつでも色々なことを勉強し続けたいのです。

そして、あなたは、教養のある女性を理想としているようですね。他の章段を読んで、あなた自身もそのようですね。私も教養があれば夫に恥をかかせることもないし、十分支えられると思います。私も教養は必要だと思います。

私は、これから男性に負けないよう頑張りたいです。（MH女）

①は、「男の人は働いて、女の人が家庭を守るという古い考え方」を、「僕の家」の考え方に従って、「むしろ良い」とする。しかし、この考えを、「無理やり押し付けようという気」は全くなく、「互いが納得さえしていればよいと述べている。この、互いの納得の問題とする発想は、③の感想にも見える。③は、「幸福というものは、その人その人によって感じ方がちがうもの」という考えに立ち、「家庭でも仕事でも幸せを感じられればどちらもよい」と主張する。この考えに基づき、「清少納言は他人に自分の価値観を押し付ける」感じがするとし、「他人の幸福をあまり理解しようとしない人」と批判している。①と③は、それぞれの価値観を認めるあまり、それぞれの対話交流を閉ざしているとも見える。

②は、女性が働くことを積極的に肯定する。「女性は家にいて家庭を守り、男性は外に出て仕事をして家族を養う」という考えの背景に女性差別をとらえている。清少納言を女性差別に抗する人として高く評価している。④の手紙は、清少納言が、「結婚し、夫を一途に愛することだけに満足するのではなく、自分の能力を発揮することが望ましいと思っている」ととらえ、そこに共感を感じている。自らも「教養ある女性」を目指し、結婚後も仕事を続けることを願い、「男性に負けないよう頑張りたい」と、清少納言への虚構の手紙に託して、自らの思いを述べている。

①②③④ともに、生徒はそれぞれに積極的に各自の思いを書いてはいる。しかし、それぞれは、『枕草子』二一段との十分な対話を経て書いたのではなく、二一段をきっかけとして、各自の把握にしたがい各自の考えを述べたに過ぎないと見える。授業で清少納言の宮仕え賛美の背景を扱うことなく、「女性（男性）と仕事」という題のもとに、慎重な配慮を欠いて書かせたことに因ると考える。主題について丁寧に読み深めるべきであった。責は授業者にあると言えよう。

「男こそ、なほいとありがたく」（二五〇段）についても、ほぼ同様のことがいえる。生徒の文章例を、次に掲げる。

(2) 女性論（男性論）――「男こそ、なほいとありがたく」（二五〇段）

〔感　想〕

① この随筆を読むと、清少納言が男をよく見ているなあと思った。腹の立つところもあれば、納得させられるようなところもあった。男が不思議でわからないと書いてあるけど、これは多分うそなんじゃないかなと思った。これほど人をよく見て人の心のわかる人が、たかが男の性質ぐらいわかると思う。だけどあえて、女の気持ちしかわからない立場にたって、普通の女の人がいつも男にたいして感じることを女を代表して書き、女のことをわかっていない男に、女の思っていることをわからせようとしたんではないかと思う。でも、何回か読んでいたら、清少納言の本当の気持ちがこの文のような気もした。（OY男）

〔清少納言への手紙〕

② 清少納言様、あなた様のお書きになった「男性不可解」はとても共感できるお話しでございました。私も常々より世の男というものを何とも不可思議な存在だと思っておりました。世の中には一目みて思わず「なんで」と口にしてしまいそうなほど、どこに魅かれたのか理解不可能な女性をつれている殿方なんぞもいらっしゃいます。その殿方がそれ相応ならよいのですが、これがいとステキなお方であるときはなんか間違ってると思えてなりません。ですが、わたしなんぞも友とよく理想の男性象《ママ》を話したりもいたしますが、実際好きになったのはとんでもなく理想から外れていたりもいたします。また、好きになっているときは良く見えるものであります。ですから、不可解なのは男も女もお互い様なのではと最近思うのであります。（AY女）

4　学習の感想―『枕草子』に学んで

生徒の感想の中から数例を、次に紹介する。

①　「枕草子」を読んで

今回枕草子を学んで一番驚いたのは、その作品の数の多さです。一つ一つの作品の内容にそれぞれ深い意味がありとてもおもしろく、さらにあの数です。清少納言の人気の秘密が分かりました。

「私たちのものづくし」のところで自分の作品と友達の作品、そして清少納言の作品を読み比べてみると、やっぱり何かが違うなあ、と感じました。

一つのものに対する感受性というものが、一般人とはかなり違っていたのが清少納言なのかもしれません。

そして、昔の人がどのようなことを考えていたか、ということも少し分かったような気がします。

千年以上も前の時代なのに今と大して変わりがないところもたくさんあると思いました。

こうして一人の作家からその時代のいろいろな文化や習慣を見つけ出せるのはすばらしいことだと思いました。

（SM男）

②　をかしの文学

『をかし』―景物を感覚的にとらえ、主知的・客観的に表現する傾向をもっているため、鑑賞・批評のことばとして用いられる明るい知性的な美を表すため使《ママ》われる（国語便覧より）

彼女はよく「をかし」を用いる、いや多用する。それは彼女が才知をひけちらかし、一つ覚えのように言っているように見えるかもしれない。しかし彼女はそれだけ感性、感受性が強く、感じたままを描き止めようとする子供の純心《ママ》さと理性があるとは見れ《ママ》ないだろうか。

時代は変わる、それと共に人の心もさまざまに変化する。彼女が生きた平安という時代、僕が生きている平成という時代、生まれた所、環境・人は違っても日本人。時という壁を越へ《ママ》てストレートにしみ込んでくる彼女の感性は共感と小さな発見をさせてくれる。

　いまの時代を見て彼女は『いい感じ』＝『をかし』といってくれるでせ《ママ》うか。（ＹＴ男）

③　枕草子を読んで
　昔の人も今の人も考え方は似ているのだなぁと思った。「うれしきもの」でも手紙を継ぎ合わせて読めた時はとてもうれしいというのがあったけれど今の時代の私達でも共感できることが多かった。清少納言も私達とけっこう同じことを考え、仲の良い人と会話していたんじゃないかなあとなにかうれしいような気持ちになった。清少納言は身の回りで起こったほんのささいなことも見のがさずに書いているなあと思った。そのちいさなことをまとめて書くのはやはり清少納言の気くばりや観察力や記憶力がすぐれていたからだと思う。せっかく同じ生きているのなら、いろんなこと、どんな小さなことにも目を向けて充実した生活を送りたいと思う。小さなことにうれしさや悲しさを見いだせる感情は大切だと枕草子を読んで思った。（ＳＭ女）

④　枕草子を読んで
　枕草子を読んでみると、うんとうなずかされるものばかりで簡単に考えていましたが、実際自分で題を選んで書くとなるとなかなか頭に浮かんでこなかったり、思いついてもうまく書き表せなかったりと意外と難しいものでした。だから正確にもの事を見定めて、思ったことを率直に表現できる清少納言は素晴らしいと改めて思いました。また少しでも見習いたいです。

　習ったものの中に『二月つごもりに』というのがありましたが、私にとって最も印象深いものです。というのは清少納言の複雑な心情の移り変わりが巧みにつづってあり、読む者の心をつかむものがあるように思うからです。清少

納言の動揺する様子は、まるで自分が彼女自身になったかの緊《ママ》張感を覚えさせました。（MR女）

⑤　僕が枕草子を読んで最初に思ったことは清少納言はなんてやつなんだと思った《ママ》。だって清少納言は自分の考えが一番正しいような書き方をしていたからだ。僕はこういうやつが一番きらいだ。次に思ったことは、清少納言は自己中ぽくて僕はきらいだけど文を書くのはとてもうまいなと思った。そう思ったわけは、自分の気持ちをとても上手に書き表しているし、ある場面の書き方がまるで文を読んでいるだけで、頭の中にその場面が浮かんでくるようだ。そして周りの人たちも心の動きをうまく書いているのはさすがに教科書にのっているだけのことわ《ママ》あってすごいなと思った。でもやっぱり清少納言は好きになれそうにない。（SY男）

⑥　私は、古文がとても嫌いです。でも、枕草子は、読んでたら、なんとなく意味が分かったし、読みやすかったです。私にもすごくよくわかることとがあったし、同じ考えをしていることもありました。たくさんある話の中で、私が一番好きな話は、「うつくしきもの」です。この話が一番共感できたからです。読んでいて、その話の状況を想像したら、すごくかわいいのが浮かんできました。

清少納言は、すごく現代的な考えをしていたんだと思いました。清少納言がいた頃の時代では、女性が仕事をするのは、考えられないという時代だと思います。でもそんな中でも、女性が仕事をするのはいいことだと言うのは本当にすごいことだと思います。

枕草子を読んで、私も清少納言のように、自分の考えをしっかり持ち、身近ないろんな事に注意深く目をむけていきたいと思いました。（IM女）

⑦　古典の授業の最初の印象は、こんなの絶対無理と思っていました。だけど、一学期二学期と読み方や助動詞を覚えると少しずつわかってきて、古典の授業は、べつに嫌いでなくなりました。この清少納言の（枕草子）という有名な作品は、中学の時少しならったけれど、よくわからずにいた。けれど、授業で学んでいくうちに、清少納言の学《ママ》え方やどのようなものに心を動かしたり感動するかが良くわかったと思いました。また、（枕草子）のほんの少ししか学

んでいないけれど、古典も訳すことさえできればおもしろいものだと知ったことが、一番印象に残りました。（ＩＫ男）

5　『枕草子』の冊子づくり

次に掲げた内容で冊子づくりに取り組ませた。

1　枕草子―枕草子に学ぶ　学習の全体
2　枕草子―類聚章段を読む
(1)　基　本
①　枕草子―類聚章段（学習課題）
②　参考資料　枕草子―類聚章段
　　百四四段（うつくしきもの）
　　　　　　　（プリント）
(2)　応　用
③　「にくきもの」（二五段　プリント）
(3)　発　展―私たちのものづくし
④　枕草子―類聚章段　発展　学習課題
⑤　私たちのものづくし―参考例
⑥　「私たちのものづくし」
　　―『枕草子』類聚章段に学んで―
⑦　私の選んだ類聚章段

⑧　学習課題（現代語訳　清少納言の文章との読み比べ―気づきと感想）
3　枕草子―日記章段を読む
(1)　基　本
①　枕草子―日記章段　学習課題
(2)　応　用
②「二月つごもりころに」　（百一段　プリント）
4　枕草子―随想章段を読む
①「生ひ先なく、まめやかに」　（二十一段　プリント）
②「男こそ、なほいとありがたく」　（二百五十段　プリント）
5「枕草子」を読んで　学習の感想

三　学習指導の考察のまとめと課題――古典の授業活性化の観点から――

以上、『枕草子』の授業実践を紹介し、考察を加えて来た。以下、考察して来たことを中心に、授業活性化の方法、指導目標の達成という観点から、課題を交えてまとめることにする。

1　授業活性化の方法

1　表現を軸とした展開―理解の深化と対話交流のために

生徒の表現を読むとき、表現が理解したことを確かなものとし、生徒各自の考えを確かめたり、広げたりする方法として働いているものと考える。

生徒の一人は、「自分で『うれしきもの』を題に書いた時は、清少納言はもちろん、クラスのみんなもそれぞれ違っていて、他人にはない『個性』というものがでているなとあらためて感じた。そして自分のを見直て《ママ》みてもこんな事にうれしさなどを感じていたんだと自分で自分を気づきなおしたようだった。」（EY男）と述べていた。これは、表現が作品と生徒、生徒相互の交流を促すものとして働いていたことを示唆するものであろう。表現を軸とした展開を授業の活性化の方策として、今後に生かしたい。

2　教材の開発

教材化を『枕草子』への入門という観点から、生徒の関心に配慮して試みた。「二月つごもりころに」など、この時期の生徒に有効であったものもあるが、「生ひさきなく、まめやかに」など、教材価値という点からの検討、主題深化を意識した関連教材の開発などに今後努めなければならないものがある。生徒の表現の教材化は、理解を深め、考えを広げ、生徒相互の対話交流を促し、関心を喚起するうえで有効であったと考える。

3　基本→発展を取り入れた指導課程

基本→（応用→）発展と進むにつれ、積極的、主体的に学習できるよう考えて試みた。しかし、『枕草子』の読みにおける基本とは何か、授業者自身十分に把握できていず、基本→応用の展開は不十分なものとなった。

4　章段の性格に合わせた学習

類聚章段、日記章段、随想章段の性格に合わせた学習の方法は、おおむね妥当であったと考える。今後、機会をとらえて検証していきたい。

5　学習の成果の集積

学習の成果を冊子にまとめることをとおし、生徒は学習の全体を振り返り、達成感、充実感をもったものと考えたい。しかし、できうれば、学習個体史の自覚へと高めたい。

2　指導目標の達成

1　指導目標①

『枕草子』それぞれの章段の理解と表現をとおして、生徒は、清少納言のものの見方、感じ方、ユーモアや機知を理解し、人物像について迫っていったと考える。生徒の残した表現にそれが表れていよう。

2　指導目標②

生徒の一人は、「枕草子は、物の見方を教えてくれたように思う。一般的な見方もするけど清少納言はその奥深くまで追究して見ていたり、少しちがった角度から見ていたりしたからだ。この作品は読み手に興味をもたせるものに仕上がっていてとてもおもしろかった。」（UY女）と述べている。生徒は、さまざまな表現活動をとおして、作品や清少納言への理解を深めるとともに、自己の考えを確かめたり、深めたり広げたりしていったと思われる。

3　指導目標③

形容詞・形容動詞・助動詞・掛詞・縁語について説明したり、調べさせたりした。しかし、今後様々な作品の中で、表現に即して学習させる必要があろう。

4　指導目標④

最後に書かせた「学習の感想」を読むと、多くの生徒が、『枕草子』と清少納言への興味・関心を高めていったことがうかがえる。この関心が、進んで学ぼうとする態度につながることを期待したい。

おわりに

『枕草子』の授業を、古典の授業活性化という観点から考察し、その方法を探った。いくつかの試みについては、活性化の方法として有効であると考えたが、さらに、機会を得て授業に試み、検証したい。また、『枕草子』の実践史をていねいに考察し、今回の授業を史的に位置づけるとともに、活性化の方法を探りたいと考える。

注（1）拙稿「『枕草子』の授業構想―古典の授業活性化のために―」（『語文と教育』第八号　一九九四年八月三〇日鳴門教育大学国語教育学会刊）

（2）拙稿「国語科授業活性化の試み―『枕草子』の学習指導の場合―」（『大下学園国語教育研究会　研究紀要　三三号』一九九六年三月三一日　大下学園祇園高等学校刊）

(二) 表現を軸とした『徒然草』の学習指導

はじめに

古典の授業に生き生きと取り組ませるにはどうすればよいのであろうか。繰り返し指導して来た『徒然草』であるが、これまで生徒の興味・関心と結び付けて作品を理解させることが十分にできなかった。一部の章段を除くと、兼好のものの見かた、考え方、感じ方と生徒のそれとの間に意識のずれもあり、その反応は平板で乏しく、授業の準備の割には、手ごたえの得難い教材であった。

昨年度(一九九五年度)、三年生を担当し、『徒然草』のいくつかの章段をまとめて指導する機会を得た。そこで、今回は、いくつかの観点を設けて教材を分類し、表現指導と関連させて授業を進めることを考え、授業を試みた。本稿では、授業の実際を紹介し、以下に取り上げる四点の工夫を中心に、学習指導の有効性について考察したい。

㈠ 学習指導計画

1 学習指導の工夫

徒然草の学習指導を計画するにあたり、ア・教材の開発、イ・学習目標の明示、ウ・学習テーマの設定、エ・構造的な板書などの他、次の四点を工夫した。

①理解の観点設定

ア・世界観、イ・人生観、ウ・社会観、エ・自然観、オ・人間観を観点として設定した。観点の設定によって、教材の読みの切り口が見いだされ、教材との対話の通路が開け、理解が深まると考えた。

②指導過程―基本学習から発展学習へ

基本学習の理解に立って、自ら関心のある章段を選び、主体的に読み表現する学習を発展学習として設定した。

③理解と表現の関連指導

基本学習における、ア・感想、イ・小論文と感想文（選択）と、発展学習としての、ウ・要約と感想との三つの表現の場を設定した。ア・感想―ひとまとまりの教材を学習するごとに、感想文を書かせた。感想文は、読みの反応を意識化させる。その意識化が、生徒各自にとっての読みのおもしろさを引き出し、興味関心を深めると考えた。イ・小論文―基本学習の結びとして、兼好のものの見方・考え方・感じ方を精確にとらえさせるための一つの方法として課した。

④学習課題・学習の手引きの作成

ア・学習課題―学習目標の明示、授業展開の明確化のために、また、学習内容の整理のために学習課題のプリントを用意した。イ・学習の手引き―「参考―小論文を書くために」（方法提示）、「参考―小論文を書くために」（例文提示）を作成した。

2　学習指導計画

（1）指導目標

価値目標―①②、技能目標―③、態度目標―④として、次のように目標を立てた。

①　徒然草のいくつかの段を学習することを通して、兼好のものの見方・考え方・感じ方を理解させる。とりわけ、ア・世界観、イ・人生観、ウ・社会観、エ・自然観、オ・人間観について理解させ、兼好の人間像をとらえさせる。
②　①を通して、自らのものの見方・考え方・感じ方を深めさせる。
③　徒然草に頻出する語、助詞（副助詞・係助詞）、助動詞、ならびに表現技巧（対句・比喩）を理解させる。
④　徒然草に関心を持ち、積極的に学習に参加するようにさせる。

（2）　時期・対象・教材

①時期―一九九五年一学期前半
②対象―三年生二クラス（文系）
③教材
序・二・一九・五九・七三・一五五段（教科書『古典総合』一九九四年　角川書店刊）七・二五・五六・七四・一三七（一部）・一四二・一七一段（『日本古典文学大系』）

（3）　指導過程

①基本学習
導入―『徒然草』を読むために
展開―兼好をとらえる
ア・世界観　イ・人生観　ウ・社会観　エ・自然観　オ・人間観
まとめ―私のとらえた兼好
ア・小論文　イ・感想文（＊ア・イのうちどちらかを選択）

②発展学習

五教材の中から一つを選択してレポート（要約・感想、各二〇〇字）提出。

（4）学習指導計画

		テーマ・教材	学習のねらい	時
導入		「つれづれなるままに」（序段） 「徒然草を読む」（斎藤雅子） 『徒然草』を読むために	①文中の語を文脈に沿って、的確にとらえる。 ②兼好の徒然草の執筆態度や心境について理解する。 ③『徒然草』・兼好への興味・関心を持つ。	1
基本学習	展開	①世界観 —世のことわり— 「蟻のごとくに集まりて」（七四段） 「あだし野の露消ゆる時なく」（七段）	①兼好が世の理をどうとらえ、どう受け止めているかということについて理解する。 ②兼好の考えに対し、自分なりの考えを持つ。 ③係助詞、副助詞（のみ・だに）、助動詞「ず」の理解を確かにする。	3
		②人生観 —生き方を考える— 「世に従はむ人は」（一五五段）	①兼好がどのような人生観を持っていたかをとらえる。 ②兼好の人生観が何に基づくものであるか理解する。 ③兼好の人生観について、自分なりの考えを持つ。 ④指示語の内容を押さえ文脈をとらえるとともに助動詞—む・べし・なり・まじについて理解を確かにする。	2
		③社会観 —理想の世を考える— 「心なしと見ゆる者も」（一四二段）	①これまで学んだ文法の知識（係助詞・助動詞・副詞）を活用して、本文を読み取る。 ②兼好の社会観をとらえる。 ③兼好の社会観に対し、自分の考えを持つ。 ④助動詞（き・つ・ぬ・じ）について理解を確かにする。	2

基本学習			発展学習
展開		まとめ	
④自然観 —美を見いだす— 「をりふしの移り変はるこそ」（一九段）	⑤人間観 —人間をとらえる— 「世に語り伝ふること」（七三段） 「同じ心ならむ人と」（一二段）	◇私のとらえた兼好 ①小論文 ②感想	◇レポート（要約・感想） 「飛鳥川の淵瀬」（二五段） 「大事を思ひ立たむ人は」（五九段） 「貝をおほふ人の」（一七一段） 「花は盛りに」（一三七段一部） 「久しくへだゝりて」（五六段）
①兼好が、四季の変化の中で、どのような自然にどのような思いを持っていたかをとらえる。 ②人々の一般的なものの見方・感じ方と兼好の見方・感じ方との関係をとらえる。 ③自分なりの、自然の見方・感じ方を表現する。 ④係助詞・助動詞（めり・らる）について、理解を確かにする。	①虚言がなぜ生まれ、虚言にはどのようなものがあり、虚言に対してどのように対するのがよいかとらえさせる。 ②兼好がどのような友を想定し、それぞれにどのような思いを抱いているか理解する。 ③①②を通して兼好の人間観を考える。	①兼好の世界観・人生観・社会観・自然観・人間観を「手引き」に基づき論証的に表現する。 ②各自の兼好観を小論文・感想にまとめる。	①各自の関心に基づき、一つの章段を選択して読み内容を要約する。 ②読み取った兼好のものの見方・感じ方・考え方について感想をまとめる。 ☆夏休みの課題として課した。
3	2	1	

(二)『徒然草』学習指導の実際

(1) 基本学習―「①人生観―生き方を考える」の場合

ここでは、「基本学習」の一つとして行った、「②人生観―生き方を考える」(「世に従はむ人は」一五五段　教科書)の授業の実際を取り上げることにする。授業は、おおむね、次に掲げた指導案のように展開した。

板書計画	発問(←)計画・留意(☆)事項
世に従はむ人は ◎人の生き方と機嫌 ・世に従はむ人 　まづ機嫌を知るべし 人の耳にもさかひ 心にもたがひて」そのこと成らず さやうのをりふしを心得べきなり ・かならず果たし遂げむと思はむこと 　機嫌を言ふべからず 生・住・異・滅の変化	☆学習課題プリント配布。兼好の世界観について復習し、本時の目標を明らかにする。 ☆範読。学習課題プリントに基づく個別学習。 ←①兼好は、この段でどのような生き方をどのような理由から求めていると思われるか。 ←ア「世に従はむ人」は、どのように生きるべきだと言っているか。 ←イ「機嫌を知るべし」というのはなぜか。 ←ウ「かならず果たし遂げむと思はむこと」についてはどうすべきだと言っているか。 ←エ「機嫌を言ふべからず」という理由を述べなさい。

まことの大事
しばしも滞らず
ただちに行ひゆくものなり
◎変化の様
①「ついで」のあるもの
ア、季節
・春はやがて夏の気をもよおし
・夏よりすでに秋は通ひ
・秋はすなはち寒くなり
・十月は小春の天気
イ、落葉
下よりきざしつはるに絶えずして
②「ついで」のないもの
生・病・死
死—前よりしも来たらずかねて後ろに迫れり
これ（四季の変化）に過ぎたり

←②「滞らずただちに行ひゆく」とあるが、変化の様を具体的にまとめなさい。
←ア本文ではどのようなものの変化について述べられているか。
←イ挙げたものを「ついで」のあるものとないものに分けなさい。
←エ「季節」はどのように変化するととらえられているか。
←オ「落葉」はどうか。
←カ「生・病・死」についてはどうか。
←キ「これに過ぎたり」の「これ」は何を指しているか。
←「沖の干潟…」はどういうことの比喩か
☆この段の感想を人生観を中心に書きなさい

各観点ごとに分類した教材を学習するごとに、次の用紙に感想を書かせた。生徒の記入したものを掲げる。

［徒然草―兼好をとらえる］

◇兼好のものの見方・考え方・感じ方について、あなたの考えを述べなさい。

①世界観 ―世のことわり― 「蟻のごとくに集まりて」（七四段） 「あだし野の露きゆるときなく」（七段）	世の中は常にうつり変わっていくもの、確かに私もそう思う。しかし、「自分」というものを磨くという目的で、常に何かを求めて生きていくのが人間であると思うし、私はそうありたい。名誉や利益だけにとらわれ、それが人の「人格」や「ものの見方」を悪いように変えるのはいけないと思う。 ＊しっかりした考えを持っていますね。（注　＊は、授業者の評言）
②人生観 ―生き方を考える― 「世に従はむ人は」（一五五段）	死ということについて兼好は、「おぼえずして来たる」と言った。私も確かにそう思う。だけど「生きる」ということについても似たような事が言えると私は思う。もし「死ぬ」ということがふっと偶然にやってくるのなら、「生きる」ということもその偶然の連続なのではないかと思う。そう思うとどんな人間にとってもその偶然の一秒一秒が大切だと思える。 ＊なるほどそういう発想もありますね。しかし、そう考える時、人間の意志はどうかんがえればいいのでしょう？
③社会観 ―理想の世を考える―	もっともなことだと思った。兼好の時代だけではなく、現代でもそのことがいえると思った。子どもを思う親の心、親を思う子の心は、どんな人でもあると思う。確かに盗みなどをする事は悪い事だし、絶対にしてはいけないと思うけど、自分の事しか考えず世の中のすべての人の気持ちになって物事を考えようともし

「心なしと見ゆる者も」（一四二段）	ない人は、もっと悪いことだと思う。 ＊私も同感です。しかし、どうしても自分を中心に考えてしまうのも人間ではないでしょうか。そこが難しいところですね。
④自然観 —美を見いだす— 「をりふしの移り変はるこそ」（一九段）	兼好はものすごく感受性の強い人だと思う。季節を目だけでとらえるのではなく、体、心すべてで感じ取っている。私がもし、どの季節が一番美しいと思うかとたずねられたら、答えが出ないかもしれない。というのは、やはりどの季節も自分の心に何かしみわたっていくものがあるからだ。私にとってはどんな季節も言葉に言いつくせないほどの感動を与えてくれる場面を持っていると思う。
⑤人間観 —人間をとらえる— 「世に語り伝ふること」（七三段） 「同じ心ならむ人と」（一二段）	「うそも方便」その言葉を私はよく聞く。確かにうそをつかなければならなかったり、相手の事を思って、という場合にはしかたがないと思うけど、一つのうそのつじつまを合わすために、またうそをつく、私はそれが、とても恐ろしいことだと思う。それに自分のいいようにうそをつくことは、人間にとってものすごくなさけなく、おろかなことだと私は思う。 ＊しっかりと自分の考えを持ち、それが的確にことばで表現されていますね。

（2）基本学習のまとめ—小論文の場合

小論文を学習のまとめとして書かせるにあたり、次に掲げた手引きを用意した。

［参考］—小論文を書くために

兼好の（世界観・人生観・自然観・社会観・人間観）

―「　　　　」段を中心に―

1　序論―小論文を書く動機・目的・方法など

[例]

（1）『徒然草』は、いくつかの説があるが、元弘元年（一三三一年）頃に一応の成立をみたとされている。以来、六百数十年にわたって、人々に広く読まれ、さまざまな影響を及ぼして来た。『徒然草』の内容は、説話・処世訓・自然観照など多岐にわたっている。それぞれに兼好のものの見方、感じ方が鋭く表現されてい、今日なお示唆深い。本論では、（「　」）の段を取り上げて、兼好の（世界観・人生観・社会観・自然観・人間観）を明らかにしたい。

（2）優れた古典随筆文学として有名な『徒然草』を書いた兼好はどのような人物であったか興味深い。ここでは、（「　」）をとりあげて、兼好の（世界観・人生観・社会観・自然観・人間観）について考えてみたい。

2　本論―中心となる問題を具体的に考察し、筋道だてて述べる。

[例]

（「　」）は、（　　　　）という内容の章段である。

まず、この段の次の表現から考察する。

①「注―原文を引用する」

②「　　　　」

ここには、（　　　　）という考え方が表れている。これは、兼好の（特徴的な・独特の・伝統に基づく、根本的な、一つの）（世界観・人生観・社会観・自然観・人間観）（を表すもの・と関連するもの・につながるもの）といえる。

次に、兼好は、

③「注―原文を引用する」

と述べている。（このように述べる理由は、ア、イ、ウの三点である。ここからは、（　　　）というものの見方がよみとれる。（これは、「　　　」という表現からも、同様に読み取れるものの見方である。）ここから兼好の（世界観・人生観・社会観・自然観・人間観）の（特徴・一端・本質・根本）を読み取ることができる。

最後に、次に掲げる表現に注目したい。

④「注―原文を引用する」

⑤「　　　」

これらは、（　　　）について、述べたものである。これらの表現には、兼好の（　　　）という考え方がでている。（これは、「　　　」という箇所にも表れている。）このような考え方は、兼好の（世界観・人生観・社会観・自然観・人間観）の（基本・特徴・本質）となっていると考えられる。

3　結論―全体のまとめ

[例]

以上、兼好の（世界観・人生観・社会観・自然観・人間観）として、明らかになったことをまとめれば、次のようになる。

①

②

［参考文献］

この手引きは、次の点をねらいとして用いた。

ア・小論文に初めて取り組む生徒に、経験的に小論文の書き方について理解させること。

イ・手引きにしたがって書くことで、自らとらえた兼好のものの見方・考え方・感じ方を論証的に表現できるようにすることをねらった。小論文の手引きは、次の点を工夫した。

a・書き出しの例示　b・接続のことばを用いた構成の例示　c・論証的な文体（引用・帰納・・考察・補説）の例示　d・考察の過程で参考となることばの例示
ウ・また、ここでは省略したが、手引きに基づいて書いた小論文の例文を用意して参考にさせた。

（3）発展学習
課題プリントに示した五つの観点のそれぞれについて、用意した章段から一つを選択させ、要約と感想とをまとめて提出させた。

(三)　生徒の表現とその考察

1　基本学習における感想文

（1）「人生観―生き方を考える―」の場合

（A）私も世の中に順応するためには、時機を知らなければならないと思う。①でもそれはなかなか難しいことで、もし物事の都合のよい時機を本当に知ることができたら世の中には「後悔」なんてなくなるのだろうなあと思う。時がたつのは本当に早くて、時機を知ってやりたいことはやっておかないと、いつ死が訪れるかわからない。②悔いを残して死を迎えないよう自分の生き方をしっかり見つけるべきだと思った。（NC女）

（B）変化について作者は、季節や人の命のことを書いている、③でも今の私はどうしてももっと細かい、私自身の心の移り変わりのことばかり考えてしまう。これはきっと私がまだ若いからだと思う。人はいつ死ぬかわからないし、もしかしたら明日死ぬかもしれない。④でも私はそんなことをわかっていながらも心のどこかでいつもまだ死ぬはずがないと思っていて、未来の希望ばかりが頭をめぐる。これはいいことなのか、悪いことなのかいまの私にはわからない。でも私はいつも未来のことばかり心配している。何も考えずにひたすら今を精一杯生きたい。（SM女）

（C）兼好と私とでは人生観は世界観に比べて共通点がある。本当に自分がしようと思ったことは私も時期などを見計らうのではなく、世間を気にせず、その時その一瞬に行動にうつすことが最も人間らしいことだと思う。しかし、⑤現社会ではそういう自分の本能のまま行動できないのが現状であり、どうしても⑥世間を気にしながら行動する自分たちは兼好の人生観こそ理想である。（SH男）

〔注　傍線と番号は渡辺が付した。〕

兼好の人生観（「世に従はむ人は」）についての読みの反応が感想としてそれぞれに述べられている。（A）は、①で経験から得た時機を知ることの難しさを述べながらも、兼好の考えに沿って、②のように述べている。（B）では、兼好の考えを理解しながらも、年若いために、また、三年生として進路のことが気にかかるために、③④のように、共感できない生徒のこころが素直に述べられている。（C）には、兼好の人生観を理想とし、共感を寄せながらも、「現社会」「世間」が気にかかり、実行することを断念せざるを得ない現状が書かれている。ここには、教材と生徒との対話・交流が「人生観」を窓口にして成立していると思われる。

ここでは、人生観に関する感想を紹介した。生徒は、他に、世界観、社会観、人間観、自然観から構成した教材を読み、それぞれに各自の読みの反応を感想文として書いている。書くことを通して、各自の感じ考え発見したことを確かなものとしてとらえ、徒然草と兼好への興味・関心を深めていったと思われる。

2　基本学習における小論文

小論文について、一例を紹介し、考察したい。

（A）兼好の人生観

「徒然草」について諸説様々あるが、元弘元年（一三三一年）に一応成立し、以来人々に様々な方面において影響を及ぼしてきた、「徒然草」には説話、処世訓、自然観照など多岐にわたって書かれているが、それぞれに兼好のものの見方や感じ方が鋭い視点から描かれていて、成立から六百年たった今でも示唆深いものがある。本論では、「世にしたがはむ人は」（第一五五段）を取り上げて、兼好の人生観のひとつを明らかにしたい。

（a）この段は人間は生きて行く上で物事をする潮時を知るべきだと述べた章段である。まず、この段の次の表現から考察する。

①「世に従はむ人は、まづ機嫌を知るべし。」

②「ただし、病を受け、子産み、死ぬることのみ、機嫌をはからず。」

①には、全く先に書いた内容の考え方が表れているが、②には、①の例外としてのものが書かれており、（b）これらは根本的な人生観を表すものといえる。

次に兼好は、

③「生・住・異・滅の移り変はるまことの大事は、たけき河のみなぎり流れる《ママ》がごとし。」

と述べている。このように述べる理由は、すぐ後に書かれている、人生は「しばしも滞らず、ただちに行ひゆくものなり。」だからである。③からは人生は無常なものであるという見方がよみとれる。ここから兼好の人生観の根本を読み取ることができる。

最後に、次に掲げる表現に注目したい。

④「四季はなほ定まれるついであり。」

⑤「死期はついでを待たず。」

これらは「四季」と「死期」について述べたものであり、（c）読み方について同音であるが、一定のものと一定でないものとを対比させて効果的に用いている。（d）これらの表現には、兼好の「死期」への恐れにも近い考え方がでている。（e）このような考え方は、兼好の人生観の本質となっていると考えられる。

以上、兼好の人生観として、明らかになったことをまとめれば、次のようなことになる。

①人間は、本当に成し遂げようとする重大事に対しては時機がどうであるかということは考えずに、どんどん実行すべきである。

②人生とは、勢いさかんな河があふれんばかりに流れるように、無常なものである。

③①の考えの理由として、死期というものは不定のもので予測し得ない。（O・N男）

［注　傍線、および（a）（b）等の記号は渡辺が付した。］

序論部の書き出し、また、本論部、結論部の傍線部に見られる、接続のことばの用い方、論証的な文体、考察のまとめとなることばの用い方に、「手引き」を利用したことが表れている。この生徒は、次に挙げるように問題はあるが、「手引き」にしたがって書くことで、ほぼ構成の整った論証的な小論文に仕上げているといえる。この小論文には次のような問題点が見いだされる。

ア・傍線部aは、この章段を内容を要約した箇所であるが、適切な要約となっていない。イ・傍線部b・eは、帰納的に兼好の見方をとらえるべきところであるが、的確にとらえられていない。

ウ・傍線部c・dには、読み誤りが見られる。

以上、一例を紹介し考察した。その他の小論文をも併せて考えると、小論文の「手引き」は、論の展開を整え、論証的に文章を書くうえでおおむね有効であったと思われる。しかし、①対象とする章段の要旨を的確にとらえていない(的確に表現できていない)例が見られた、②論の展開に滑らかさと緻密さが書けているものが多い、③引用したものから帰納的に本質をとらえる点が十分ではない、④引用が適切でないものが多かった、などの問題点も見いだされた。

(四)『徒然草』学習指導の反省と課題

以下の、指導目標の達成と学習指導の工夫の有効性という観点に絞って述べたい。

1　指導目標の達成

①ア・世界観　イ・人生観　ウ・社会観　エ・自然観　オ・人間観について理解を深めることはできたと考える。

しかし、兼好の人間像の全体的把握にまでは至らなかった。兼好の人間像についてまとめさせる時間を設ければよかったとも考える。

②基本学習における感想文を読むかぎり、兼好の感じ方・考え方と自らのそれを突き合わせながら、自らのものの見方・考え方・感じ方を広げていったと考える。

③徒然草に頻出する語、助詞（副助詞・係助詞）、助動詞、表現技巧（対句・比喩）に関し、一定の理解は得られたが、応用力として働かせるまでには至っていない。

④指導の工夫の①③によって、教科書どおりの順番で徒然草を扱った時よりも、関心を持ち、積極的に学習に参加したように思われる。

2　**学習指導の工夫**

①理解の観点設定

設定した観点が、教材を読む際の切り口として働いたと考える。また、対話・交流するためのルートとしても働いたと考える。観点が一面的読みをもたらせたとも考えるが、現時点では妥当であったと考える。

②指導過程—基本学習から発展学習へ

基本学習で何を育成するかを十分に検討していなかった。また、発展学習を夏休みの課題として簡略化せざるを得なかった点も反省される。しかし、指導過程に基本→応用→発展を組み込み、つけるべき力を応用力にまで高める指導を行う考え方は今後に生かしたい。

③理解と表現の関連指導

ア・感想文—生徒各自にとっての読みのおもしろさを引き出し、興味関心を深めると考えた。しかし、その有効性については、今後にさらに試み検証すべきであろう。

イ・小論文―引用の仕方、論の精密な展開、的確なことばの使用、帰納法の適用等に問題点はあるが、三年生の読みの指導として、精確な内容理解とその表現を目標とする上で、さらに試みたい。

④学習課題・学習の手引きの作成

ア・学習課題―有効であったとは考えるが、今後は、問題把握→解決という学習を主体的に行わせるための「手引き」を工夫して作りたい。

イ・「参考―小論文を書くために」（方法提示）、「参考―小論文を書くために」（例文提示）の二つを「手引き」として与えた。生徒のほとんどが「手引き」を参考にまとめていた。「手引き」は、有効であったと考えるが、③のイで示した問題点もある。今後は、表現の系統的指導をも視野に入れ、有効な工夫を考えたい。

おわりに

『徒然草』の授業を表現を軸に試み、その工夫の有効性を考察した。以前の授業に比べ、手ごたえを感じることはできたが、そのささやかな手ごたえが何によるか、実証的に報告することはできなかった。周到な実験・研究授業の必要も感じている。今後、先行研究に学ぶとともに、ここで用いた工夫を他の教材についても用い、その有効性をとらえていきたい。

(三) アメリカにおける古典と関連づけた表現指導
――連句の学習指導「Basyo and Linked Poems」の場合――

はじめに

古典を創造に生かすことは古典教育の一つの課題であろう。この課題に関して世界の古典教育がどのように取り組んでいるかは、興味深い。ここでは、アメリカにおける古典と関連づけた指導の一つとして、ウイリアム・ヒギンソン(William J. Higginson)氏「Basyo and Linked Poems」の古典教育について考察したい。「Basyo and Linked Poems」は、『Classics in the Classroom』[1]に掲載された論稿である。原稿を募集した〈教師と作家の共同研究〉(Teachers & Writers Collaborative)は、「古典を学生の表現を引き出すために用いることに関する論文を募集した時、送られてくる論文についてほとんど期待を持ってはいなかった。今日、学校において、現代の作品が重視されている。私たちは、教師によって古典がおろそかにされ、扱われなくなったのではないかと考えた。答えは、否であった。本書の論稿が示すように、古典は健やかに活き活きと息づいている。」と述べ、出版の目的については、「幅広い学生が楽しみながら想像力を発揮して書けるように、優れた、実践的なアイデアを提供することにある。」[2]と説明している。「Basyo and Linked Poems」はこのようにして編まれた一九の論稿の一つであり、連句の学習指導を内容としている。以下に、まず、指導者について簡略に紹介し、ついで、学習指導の概要を整理して考察を試みたい。

㈠　指導者・ウイリアム・ヒギンソン（William J. Higginson）氏について

ウイリアム・ヒギンソン氏は、一九三八年にニューヨークに生まれ、ニューヨークと近くのニュージャージーに育った。マサチューセッツ工科大学に二年間通った後、アメリカ空軍に入隊し、エール大学の日本語学科の大学院に配属され、優秀な成績で任務を了えた。二年間日本に勤務し、そこで詩の研究と翻訳を始めた。アメリカに戻った後、一九六九年に南コネチカット州立大学の英語科を優れた成績で卒業した。詩人、翻訳者、作家、講演者、作文の教師、文学雑誌、インターネット作家、編集者として活躍している。トロントで一九六七年に創刊された、エリック・アマン（Eric W. Amann）の『Haiku（俳句）』を継ぎ、一九七一年～一九七六年の間、『Haiku Mgazine（俳句マガジン）』を編集、出版した。

著書として『Between Twe Rivers: Ten North Jersey Poets（二つの川の間：十人のノースジャージーの詩人たち）』（From Here press　共著　一九八〇年）、『The Haiku Seasons: Poetry of the Natural World（俳句の季節：自然の詩歌）』（Kodansya International　一九九六年）など多数がある。また、受賞も多い。一九七四年、『Itadakimasu: Essays on Haiku and Senryu in English（いただきます：英語による俳句と川柳に関するエッセイ）』で、一九七七年に、『The haiku Hand book: How to write, andTeach Haiku（俳句案内：創り方、味わい方、教え方）』で、一九九八年には、『Red Fuji: Selected Haiku of Yatsuka Ishihara（赤富士：石原八束選句集）』で、それぞれメリットブック賞を受賞している。他に、二〇〇〇年からは、正岡子規賞（愛媛県文化評議会）の選考委員をも務めている。

(二) 連句（Linked Poems）指導の概要

1 指導対象

それぞれ四、五、六人からなる六つのタイトル1のクラス。[1]学年は四、五、六年生。

2 指導目標

プロジェクトの目標は、以下の通りである。

①創造的に書くために学生たちを刺激すること。

②他の学生たちの書いたものを読み、それに反応することによって、学生たちの読みの技能を育成すること。

③学生たちによって全面的に創造された魅力的な作品を生み出すこと。

3 教材

アメリカ人やカナダ人の詩人の創った俳句の教材化。具体的には不明。

4 指導時間

四週間、一週に一度一時間の割で指導。計四時間。

5 授業展開

［導入］

（1）俳句の創作

①アメリカ人・カナダ人の詩人の俳句を読む。②詩についてクラス討議。③今、目に入り、聞こえているもの・覚えていること・作られたものから句作。④創った句から好きな句を選び、クラスに向かって音読する。⑤句を書

いた紙をクラスで回覧する。

［展開］

（2）付け句

①前時に創った句から好きな一句を選択し、書き出す。②その句の繋がりの道筋に関する可能性について話し合う。③自己の俳句を音読し、関連事を考える。④右隣の生徒に自己の句を回す。⑤クラスメイトの句に句を付ける。⑥右隣に自己の句を回す。⑦回って来た句に句を付ける。⑧句の付け方を例示し、三番目の句を付けることを口頭で試みる。⑨三番目の付け句を行う。⑩六句まで付け句を繰り返す。

（3）統合による連句の完成

⑪作品を大きな声で音読する。⑫最初と最後の句を検討し、句をつないでいる関連性を探す。⑬初句の中で心をとらえる句を探し、最終的な連詩の優れた初句とする。⑭一つの連詩によく繋がり、イメージや出来事の繰り返しがない三つの連句を見つける。⑮よく適合するように二、三の調整を行い、一八句からなる連句を完成させる。（最終の連句に入れなかった連句は、掲示板に掲げた。六句からなる連句を創れなかったクラスは、三つの句を合わせたり、句を付け足したりした。また、連句をスペイン語に訳し、大声で読み楽しんだクラスもある。）

［まとめ］

（4）作品入れの制作と展示

⑯ヨーロッパ人の書道の先生と本の装丁家の協力を得て六クラスで連句を書いた作品集を作った。⑰生徒は各自作品入れのカバーを作る。⑱各生徒はカラーコピーされた六つ作品集を受け取る。⑲一セットの作品集と作品入れは一ヶ月図書館で展示された。⑳展示は芸術家と生徒とが連句の制作についての経験を両親や友達に述べる開会式から始まった。また、作品入れは、芸術家、教師、団体、寄付者にも与えられた。

㈢ 連句の学習指導の考察

以下、「連句」指導の実際に基づいて、目標、教材、授業の方法、生徒の作品に関して考察していくことにする。

1 目標

本実践の目標の実際については、先に掲げた。目標①と③とは、連句によって学生に刺激を与え、創造的な詩心を喚起し、魅力的な作品を創造するというように、連続した目標である。目標②は、連句創造の過程をとおして読みの技能を育成すること目指している。この目標②は、連句というものが「参加者一人一人に対して、単に作者であるのみならず、同時に他者の詩に対するきわめて親身で敏感な鑑賞者・批評家であることを要求します。」という大岡信氏のことばに関係する。すなわち、連句の創作は、必然的に読みの技能も要求する構造になっているというのである。目標②は、この構造と関わっているといえよう。

我が国の実践の場合、授業で連句を扱うことの意味はどのようにとらえられているのであろうか。管見ではあるが、連句の実践に基づく論稿に、次のものがある。

①清水直樹氏「座・連衆の復活」（第四七回読売教育賞受賞）

②宗我部義則氏「創造的な読み手を育てる連句の指導（1）—国語教材としての連句の可能性を探る—」（『研究紀要』第二三集　一九九三年六月　お茶の水女子大学付属中学校刊）

③貝田桃子氏「連句あそびで心をつなぐ」（『月刊国語教育』八月号　二〇〇〇年八月　東京法令出版刊　二四頁）、貝田桃子氏『一〇分でできる　創作し伝え合う国語科授業』（二〇〇〇年四月　学事出版刊）

これらの論稿によれば、連句創作の意味は、ア・作品の鑑賞と作品の評価・批評（論稿①③）、イ・前句に関わって生じる虚構世界・イメージの表現（②③）、ウ・学習者相互の交流と相互理解の深まり（①）、エ・ことば・日本語の美との触れ合い（③）、オ・討議話し合いによる共同製作（③）という点に見いだされている。ここに整理した連句創作の意味と、ウイリアム・ヒギンソン氏の授業の目標とを直接に比較することには、慎重でなければならないが、次のようには考えられよう。日本における実践が、鑑賞、評価・批評、創作とともに、ことばと美、共同製作、交流と相互理解に意味を見いだしているのに対し、ウイリアム・ヒギンソン氏の場合、詩心の喚起、読みの技能、創作に中心が置かれ、交流と相互理解については、授業の実際に見いだされはするが、目標としては位置づけられていない。日本では、浅野欣也氏は、『癒しの連句会』（二〇〇〇年一月　日本評論社刊）の中で、「紙の上に作られた付合は、意図されることなく、いつの間にか連句をとりまく現実の人間関係の中に浸透する。このことを『座の構造』と呼んでいる。」とする考えを示している。これもまた、交流と相互理解に関するものである。ここに、本実践の目標との相違点を見いだすことも可能であろう。

2　教　材

連句を教材としたことについては、「学年のレベルによったいくつかのコースにおいて、英国系アメリカ人とは異なり、私たちの地域で目立っているスペイン系やインディアン系の文化による社会を重視したから」と説明している。他に、直接に書かれてはいないが、アメリカにおける俳句・連句の広がりとともに、指導者の連句理解の深さも背景にあることが推察される。

授業で用いられた教材は、学習者の実態、授業の展開、授業内容に応じて作成された。

俳句創作時の教材として「アメリカ人やカナダ人の詩人による優れたいくつかの俳句」を用いている。理由に、

「それらの句は現代的で私たちの文化に根ざしているから、多くの日本の俳句例のようには、通常、説明を要しない。」ことを挙げ、それをモデルとして用いて俳句の創作に生かしている。

次には、「おのおのの生徒が、少なくとも三つか四つの俳句を創り終えた時、生徒に好きな句を選びクラスに向かって音読するよう呼びかけた。あるクラスでは、生徒がクラスメイトの創ったすべての句を見たがった。そこで、すべての生徒が読めるよう、句を書いた紙を回すことを促した。」と、俳句の創作を試みた後に生徒の作品を紹介し合っている。これは、生徒の作品を教材化することによる学習と考えられる。生徒の作品を教材とすることによって共に学び合い、関心や意欲を高めることに役立てている。

また、句を付ける時の教材化については、「クラスに芭蕉と俳諧の仲間たちからのもののような連歌の例を用意し」たと述べ、「いかにそれぞれの句が前の句に関連しているか、しかし、また、その前の句との関連からいかに転じているかを示した。」と説明している。

このように見ると、教材は、学習者の社会的、文化的状況を考慮し、授業の展開と授業内容に応じ、学習者の関心や理解度に配慮して用意されたと考えられる。

3　授業の方法

(1)　授業における連句の方法

形式については、まず、連句の五・七・五と七・七に応じ、三行と二行の詩を創らせた。また、五・七・五に対して短・長・短の三行のリズムを持った詩を創らせている。他には、日本の伝統的な連句の規則（式目）の内、「私たちが従ったのは、芭蕉風の連歌の三つの主な方法である。すなわち、協同による作詩、多様な方法による句の関連付け、それに、一つのテーマから他への転換の三つである。」と述べている。

ウイリアム・ヒギンソン氏自身は、連歌の付け方について、芭蕉の市中歌仙に例を取り、①風景または行為を一つの句から次の句に広げること、または、細部を加えること、②行動と場面の部分、あるいは、全部を全く新しい状況に転換すること、③情緒的な調子をとおした繋がり、という三つがあるとしている。「③」については、「梅若菜」を例に取り、次のように説明している。

放やるうづらの跡は見えもせず　素男
稲の葉延の力なきかぜ　珍碩
ほつしんの初にこゆる鈴鹿山　芭蕉

珍碩の句は、場面を展開し、そよ風の中にウズラが鳴いている風景を詠んだ古い和歌をほのめかすことをとおして素男の句に付けている。しかし、愛玩用のウズラと稲田とによって暗示されていた田舎の家庭的雰囲気は、若い僧が険しい山道を足跡に沿って疲れた足取りで歩くことで、視界から去っていった。その代わりに、芭蕉の句は、そよ風に吹かれて伸びる稲に若者のためらいの微妙な繊細さをうまく重ねている。芭蕉は、新しく一人の僧を登場させ、もの寂しい場所に置いたのである。

ここには、連歌の付け方への深い理解が窺える。しかしながら、授業の実際においては、学習者の実態にあった方法として、先に述べた連歌の三つの方法を授業で用いたといえる。

(2) 俳句創作の方法

A　素材の発見

連句の最初に俳句を創るよう指導している。その指導については、「最初の授業で、生徒が、今、目に入り、聞こえているもの、覚えていること（最近のこと、あるいは、生徒の幼かった頃と同じくらい昔のことから）、そして、リアルではあるが実際には創られたものに基づいて俳句を創ることを促した。」と説明がある。俳句の実例を示して話し合わせた後、学習者に、今この場所で耳目に入るもの、蓄積された記憶、想像（ファンタジー）と、柔軟に幅広く材料を求めさせて俳句を創らせている。これは、授業中にその場で俳句を創らせる指導として有効であろう。

B　具体例による指導

俳句創作の指導については、「私が掴んだ俳句を作るための最もよい方法は、アメリカ人やカナダ人の詩人による優れたいくつかの俳句をただ読むことである。」と述べている。俳句創作の最もよい方法として、学習者の理解しやすい、アメリカ人やカナダ人の詩人による俳句をモデルとして利用した指導がなされている。そのための最上の教材として、「コー・ヴァン・デン・ヒューベル編の『The Haiku Anthology（俳句叢書）』」とともに、「小学校、中学校の生徒に俳句を導入するための指導計画も入っている」として、『The haiku Hand book: How to write, and Teach Haiku』（前出）を紹介している。

また、第三の句（脇句）の付け方の指導に際しても、「クラスに芭蕉と俳諧の仲間たちからのもののような連歌の例を用意し、いかにそれぞれの句が前の句に関連しているか、しかし、また、その前の句との関連からいかに転じているかを示した。」と述べ、具体例をモデルとして用いた指導を行っている。

（3）詩心の高まりを待つ指導

ウイリアム・ヒィギンソン氏は、付け句の例として、次の冒頭三句を掲げている。

カールスバド　カバーンズは、

行ってみると
おもしろい
（イリアナ　ペレッツ）

私は知りたい
車の運転
（ジミー　リリー）

午後の通り
バイクに乗って突っ走る
空気を貫いて
（ジュリエッタ　オリバス）

この冒頭三句の指導について、次のように解説している。

技術的には、カールスバド　カバーンズで始まる句は、それほどイメージ喚起力があるわけではなく、それほど俳句として適切であるわけでもない。しかし、ここでの私の目標は、生徒たちを楽しませることにあった。そして、明らかにイリアナにとってこれは、楽しい書くことであった。したがって、私は、この段階で推敲を強く求めることはしなかった。むしろ、次の生徒がイリアナの句で何をするかを見ようと待つことにした。確かにジミーの応答も、強い視覚的なイメージを提示しなかった。しかし、読者は、これらの句にイメージの広がりへの緊張感が高まるのを感じ取ることができた。それらは、結果的に、よく均衡がとれ、力強いものとなっている。そして、それらなしには、ジュリエッタの句の驚くべき詩的な表現は決して生じなかったであろう。ときに学習会の指導者は、判断を留保し、学習の仕方を観察し、そして生徒にすばらしい詩心が起こったとき、それを受け入れるための十分な余裕を持たねばならない。

作品の目先の出来を求めず、句を付けることをとおして学習者に詩心が醸成されるのを待つことによって、優れた連句が産み出されるに至っている。ここには、自制心の利いた冷静な指導者の目が窺える。傍線部は、連句の指導にとどまらず、一般性を持つものといえる。次の指導も同様の考えに基づいている。

私が、生徒が閃きを得たと感じた時、その時が、生徒にとってクラスメイトの俳句を読み、それに対して俳句と何か関連のある二行の句で応える機会である。関連についての討議によってウオーム・アップしておくと、これは時間を要しない。

生徒の多くが関連付けと転換との二つに関する発想が閃いたと思う時、私は生徒に、先に進み、紙片にいくつかのふさわしい三番目の句を書くようにと告げる。

この指導例を見ると、工夫ある指導をした後、学習者の詩心が表現に向かって高まったのをタイミングよくとらえて創作させている。ここにも詩心の高まりを待つ姿勢が背景に窺える。こう見ると、待つ姿勢は、実践をとおして一貫していることが理解される。

（4）音読の利用

次のように作品の音読が授業の中でなされている。

おのおのの生徒が、少なくとも三つか四つの俳句を創り終えた時、生徒に好きな句を選びクラスに向かって音読するよう呼びかけた。あるクラスでは、生徒がクラスメイトの創ったすべての句を見たがった。そこで、すべての生徒が読めるよう、句を書いた紙を回すことを促した。

二時間目の初めに、おのおのの生徒に新しい紙の最初に一時間目に創った好きな俳句を書き出すように呼びかけた。ついで、たとえ繋がりをただちに見いだせなくとも、多くのものごとが繋がっている道筋について話し合った。順々に、生徒が自分の俳句を大きな声で読むように言い、それに関連しているものごとを考えた。

四回目の授業において、作品を大声で音読する。ついで、それぞれの箇所の最初と最後の句を検討する。それらの句を繋いでいる関連性を探し出そうとする。

あるクラスでは、英語とスペイン語の両方に堪能な三人の生徒が一八節の連句を、進んでスペイン語に翻訳した。この翻訳がなされたことで、生徒はスペイン語版を大きな声で読み、全員が楽しんだ。

音読（朗読）によって、学習者は各句を共有することができる。音読によってリズムを理解することもできる。ここでは、音読が、句に関連することを考え想像したり、句を検討したり、句と句の関連性を探し出したり、読み味わい楽しんだりすることに生かされているといえる。

(5) 統合による連句創作

連詩は、次のようにして完成に至った。①俳句例を読むことによる俳句の学習→②三、四句俳句創作→③最も好きな俳句（発句）選定→④話し合い→⑤俳句を右隣に回し、二行で付け句（脇句）→⑥連句例により、三番目の句の付け方の学習→⑦右隣に回し、三行で付け句（第三）→⑧右隣に回し、二行で付け句、以下、六番目まで付け句→⑨作品音読、関連性の検討、優れた初句を含む連を選び、連詩の初句として選定→⑩六句からなる連を三つ選定し、調整して一八句からなる連句に統合。この連句創作の特色は、以下の点に見い出される。ア・俳句の創作から連句に至っている点。日本における連句指導の場合、発句は与えられていることが多い。(4) イ・第三の句までは、一つ一つ規則や作り方を教えては創作させるという方法に拠っている点。日本の場合、規則と創り方を教えた後、発句を与え、グループ（座）で創らせるという方法が多い。本例の場合、学習者にとって、連句つくりの全てが初めての経験であること、学習者が小学校四、五、六年生であるということも関連していると考えられる。ウ・六句からなる連句三つを統合して一八句からなる連句を創った点。このような方法に拠った理由として、対象者が幼いことも挙げられる。小学校四、五、六年生にとって一八句を創るのはかなりの負担であろう。このことへの配慮があったとも考えられる。また、指導時間の問題も大きな理由であったといえる。「回し書き用の紙のそれぞれに一八の句からなる長詩を創るには数回の授業を必要とする。」と述べられている。行われた授業は四時間であった。一八句の連句を創るための授業時数の不足という問題を連句の統合という形で解決したといえよう。一八句という数にこだわったのは、半歌仙の考えに基づいたものであろう。日本における実践では、半歌仙もあるが、八句、一二句、一四句からなる連句の指導も見いだされ、生徒の実態や時間数によって柔軟な対応がなされている。(5)

（6）社会活動に位置づけられた創作連句

連句創作の授業の最後については、次のように説明されている。

私の仕事がなされた時、プロの芸術家たちは、生徒とともに作品を作り、前に述べた横長の作品入れを作るために材料を使った。生徒は、自分自身の作品入れのカバーを作り、それぞれが　六つの作品入れのセットを受け取った。それは、地元の印刷業者によって用意された色紙にカラーコピーされたものであった。一セットの作品入れは、組み立てられ、そして、一カ月間公立図書館で展示された。展示は、芸術家と生徒とが連詩の作成についての経験を両親や友達に述べる開会式から始まった。作品入れは、芸術家にも、教師、団体、寄付者にも与えられた。

これによると、この学習が様々な人々、団体に支援されたものであったことが分かる。学習が社会活動としてなされているといえよう。その成果は、支援者、協力者に分かたれている。作品は、図書館に展示された。展示に先立つ開会式で、学習の経験が人々に伝えられることによって、学習とその成果は、社会に還元されるとともに、社会的に位置づけられたといえる。それは、学習者の達成感・充実感を深いものにしたといえよう。

4　生徒の作品例

ここに、五年生が創った連句の一つを紹介する。

大　　蛙

①大蛙
私の家の
玄関に

②雨が降って
寒くなる

③路に沿い
校庭を見て
老女が歩く

④ベルが響き
子供が下校

⑤カールスバド　カバーンズは
行ってみると
おもしろい

⑥私は知りたい
車の運転

⑦午後の通り
バイクに乗って突っ走る
空気を貫いて

⑧少年らは闘う
冷たい風の中

⑨雪男
溶けて水に
暖房で

⑩コークをこぼす
小さな弟の足の上

⑪にかわのような
違った色を
混ぜ合わせ

⑫ジム　カリーが行く
履歴とともに

⑬赤ちゃん小鳥
木の巣の外に
飛んで行った

⑭飛行機は操縦できない
習ったことがない

⑮私の祖母が
しようとしている
結婚を

⑯うさぎは活発
よく跳ねる

⑰上へ下へと
ボールが跳ねる
歩道の上

⑱トランポリンの長い静止
ガラスの窓をとおし

—イリアナ　ペレッ、ジュリエッタ　オリバス、ヒルダ　ペレッ、マルコス　ガルシヤ、そして、ジミイ　リリー

（注　便宜上、渡辺が各句ごとに番号を付した。）

連句の五・七・五の長句が三行、七・七の短句が二行として作成されている。長句は、長・短・長の三行には、必ずしもなってはいない。

この連句には、幾重にも重なり、広がり、転換するイメージの世界が見いだされ、そこに感覚や感情が緩急をともなって息づいている。例えば、①から②への展開は、蛙→雨という連想ともいえるが、②で「寒くなる」とすることによって、③につながる緊密度が増し、③では、それを受けて登場した老婆に寒々とした孤独の影が重なっている。情緒的・感覚的な付け方となっている。⑤⑥⑦は先に言及があったが、さらに⑧は⑦の暴力的なイメージを

少年の争闘に転換している。その高まりきった感覚は、⑨では、コミカルなイメージへと転換され、さらに展開していく。⑬から⑮へは、「赤ちゃん小鳥」を「祖母」に換えながらも、新生活に向かうという点で関連している。祖母の前向きの姿勢は⑯で「うさぎ」の「跳ねる」イメージへとつながっていく。⑱句は静けさと緊密さを湛え、余韻を漂わせつつ全体を収めるものとなっている。優れた作品といえよう。ここに込められた様々なイメージを通して連句を創った子どもたちの内面を垣間見ることも可能であろう。

おわりに――考察のまとめ――

以上に、考察したことをまとめれば、次のようになろう。

本実践では、我が国の連句の方法を、言語の相違と学習者の実態に応じて用い、優れた連句の作品を生みだしている。

目標は、詩心の喚起、読みの技能、創作という点に置かれている。この内、読みの技能は連句創作の構造と関わる。また、我が国の実践のような交流と相互理解という点は目指されていない。教材は、学習者の社会的、文化的状況を考慮し、授業の展開と内容に応じ、学習者の関心や理解度に配慮して用意されている。連句の方法としては、共同による作詩、多様な方法による句の関連づけ、一つのテーマから他への転換を用いている。創作の実際は、素材を身近な体験、記憶、想像に求め、アメリカやカナダ人による連句の具体例をモデルに用い、音読を利用し、詩心が醸成されるのを待って創作するという方法をとっている。作品は、六句からなる連句三つを統合し、調整して一八句（半歌仙）の連句として完成させている。作品の一つは、優れた達成を示すものとなっている。

注（1）Christopher Edgar 及び Ron Padgett 編『Classics in the Classroom Using Great Literature to Teach Writing』（一九九九年 Teachers & Writers Collaborative）に拠った。

（2）（1）に同じ（「PreFace」）

（3）市の援助によって行われる学習プログラムの一つで、段階に応じて設けられている。

（4）本稿三・四頁に掲げた論稿・著書に報告された実践では、発句が全て与えられている。

（5）本稿三・四頁に掲げた論稿・著書においては、論稿番号①で一二句、②で一八句、③で一四句、八句という連句の例が報告されている。

付記　本文に「Basyo and Linked Ppems」から引用した箇所は渡辺春美が訳した。

（付）芭蕉と連句〈訳〉

ウィリアム・J・ヒィギンソン
訳　渡辺春美

非営利芸術団体であるリカーソス・デ・サンタ・フェとニューメキシコにあるサンタ・フェ公立小学校との協力の結果として、一九九六年の春、私は生徒が連句を詠むのを手助けするために招かれた。リカーソス・デ・サンタ・フェは、近代文学のプログラムを支援している。また、サンタ・フェ公立小学校は読みのプログラムであるタイトル1[2]を実行している小学校である。連句は、日本のすぐれた詩人である松尾芭蕉（一六四四―一六九四年）の作品のスタイルに基づくものである（＊1）。授業計画では四年、五年と六年の小さなクラスで行う予定であった。しかし、私は同様の実践を高等学校、大学、成人に対して行っていた。私は、高等学校と大学の伝統的なクラスルームと地域社会の多様な人々の集まりとにおいてそれぞれ四から六人のチームに分けて試みたのであった。

私がクラスで授業を行う前の計画会議で、サラ・アレンのピノン小学校の教師たちと、ララゴイテのジェラルディン・コリッツの小学校の教師たちは、私同様に、連句がプロジェクトの目標達成のための良い方法であると考えた。プロジェクトの目標は、以下の通りである。（1）創造的に書くために学生たちを刺激すること。（2）他の学生たちの書いたものを読み、それに反応することによって、学生たちの読みの技能を育成すること。さらに、（3）学生たちによって全面的に創造された魅力的な作品を生み出すこと。教師たちは、また、学生たちが取り組むことになる書く方法のための教材にも満足した。教材は、一般に認められた非西洋文学の一ジャンルであった。そのような教材を用いた理由は、学年のレベルによったいくつかのコースにおいて、英国系アメリカ人とは異なり、私たちの地域で目立っているスペイン系やインディアン系の文化による社会を重視したからである。

六つのタイトルIのクラスのそれぞれで、四週間、一週に一度一時間の割で、同じ、四、五、六人の生徒グループと会った。それぞれのグループは一八またはそれ以上の節からなる連句を創作した。さらなる試みとして、ヨーロッパ人の書道の先生と本の装丁家が加わって、六つの横長型の手作りの作品集が創られるにいたった。それぞれの作品集は連句の一つによって特色が出されていた。

連句の簡略な紹介

ここ数十年にわたって、世界の教師が学生に俳句を紹介してきた。常に、芭蕉は偉大な俳人であると考えられている。芭蕉の俳句は継承しようとする世代のモデルとなってきた。しかし、多くの人々は、芭蕉の時代に生きた人々が芭蕉を主に俳諧の連歌師、または、滑稽な連歌の詩人として知っていたことについては理解していないかもしれない。一四世紀から一八世紀にかけて、日本のもっとも優れた詩人たちは、連歌を創作した。連歌は、短く、個別に創られた連からなる長詩である。連歌師たちは、通常、小さなグループ（座）内で、自分の短詩創作の順番を待って交替しながら創作活動を行った。

芭蕉の時代まで、ほとんどあらゆる職業からなる人々が、俳諧と呼ばれ、親しまれた型によって連歌を創った。俳諧の連歌は、今日のポピュラーソングによく似ていた。しかし、芭蕉は、インスピレーションを得ようと、杜甫、李白、白居易たち、唐王朝の偉大な中国の詩人と古の日本の詩人に遡って学ぼうとした。芭蕉は、芭蕉の時代の日常的な体験を詩に変えた。その詩には過去の偉大な文学が反響していた。取り分け、芭蕉とその弟子たちは、ものとこととがいかにすべて深く相互に結びついているかをとらえ、それらの結びつきに基づいて詩を創った。

今日、日本では連歌が再び人気を得るに至っている。詩人たちは詩精神を求めて芭蕉に学ぼうとした。名誉なことに、芭蕉の連歌とそれ以前の連歌との違いについて、詩人たちは、芭蕉の長詩と彼ら自身の作品を「連句」と呼んでいる。「連句」は、文字通り〝連なった詩〟である。例えば、ここに、芭蕉と二人の高弟である凡兆と去来による「夏の夜」の冒頭の五句がある。(3) 最初の二句がいかに緊密に繋がっているか、しかし、その後のそれぞれの句がいかに新しい方向に動いているかに留意したい。

1　市中は物のにほひや夏の月　　凡兆

2　あつし〳〵と門、の声　　芭蕉

3　二番草取りも果たさず穂に出て　　去来

4　灰うちた、くうるめ一枚　　凡兆

5　此筋は銀も見しらず不自由さよ　　芭蕉

芭蕉の句（2）は、凡兆が切り出した夏の宵の風景に、いくつかの細部を加えることによって最初の句に付けている。芭蕉が細部の風景として加えたのは、主として町屋と、人々が日中の暑さの後に、その前庭でくつろいでいる折に話している会話の様子である。去来は、その会話を受けることによって自己の句（3）を芭蕉の句に付けたが、場面を町から田舎の稲田に転じている。凡兆は、自己の句（4）を、会話から昼食―火に入れて焼いた鰯が入っている―に転じ、農夫、または、その小作人の一人を登場させることで去来の句に付けている。芭蕉は昼食の場面を引き継いでいるが、場を田舎の店に移し、大判を細かくできない店員の無能さに言及している。（現在、私たちは、クレジットカードを受け付けない店に同じ不便さを見いだすかもしれない。）注意すべきは、誰かが勘定を払おうとしたときに募る店のサービスへの不満と同様に、鰯に付いた灰は苛立ちとなったということである。

連句の二つの技術は、風景または行為を一つの句から次の句に広げること、または、細部を加えること（句1―2と3―4のように）と、行動と場面の部分、あるいは、全部を全く新しい状況に転換すること（句2―3と4―5のように）である。三番目の技術は、特に芭蕉によって重んじられたが、二つの句は全く相違しており、また、無関係なものではあるが、情緒的な調子をとおした繋がりがあることである。その場合、似通った感覚があるにも関わらず、劇的な転換が創り出される。「梅若菜」と呼ばれる連句から例を引こう。(4)

放やるうづらの跡は見えもせず　　素男

稲の葉延の力なきかぜ　　珍碩

ほつしんの初にこゆる鈴鹿山　　芭蕉

珍碩の句は、場面を展開し、そよ風の中にウズラが鳴いている風景を詠んだ古い和歌をほのめかすことをとおして素男の句に付けている。しかし、愛玩用のウズラと稲田とによって暗示されていた田舎の家庭的雰囲気の場面は、若い僧が険しい山道を足跡に沿って疲れた足取りで歩くことで、視界から去っていった。その代わりに、芭蕉の句は、そよ風に吹かれて伸びる稲に若者のためらいの微妙な繊細さをうまく重ねている。芭蕉は、新しく一人の僧を登場させ、もの寂しい場所に置いたのである。

情緒的な付け方の他の例がある。(5) この場合は、同様に場面を広げる方法を用いている―これはどのようにして一対の句に二つの付け方を用いるかを示すものである。三番目の句は、広角的な設定から、動きを伴った焦点化に転じている。この配列は、「初しぐれ」からのものである。

青天に有明月の朝ぼらけ　　去来

湖水の秋の比良のはつ霜　　芭蕉

柴の戸や蕎麦ぬすまれて歌をよむ　　史邦

夜明けの空に色褪せた青白い月と湖に映った山に薄く降りた初霜とによって同様の感覚が引き起こされることに留意したい。私はこれらの句を英訳したことがある。芭蕉が、去来によって用いられたと同じ定型に従うことによって、いかに視覚と聴覚とを強調しているかを明らかにするためである。史邦の〝柴の戸〟は、山に暮らしている隠者の質素な庵をほのめかすことによって繋がっている。盗まれた蕎麦と和歌を詠むことは、前の句の繊細な全景を劇的な動きに転じている。

これらの関連付けや転換は、連句の中心部におかれている。

授業の開始

歴史的には、ジャンルとしての俳句は、連歌の発句に由来する。そこで、最初の時間を俳句を創ることに当てた。私が掴んだ俳句を作るための最もよい方法は、アメリカ人やカナダ人の詩人による優れたいくつかの俳句をただ読むことである。それらの句は現代的で私たちの文化に根ざしているから、多くの日本の俳句例のようには、通常、説明を要しない。そのような詩のための最上の教材は、コー・ヴァン・デン・ヒューベル（＊2）編の『俳句叢書（The Haiku Anthology）』である。『俳句ハンドブック　創り方・味わい方・教え方』には、小学校、中学校の生徒に俳句を導入するための指導計画も入っている（＊3）。

読みの後に、句についてクラス討議を行った。ディスカッションにおいて、句の語ること（内容）、その書かれ方（型）、句に対する私たちの反応（感覚）を強調した。最初の授業で、生徒が、今、目に入り、聞こえているもの、覚えていること（最近のこと、あるいは、生徒の幼かった頃と同じくらい昔のことから）、そして、リアルではあるが実際には作られたものに基づいて俳句を創ることを促した。生徒の各々は、少なくとも、それぞれのタイプごと—今この場所、記憶、ファンタジーに基づく一つの俳句を創り、ついで、もっとも好きな種類に基づく俳句をもう一つ、二つ創る。私は、教室を回り、それぞれの生徒が、古典的な短—長—短からなる、俳句の三行のリズムのある詩を創れるよう支援する。

おのおのの生徒が、少なくとも三つか四つの俳句を創り終えた時、生徒に好きな句を選びクラスに向かって音読するよう呼びかけた。あるクラスでは、生徒がクラスメイトの創ったすべての句を見たがった。そこで、すべての生徒が読めるよう、句を書いた紙を回すことを促した。

最初の授業で、個別に四、五、六年の生徒によって創られた俳句のいくつかをここに紹介する。

宿題を
床の上に広げて
寝てしまう
—クリスチン　ウェイド

輪を描き
ボールは回る
長時間

——ロベルタ　ロベイト

アグア　フリア通りで
上り下り　車が来ると
雀はチュンチュン
——マヤ　オテロ

これらの例が示しているように、俳句は常に完全な文の形を取るのではない。掲げた句は「説明するのではなく示すのだ」という決まりを例示している。俳句と連句の双方とも、生き生きとしたイメージに大きく基づいている。イメージは、視覚と聴覚とが中心ではあるが、いくつかの感覚にも訴える。

関連と転換

二時間目の初めに、おのおのの生徒に新しい紙の最初に一時間目に創った好きな俳句を書き出すように呼びかけた。ついで、たとえ繋がりをただちに見いだせなくとも、多くのものごとが繋がっている道筋について話し合った。順々に、生徒が自分の俳句を大きな声で読むように言い、それに関連しているものごとを考えた。

ある生徒は、宿題の句の次に、長椅子に長々と寝ている猫を思う。別の生徒はボールが転げ落ちたとき、バスケットボールを想像し追いかける。三人目の生徒は、アグア　フリア通りの隣のアイススケートリンクでスケートをしている人々を思い浮かべる。

さて、私は、生徒のそれぞれに自分の紙を右の一人の生徒に手渡すように呼びかける。私たちは、一つの句から次のものへ関連づけることのできる違ったやり方について話をする。例えば、一つの句における子供の下校は、次の、述べられてはいない休暇で、遠くの場所に旅行をすることを暗示するかも知れない。または、一人の詩人が左右に体を屈伸している人物について話すことが、次の曲がった木を示唆することになるかもしれない。一つのイメージは、他に広げて続けることができる。二番目の句は、最初の句における動きが生じた光景を満たすかも知れない。一つの句の〝暗い〟というような一語が、次の、〝黒い〟というような関連語を示唆するかも知れない。

私が、生徒が閃きを得たと感じた時、その時が、生徒にとってクラスメイトの俳句を読み、それに対して俳句と何か関連のある二行の句で応える機会である。関連についての討議によってウオーム・アップしておくと、これは時間を要しない。個々の生徒がうまく最初の俳句に句を付けたことを見てチェックした後、私は、生徒に再び紙を右隣の生徒に回すよう求める。生徒が書いた詩が交互に三行と二行の句になることを説明する。そうすると、次は、最初と同様に三行となる。しかし、ここで大切なのは、たとえ、三番目の句が二番目の句に関連付けられねばならないとしても、最初の句を連想させてはならないということである。

芭蕉のやり方で連句を創ることにおける中心的なねらいは、可能な限り多くの生活模様を含み込むことである。この多様性を詩に盛り込むために、詩人は、同じ場所に留まること、または、連続した物語を語ることを避けねばならない。一度連句の中で表現された、幾人かの人物、場所、または動きは、すぐ次の句に用いるべきではない。よくできた連句は、絵巻のようで、広げたとき、ある風景から別の風景に、季節から季節へ、遠景から近景へと（逆も同様）移っていく。

クラスに芭蕉と俳諧の仲間たちからのもののような連句の例を用意し、いかにそれぞれの句が前の句に関連しているか、しかし、また、その前の句との関連からいかに転じているかを示した。私たちは、これまでに創った作品のいくつかを用い、関連付けられる三番目の句を加えることを、二・三の句について口頭で試みた。

生徒の多くが関連付けと転換との二つに関する発想が閃いたと思う時、私は生徒に、先に進み、紙片にいくつかのふさわしい三番目の句を書くように告げる。二、三分の内に、私は、生徒の試みた句のうち、関連付けと転換とにおいてどの句が最もすぐれた句かを生徒が決めるための手助けをするために、生徒を一人ずつ見て回ることを始める。私は、また、生徒が句を三行に分ける最も適切な箇所を考えるための手助けをする。何人かの生徒のために、私たちは、試みた二つの句から、その発想を結びつける。時に、生徒の句の一つは、決め手となる。ここに、再び、四年、五年、そして六年からそれぞれに取り上げた、冒頭部の三組の句がある。一連の内容を新しい、予想外の方向に展開する、三番目の句の中心的内容に留意したい。

お月様
夜通し光って
道案内　　　　　　　　　　（ニコラス　ツルジロー）

森を歩くと
耳にはせせらぎ　　　　　　（シャンノン　マルチネッツ）

青い流れ
きれいな石を
二つ重ねる　　　　　　　　（ジーナ　チャベッツ）

ジーナは、夜を昼に切り変え、受け身の反応を行動に移している。

カールスバド　カバーンズは
行ってみると

おもしろい　　　　　　　　（イリアナ　ペレツ）

私は知りたい
車の運転　　　　　　　　　（ジミー　リリー）

午後の通り
バイクに乗って突っ走る
空気を貫いて　　　　　　　（ジュリエッタ　オリバス）

技術的には、カールスバド　カバーンズで始まる句は、それほどイメージ喚起力があるわけではなく、それほど俳句として適切であるわけでもない。しかし、ここでの私の目標は、生徒たちを楽しませることにあった。そして、明らかにイリアナにとってこれは、楽しい書くことであった。したがって、私は、この段階で推敲を強く求めることはしなかった。むしろ、次の生徒がイリアナの句で何をするかを見ようと待つことにした。確かにジミーの応答も、強い視覚的なイメージを提示しなかった。しかし、読者は、これらの句にイメージの広がりへの緊張感が高まるのを感じ取ることができた。それらは、結果的に、よく均衡がとれ、力強いものとなっている。そして、それらなしには、ジュリエッタの句の驚くべき詩的な表現は決して生じなかったであろう。ときに学習会の指導者は、判断を留保し、学習の仕方を観察し、そして生徒に、すばらしい詩心が起こったとき、それを受け入れるための十分な余裕を持たねばならない。

ナイトクラブで

ハンバーグを食べ
そして、コークを飲む
（ジェイソン　ボレゴ）

犬が何かを盗む
ゴミ捨て人から
（ニコール　サラザー）

こそこそ回り
何かを見つける
それはおぞましい
（マヤ　オテロ）

主要な変化が、表現された感情の内に見いだされる。食べ物と社会生活の楽しさから、犬の餌あさりの漫画じみたイメージへと移り、ついで、〝こそこそすること〟と恐れの気持ちへと展開する。一度、イメージの列車が動き始めると、それによって生じる情緒的反応に関する直接的な表現は受け入れられていくであろう。次の句がその情緒を正当化する新しいイメージを創り出すかぎりにおいて受け入れられていく。連詩創りは、言語化された感情の連続に向かって螺旋状に進むのではない。

すべての生徒が先の二つの句に三番目の句を付けると、再びみんなの紙を他の生徒に回す。私は、生徒に三行と二行のリズムについて思い出させる。そして、生徒に再び生徒の句を先の句に繋ぐように、しかし、その前の句の両方に繋ぐことを注意深く避けるように呼びかける。再び生徒たちは紙片に下書きをする。

全ての統合

このような方法を続けるならば、回し書き用の紙のそれぞれに一八の句からなる長詩を創るには数回の授業を必要とする。そこで、さらにもう一度、回し書きによる句付けを行うことにする。三回の授業の中で、それぞれのクラスで少なくとも一度は全員に巡視ができるよう試みる。

四回目の授業において、作品を大声で音読する。ついで、それぞれの箇所の最初と最後の句を検討する。それらの句を繋いでいる関連性を探し出そうとする。私たちは、また、初句の中で心をとらえる句をさがしだす。それは、最終的に創り出される連句のための優れた初句としての役割を果たす。それぞれのクラスにおいて、私たちは、一つの連句によく関連し、ある箇所と他の箇所との間でイメージや出来事の繰り返しがない三つの連を見つける。私たちは、二、三のちょっとした調整をその箇所と関連のある句についておこなう。必要とされる箇所について、たがいによく適合するように行うのである。各生徒は、それぞれの連（section）に少なくとも一回は参加しているので、このことは、各生徒がこのようにして統合した最終的な一八の句からなる連詩の中の三句は作ったことを意味している。残った連は、最後の連句には含まれない。しかし、私たちは、それらを同様に楽しむことができるように掲示板に掲げる。

一つ、あるいは二つのクラスでは、最初の三回の授業から創った連は、六つのまとまった連句には達しなかった。そこで、私たちは、もっともふさわしいと思われる三つの句を合わせ、ついでふさわしいと思える句を他から付け足したり、連句の最後をまとめ上げるためにいくつかの新しい句を書いたりしている。

あるクラスでは、英語とスペイン語の両方に堪能な三人の生徒が一八句の連句を、進んでスペイン語に翻訳した。この翻訳がなされたことで、生徒はスペイン語版を大きな声で読み、全員が楽しんだ。（日本とアメリカ人の詩人が、一緒にそれぞれの言語で〝連句〟を創った。それは、彼らのグループの二カ国語のできるメンバーによって句ごとにすぐさま訳が付けられた。私は、高校生とともに同じプロセスを採った。生徒の数人は英語が話せず、生徒の数人は二カ国語が話せた。）

芭蕉の連句との共通性

日本の伝統的な連句には、私たちが守ろうとしなかったいくつかの規則がある。例えば、伝統的に、詩は現在の季節のイメージから始まる。そして、他の句における季節のイメージを含むことについての規則がある。付けることと転じることとは、しばしばさらなる規則によって統合される。そして、ある特別のテーマは、通常、明確に述べられた句に現れる。しかし、私たちが従ったのは、芭蕉風の連句の三つの主な方法である。すなわち、協同による作詩、多様な方法による句の関連付け、それに、一つのテーマから他への転換の三つである。

最後の活動

私の仕事がなされた時、プロの芸術家たちは、生徒とともに作品を作り、前に述べた横長の作品入れを作るために材料を使った。生徒は、自分自身の作品入れのカバーを作り、それぞれが六つの作品入れのセットを受け取った。それは、地元の印刷業者によって用意された色紙にカラーコピーされたものであった。一セットの作品入れは、組み立てられ、そして、一カ月間公立図書館で展示された。展示は、芸術家と生徒とが連句の作成についての経験を両親や友達に述べる開会式から始まった。作品入れは、芸術家にも、教師、団体、寄付者にも与えられた。

ここにでき上がった〝連句〟の一つを紹介する。

大蛙

大蛙
私の家の
玄関に

雨が降って
寒くなる

路に沿い
校庭を見て
老女が歩く

ベルが響き
子供が下校

カールスバド　カバーンズは
行ってみると
おもしろい

私は知りたい
車の運転

午後の通り
バイクに乗って突っ走る
空気を貫いて

少年らは闘う
冷たい風の中

雪男
溶けて水に
暖房で

コークをこぼす
小さな弟の足の上

にかわのような
違った色を
混ぜ合わせ

ジム　カリーが行く
履歴とともに

赤ちゃん小鳥
木の巣の外に
飛んで行った

飛行機は操縦できない
習ったことがない

私の祖母が
しようとしている
結婚を

うさぎは活発
よく跳ねる

上へ下へと
ボールが跳ねる
歩道の上

トランポリンの長い静止
ガラスの窓をとおし

—イリアナ　ペレツ、ジュリエッタ　オリバス、ヒルダ　ペレツ、マルコス　ガルシヤ、そして、ジミイ　リリー

発展のために

最も入門的な芭蕉の連句集は『猿蓑』（Monkey's Raincoat）にある。『芭蕉門下の俳人と俳句撰』（Linked Poetry of the Basyo School with Haiku Selections, translated by Lenore Mayhew, 〈Rutland Vermont: Charles E. Tuttle Co., 1985〉）、これは面白く読め、学問的な難解さに煩わされない。（他に芭蕉時代の収集作品『猿蓑』の学問的な翻訳がある。）

佐藤紘彰、ブルトン　ワトソン編・訳『八州の国から：日本の詩歌叢書』（From the Country of Eight Island: An Anthology of Japanese Poetry、様々な版が大きな図書館にはある。）からは、様々な時代の連句が見いだされる。佐藤の散文的な訳は詩の一連を一行で訳している。しかし、それは、原典のリズムを分かりにくくしている。

私自身の著書に『俳句の季節：自然の詩歌』（The Haiku Seasons: Poetry of the Natural World〈Kodansya International, 1996〉）がある。本論考のいくつかの訳は、この本から取られている。関連付けと転換に関する論評を付した異なる三時代の連句、そして、連句の季節に関し検討したことからの引用も入っている。

アメリカの詩人と生徒による連句からの引用は、ロン　パドゲット編『教師と作家との詩形式の手引き』（Teachers & Writers Collaboraitive, 1987）の中の論考「連歌」で公になっている。また、『教師と作家との詩形式の手引き』には、関連のある論考「俳句」と「川柳」も入っている。

注

＊1．計画は、サンタフェ市芸術委員会とアルバートソン基金からの補助金、地方企業と芸術家からの追加的援助による資金援助を受けた。

＊2．三つの版—ダブルデイ（Doubleday 1974）、サイモンとシュスター（Simon & Schuster 1986）、そして、ノートン（Norton 1999）—のどれもが役立つであろう。

＊3．ウイリアム　J・ヒギンソンとともに、ペニー　ハーター（Penny Harter）、マクグロー・ヒル（Mcgraw Hill 1985）、そして、コーダンシャインターナショナル（Kodansya International 1989）による。

訳注

注（1）「Basyo and Linked Poems」は、Christopher Edgar 及び Ron Padgett 編『Classics in the Classroom Using Great Literature to Teach Writing』（1999年 Teachers & Writers Collaborative）に拠った。

（2）市の援助によって行われる学習プログラムの一つで、段階に応じて設けられている。

（3）例句の五句は、『猿蓑　巻之五』から採られている。訳は、白石悌三・上野洋三校注『新日本古典文学大系七〇 芭蕉七部集』（一九九〇年三月　岩波書店刊　三一七頁）に拠った。

（4）例句三句は、『猿蓑　巻之五』から採られている。訳は、注（3）に同じ（三三八頁）。

（5）例句三句は、『猿蓑　巻之五』から採られている。訳は、注（3）に同じ（三二五・三二六頁）

付記　翻訳にあたっては、沖縄国際大学総合文化学部英米言語文化学科の金城　守教授、カレン・ルパーダス教授から懇切な助言をいただいた。ここに記して感謝申しあげる。

二　現代文との関連指導

（一）『羅生門』の授業改善の試み
――小説の読みにおける「書くこと」の機能――

はじめに

小説教材の授業を改善し、授業を活性化させていくにはどのようにすればよいのであろうか。私は、これまで、授業の実際を書きまとめることによって、ア・授業活性化のための実践上の課題を見いだし、イ・その課題解決のための工夫を授業で試み、ウ・それを書きまとめることによって工夫の有効性を検証するとともに、新たな実践上の課題を得る、ということを繰り返し授業の改善に取り組んできた。しかし、授業の実際は、活性化には遠く、多くの課題が残っていると感じざるを得ない。

ここでは、『羅生門』の授業について、授業改善の試みを報告し、いくつかのねらいと工夫とともに、小説の読みにおける「書くこと」の機能について考察したい。

㈠　授業改善のねらいと工夫

1　小説の読みの問題点

(1)　登場人物と作者の混同

次に掲げたのは、「I was born」(吉野弘)の感想である。

> 私も筆者と同じで、生まれるということは自分の意志ではないと小さいながらに思ったことがあります。でも、人間は生まれさせられると思ったことは、一度もありません。そんな風に考えた筆者に驚きを感じています。そして私は、こう思います。『自分が生まれる事によって、自分は人々に幸せを与える。なぜならまわりの全ての人が喜んでくれるから……。』だから、私は筆者の生まれさせられるという考えに、少し腹がたちました。生まれるということをそんな風に思ってほしくないから……(KE女)

「I was born」は、作者が、成人した「僕」に現在の視点を交えつつ、少年時の「僕」の目を通してエピソードを語らせるという構造になっている。この詩の読みは、この構造抜きには成立しがたい。この感想は、少年時の「僕」を作者に重ねてとらえている点で、読み誤りともいえよう。登場人物(主人公)と作者を重ねる読みは、しばしば生徒の陥る混乱、読み誤りとして生じている。ここに、小説の読みを指導する必要性が見いだされる。

(2)　小説の読み方に関する実態―アンケートから

小説の読み方について、次のAB二点の回答(母数七九人)を整理した。

A　心掛けていること

①場面の想像(二一・五%)

②作品・登場人物への同化（三一・六%）
③登場人物の理解（二七・八%）
④筋・設定の理解（七・六%）
⑤内容理解への努力（七・六%）
⑥自己との比較（六・三%）
⑦展開の予想（五・一%）
⑧表現への着目（六・三%）
⑨主題の把握（一・三%）
⑩その他（一六・五%）

B　小説の読み方

①作者の気持ちを考えて読む。一人（一・三%）
②登場人物（主人公）の立場になって読む。四人（五・一%）
③登場人物の把握・確認。四人（五・一%）
④登場人物の（主人公）の気持ちを考えること。一人（一・三%）
⑤登場人物（主人公）の気持ちをとらえる。三人（三・八%）
⑥場面（情景）の想像。三人（三・八%）
⑦感情移入して読む。二人（二・五%）
⑧作品の世界に入り込む。二人（二・五%）
⑨その他（登場人物と作者の分離一人・対比一人・表現に注意一人・抜き出し一人・段落一人）

これによれば、Aの①②③など、小説を読む際のイメージ化に関連した心構えは見られるものの、多くの生徒が読みの方法を理解、あるいは自覚していないといえる。これは、これまでの小説指導の在り方を反映しているともいえる。小説を読み味わわせるための方法指導の必要性は切実なものと考えられる。

2 授業改善のねらいと工夫

小説の読みについて、次の三氏の説をもとに考えたい。

浜本純逸氏は、次のように述べている。(1)

> 私は、文学作品を読むことは人物とともに虚構の世界に転生して、これまでの生き方とは異なる生き方を生きることであると考えている。自己と異なる生を生きることによって、これまでの自己との矛盾葛藤を生じたり、これまでの生を洗い流すような再生の体験をしたりすることであると考えている。その新しい体験が人生観への発見をもたらし、そのことが生への絶望を生んだり希望を生んだりする。事実世界とは異なる体験がその後の生き方を豊かに広やかなものとするのである。文学作品を読みつつ新しい世界(人間観)へ分け入っていく体験が感動の体験なのである。そのような感動をもたらす文学教育は「主題読み」を終点とする読みからは生まれない。

また、関口安義氏は文学教材の読みについて以下のように記している。(2)

> 文学のテキストは、学習者と一体となって変容する。彼の想像力によって伸び縮みするのである。教材本文から逸脱しない限り、どのような読みも許容される。そうした読みを保障するとき、学習者は教材の中に自己を解放し、教材本文の呼びかけに応じて、対話する。その意味で、テクストの中での自己表現に期待することこそが、

読みを取り戻し、活性化させる道につながると言えるのである。

ついで、鶴田清司氏は、言語技術教育の必要性を、

文学教材でも基本的な「読みの技術」を身につけさせるべきである。それは、作品の面白さを発見し、味わいや感動を深めるような技術である。

と述べ、①構成をとらえる技術、②表現をとらえる技術、③視点をとらえる技術、④人物をとらえる技術、⑤文体をとらえる技術を具体的に説明している。(3)

以上の小説の読みを踏まえ、表現を軸に、①作品世界に同化する読み、②作品と対話・交流する読みを試みるとともに、小説の読み方を理解させる授業を展開することをねらいとした。そのために、以下のような工夫を行い、ねらいの達成を図った。

(1)　学習の手引き

ア・作品理解の観点―「羅生門」の読み（理解）の観点を示すものとした。

イ・授業内容の明確化―「手引き」は、学習課題としても用いられるが、同時に各場面の授業内容をあらかじめ示すものともなっている。「手引き」を用いることで、積極的・主体的姿勢を引き出そうとした。

ウ・小説の読み方の理解―「羅生門」を対象とし、小説の読み方を理解させることを意図している。

(2)　読み取りノート

「読み取りノート」は、a・展開・b・主（場面の中心的内容）・c・登場人物の心情と行動・d・話者の見方・e・表現（「羅生門」の表現）・f・生徒の表現の欄から成っている。「読み取りノート」は、基本的機能として、受動から能動への転換装置として位置づけられる。

ア・羅生門の理解―授業に基づいて書き込むことで理解を確かなものにさせる。

イ・小説の読み方の経験的理解―a～eまでを授業に基づいて書き込ませることによって小説の読み方を経験的に理解させることを意図した。

ウ・fに書き込ませることで、作品と学習者の対話（作品からえた印象・感想を書くことで定着させ、定着したそれをもって作品の読みに向かうという意味で対話とした）を促すことができると考えた。

(3) 表現

ア・視点の転換―三人称視点による表現を、イメージを膨らませ一人称視点（下人になったつもりで）で書かせる。書かせることで作品世界をありありと想像させることができると考えた。それは作品世界を生きさせることにもつながると考える。

イ・感想・主題・羅生門の表現―作品を対象化し、作品の意味をとらえることをねらいとして課した。

(二) 授業計画

(1) 教材観

「羅生門」の主題については諸説がある。この作品によって教える内容も様々である。私は、「羅生門」を、次の二つの観点から扱いたいと考える。

①人間について考え、理解を深めさせる。

②小説の読み方を理解させる。

①については、以下のように考える。私は下人の心理変化を通して、中心となる価値基準を持ち得ず、状況に左右されて生きる人間の姿を見る。また、死か盗人かという追い詰められた状況下では、一般的に悪とされることを行って生き延びることも止むを得ぬと肯定される。その根本に人間のエゴイズムを見ることもできる。このエゴイズムを肯定する者は、同様に他のエゴイズムを肯定する者によって犯されるという、「エゴの輪廻」につながれる。[4]「羅生門」からは、人間が行動に移るとき行動を合理化する論理を必要とすることも読み取れよう。さらに、人間にとって善悪が相対的なものでしかあり得ないことも理解される。「羅生門」は様々に人間について考えさせる作品である。考えることを通して人間理解も深まると考えられる。ただ、短絡的な人間観に陥らぬよう配慮を要しよう。

また、②については、以下の通りである。

「羅生門」の世界は、計算された表現と緻密な構成とによって創造されている。それはあまりに人工的な感じさえする程である。作品の表現と構造を押さえ、その機微に触れ得るかどうかで作品の読みの深浅が大きく変わるといってよい。「羅生門」は、小説の読み方を学習する教材としても適切であるといえる。

(2)　指導目標

①　小説の読みとして次の点に留意して指導する。

ア・小説の世界をありありと想像させる。

イ・小説の世界に主体的に係わらせるために、感想を持たせせながら読ませる。

ウ・作品の全体について、意見や感想をもたせるようにする。

② 小説を読むことを通して、人間について理解を深めさせる。
③ 小説の読み方の基本として次のことを指導する。
ア 題名の読み、イ 小説の構造、ウ 設定（時・場・人物）の変化、エ 人物（行動・心情・見方、考え方）の変化、オ 話者の見方、カ 表現（比喩・象徴・イメージ語・擬人法・声喩）・作品の主題

(3) 対象・時期・教材
① 対象―一年生二クラス（各四〇人）
② 時期―一学期後半
③ 教材―「羅生門」（秋山 虔他編『国語I』筑摩書房）

(4) 計画
導入―①題名を読み、内容を予想させる。
②学習目標、学習内容について理解させる。
展開―各場面（一場面―冒頭～P46L3・二場面―P46L4～P49L11・三場面―P49L12～P53L10・四場面―P53L11～末尾）ごとに読み進める。各場面の指導過程は、次の通りである。
①「学習課題」の配布。②範読。③「学習課題」の学習（個別）。④内容のまとめ（一斉）。⑤「読み取りノート」の記述（個別）。
終結―①羅生門の構造→小説の構造。②小説の読み方のまとめ。③表現（感想・主題・文章表現について作文）

三 授業の実際

ここでは、「羅生門」の一場面と二場面の授業を紹介したい。
まず、一場面の授業についてである。授業は、次の「学習の手引き」を配布して進めた。

人間を見つめる
羅生門　(1)

［学習目標］
①　状況を想像し、感想を持ちながら、読み進める。
②　小説の読み方の基本を理解する。ア　題名、イ　小説の構造、ウ　設定（時・場・人物）の変化、エ　人物（行動・心情・見方、考え方）の変化、オ　話者の見方、カ　表現、に注意して読み、作品の主題について考える。
③読むことを通して、人間について理解を深める。

［学習の手引き］―一場面
1　題名の意味を考え、作品の内容を予想してみよう。
2　設定を明らかにしよう。
ア　時（時代・季節・時刻）はいつか。どのような時代か。時代・季節・時刻を表すものは描かれていないか。描かれていればそこから推定してみよう。
イ　場をとらえよう。どのような場か。その場はどのような状態か。どのような雰囲気か。
ウ　人物をとらえよう。どのような人物か。どのような格好をしているか。何をしているか。何を考えているか。どのような状態に置かれているか。

3 話者について、次の点を考えてみよう。

ア 話者の視点は、一人称か三人称か。

イ 話者はどういう角度、どのくらいの距離（登場人物との距離）から描写しているか。

ウ 話者の見方が述べられているところはないか。

4 巧みな表現を指摘してみよう。

ア 比喩、イ 象徴、ウ イメージ語、エ 擬人法、オ 声喩

5 この場面の中心的な内容を見出しとして書きなさい。

6 この場面を読んだ感想・中心人物へのひとこと・中心人物の心の表現のうちどれかを選んで書きなさい。

右の「手引き」を用い、授業はおおむね、次のように展開した。

板書計画	（↑）発問計画・（☆）留意事項
一場面 [時] 時代—平安時代末期 ・平安時代・羅生門・朱雀大路 ・市女笠・揉烏帽子 季節—秋 ・きりぎりす・襖・夕冷え 時刻	☆小説の読み方として、場面ごとに表現をおさえ、①設定、②人物の心情、③話者の見方を読むことに注意を促す。 ↑時代はいつか。 ↑時代を表していることばを挙げなさい。 ↑季節はいつか、どういうことばから分かるか。

・ある日・暮れ方・刻限が遅い
［場］
羅生門
・荒れ果てている
・狐狸　盗人　死人
・鴉―死人の肉　・雨
・男の他誰もいない
［状況］
・さびれ・衰微・荒廃・不気味
・仏力の衰退・人心の荒廃
仏像　仏具―砕き薪にする
［人物］
・若者―にきび　紺の襖
行き所がなく途方に暮れる

衰微の余波
四五日前に暇←主人
明日の暮らし

←時刻はいつか。どういうことばから分かるか。
←場所はどこに設定されているか。
羅生門は、話者によってどのような場所として描かれているか。
←この場面は、どのような状態、雰囲気の場所として描かれているか。
←下人はどのような人物か。
・年齢・衣服・置かれている状態はどうか。
←下人はどのような状態に置かれているか。
←①そのような状態に置かれたのはなぜか。

徊・手段を選ぶ→飢え死に
低・手段を選ばぬとすれば
勇気の欠如—話者の見方
盗人

→（低徊の意味を確認した上で）下人はどのような考えの間を低徊しているか。
☆視点の種類・話者の見方が表れている箇所について発問しまとめる。
☆文中の象徴表現に触れ、説明する。

次に、三場面の授業について紹介する。一場面と同様に、次の「手引き」を配布して授業を展開した。

人間を見つめる
羅生門(3)
［学習の手引き］—三場面
1 設定（時・場・人物）を明らかにしよう。
2 下人の行動と心情はどのように変化しているか。
ア・教科書本文の下人の心情の表れている箇所に傍線を引こう。
イ・下人の心情はどのようなことによって生じたのか、その背景をとらえよう。
ウ・下人の心情がどのように変化しているか、その流れをとらえよう。
3 老婆の話の要点を二つに分けてとらえよう。
4 話者について、次の点を考えてみよう。
ア・視点は一人称視点か、三人称視点（三人称客観視点・三人称限定視点）か。
イ・話者の見方が述べられているところはないか。
5 巧みな表現を指摘してみよう。

ア・比喩、イ・象徴、ウ・イメージ語、エ・擬人法、オ・声喩（擬態語・擬声語）などを用いた表現を指摘しよう。

6　教科書本文の次の箇所から一つを選び、一人称視点（下人になったつもりで、「おれ」を主語にして）、下人のこころを表現しなさい。

①「どうにもならないことを、どうにかするためには、～やっとこの局所へ逢着した。」（一場面　45頁12行～16行）

②「下人は老婆をつき放すと、いきなり、～安らかな得意と満足があるばかりである。」（三場面　50頁8行～14行）

③「下人は、太刀を鞘におさめて、その太刀の柄を～この男には欠けていた勇気である。」（52頁9行～12行）

授業の実際は、次にかかげた、発問・留意事項と板書計画によって理解されよう。授業は、ほぼ次の表のように展開した。

板　書　計　画	（↑）発問計画・（☆）留意事項
三場面—羅生門の上 ・はげしい憎悪＝正義感 ← はしごから上へ飛び上がった。 ← つかみ合い、ねじ倒した。	☆復習として簡潔に二場面の概要を押さえる。 ☆三場面の設定を確認する。 ☆範読時に、文中の下人の心情が表れているところをチェックさせ、発表に備えさせる。 ↑下人の心情はどこから読み取れるか。場面展開に沿って挙げなさい。

生　死

老　婆（擬態語）
両手―わなわな
目―見開く
執拗く黙っている
→ 安らかな得意と満足
支配・優越感

死人の髪の毛を抜く
かつらにする
→ 失望
冷ややかな侮蔑

老婆の論理
＝生きるための悪
悪ではない
（エゴイズムの肯定）
知る者 ― 大目に見る
→ ある勇気

☆発言させ、心情の変化を四つに分ける。

←下人の心情はどのような背景によって生じたか。

←①「安らかな得意と満足」はどのようなことから生じた心情か。

←②「冷ややかな侮蔑」はどのようなことか

☆巨大な悪に挑んでいると正義感を燃やしているだけに、老婆の答えへの失望も大きかった点を押さえる。

←③「ある勇気」はどのようなことから生じたか。

←老婆の論理の要点を二つ答えなさい。

←自分が生きるためなら、他人に害を及ぼしてもやむを得ないという考えを何というか。

老婆の論理逆用
あざけるような声

↑下人が「あざけるような声」で念を押したのはなぜか。
①あざけったなら、誰をあざけったのか。
②老婆はどのようなあざけられることをしたのか。
↑下人はなぜ老婆の着物しか奪わなかったのか。
☆視点の種類、話者の見方が表れていると思われる所について質問し、まとめる。
☆声喩を中心に表現を学習。
☆主題について考えさせる。
☆「手引き」の「6」は家庭学習とした。

四場面の授業を終えた後、次の「手引き」の内容で、全体のまとめとした。「手引き」の「5」と「6」に関しては、「読み取りノート」を用いて、確認するにとどまった。「6」については、十分な時間が取れなかった。生徒の多くが家庭で仕上げ提出することになった。

5　小説「羅生門」の構造をとらえてみよう。
・冒頭（作品の始まり）←［導入部］—主として作品の背景が書かれている。
・発端（事件の始まり）←［展開部］—事件が発展していくところ。

・山場のはじまり（事件の一番重要な部分の始まり）
←［山場の部］―作品の一番重要な部分。
最高潮（事件が大きな転換をするところ）
・結末（事件の終わり）
←［終結部］―作品のあとばなし
・終わり（作品のおわり）

6　小説の読み方をまとめよう。
①感想をもちながら読む。②題名の読み―内容を予想。③本文の読み―ア・設定をとらえる、イ・登場人物の行動と心情の変化、ウ・表現効果、エ・話者の視点・見方、オ・主題の把握。

7　「羅生門」について、次の中から一つを選びまとめてみよう。
①「羅生門」の主題
②「羅生門」を読んで―感想
③「羅生門」の表現

(四)　生徒の表現と考察

1　「読み取りノート」

(1)　「読み取りノート」の実際

「読み取りノート」の実例として生徒の記入したものを、次に掲げる。

「羅生門」読み取りノート　　一年（六）組（　）番　氏名（　　　）

◇題名からの内容予想（人の生きるための何かを取ってしまう入口について　　）

展開	主	状況	登場人物の行動と心情	話者の見方	表現	感想・人物への一言・人物の心の表現
導入	盗人になろうか迷う下人	〔時〕 平安時代末期 季節—晩秋 ・きりぎりす 〔場〕 ある日の暮れ方 羅生門の下 ・狐狸・盗人 ・死人・雨 〔状態〕 衰微・不気味 仏力の衰退 人心の荒廃	〔人物〕 下人—にきび（若者） 紺の襖　感傷癖 四、五日前—暇 石段の上に腰を据える 途方に暮れる ・明日からの暮らしはどうしようか。 ・盗人になろうか、やめておこうか、どうしようと迷っている。	三人称視点 盗人になる勇気の欠如	◇象徴語 きりぎりす （こおろぎ） にきび ◇イメージ語 死人をすてる所・狐狸・盗人が住む・鴉 ◇優れた表現 イメージ語や象徴語をつかうところ	象徴語、イメージ語の使い方の効果力には驚いた。羅生門に対するイメージ語は、すごく気味が悪いというのがわかる。 下人は少しかわいそうだ。今まで長い間、使われていた主人から、この都の衰微の余波ですてられて。盗人になろうと思うのも無理はないと思う。私も下人の立場だったら、盗人になろうかどうしようか、明日の私はどうなってしまうのだろうかとすごくなやむと思う。
		〔時〕 夕やみ・夕冷え 火桶がほしいほどの寒さ きりぎりす—ど	〔人物〕 下人—猫のように身をちぢめ息を殺しながら、やもりのように足音をぬすんで	三人称視点	◇比喩 猫・やもりのように ◇イメージ語	下人は、すごく静かにして（猫のように、やもりのように）、桜《ママ》の上に上っていった。何者かがいると気づいた時、どんなにびっくりしたことだろう。今までだれもいないと言われてきた所

展開	場
老婆を見つけた下人	盗人になった下人
こかへ行った。 暮れ方↓夜 〔場〕 羅生門の下の階段↓はしご 〔状態〕 恐れ・不安・恐怖・好奇心・はげしい憎悪	〔時〕 夜 〔場〕 はしご―老婆がいる桜《ママ》の中 〔状態〕 はげしい憎悪 ＝ 悪に対する反感 ⇦ さめる
桜《ママ》の上をみて―六分の恐怖と四分の好奇心 ← あらゆる悪に対する反感	〔人物〕 下人―両足に力を入れて、はしごから上へ飛び上がった。 ⇦ つかみ合い、老婆をねじ倒す、安らかな得意と満足。 前の憎悪 ＋ 冷ややかな侮蔑⇩ある勇気 盗人を実行する↑ 老婆―髪をかつらにしよう。
盗人になることを忘れている	三人称視点 その時のこの男の心もちから言えば、飢え死になどということは、ほとんどつけいることさえできないほど、
猫のように、やもりのように	◇擬態語 わなわな ◇比喩 おしのように 蟇のつぶやくような声 ◇イメージ語 肉食鳥のような眼 鴉の鳴くような声
なのにだれかいるなんて。老婆を見つけた時、下人はどう思ったのだろう。私なら、こわくなって、どこかへ逃げてしまうかもしれない。でも下人はちがった。恐怖もあるが四分もの好奇心があった。そこでまた老婆を見た。そうすると死人の髪の毛をぬいているではないか。すごく気味の悪い老婆だ。こんな人間がいるなんて、考えられない。	老婆は下人が桜《ママ》に入ってきたとき、弩にでもはじかれたように驚いた。そりゃ、いきなりのことだったから、驚くのものおかしくはないけど、少しは、「誰かがいるのではないかな」とか思わなかったのかが不思議でした。そんなに女の人の髪を抜くのに集中していたのでしょうか。そう思うと気持ちが悪いです。 老婆は、少しかわいそうだと思いました。老婆は、下人に自分の考えを言ってしまったばかりに、引剥をされて

山	終結
	消えた下人
	〔時〕 しばらく・それから間もなく・暗黒の夜 〔場〕 羅生門の上↓羅生門の外 〔状態〕 下人が逃げた
蟇のつぶやくような声 『生きるために仕方がなくする悪事ではない』 ＝ 知っている者—大目にみてくれる ＝ 自己中心・エゴイズム	〔人物〕 下人—老婆の服をもってどこかへ逃げた。 老婆—裸の体で火をたよりにはしごの口まではっていく
意識の外に追い出されていた。	三人称視点 黒洞々たる夜があるばかりである。（視点は老婆の近く）
蟇のつぶやくような声	◇イメージ語 黒洞々たる夜 ◇象徴語 ・下人の悪の心 ・老婆の心 ・世界の不気味さ ・荒廃した世界
しまった。言わなければ、そんなことにならなかったのに。でも、言わなかったら殺されてしまうし…。どうしょうもできません。やっぱり、悪いことをしている人には天罰が下るのだと思いました。	私は下人はこれからも盗みをつづけていくことだろうと思う。でも、人間というものが、善人だったのに急に悪人になってしまうのがちょっと残念です。下人も、ずっとつづけるのではなく、途中で気付いて、また善人にもどってほしいです。老婆はあのあとどうしたのだろうか。

(2)「読み取りノート」の表現

次に、「読み取りノート」から、一場面と三場面の感想を紹介する。

［一場面］

A　①こんな京都の荒れ方にびっくりした。なんせ、仏像や仏具を薪の料に売ったり、暇をだされた下人の選択が飢え死にするか泥棒になるかだから。（TY男）

B　②平安時代末期、もうすぐ季節も冬、刻限が遅いとすべてがこれから暗く寒い、何かが起こりそうだと思わせる所がすごく好きだ。

③手段を選ぶか選ばないかは私もすごく悩むと思う。

死ぬのはいややし、盗人にもなれないと思うし、とても難しいことだ。（NM女）

C　私は、④下人が飢え死にか盗人になるかまよっているとき、すごくドキドキした。そして、私はどちらも選ばなかったとき、ホッとした。なぜなら、飢え死にもいやだけど盗人になることは人間として最低なことだと思うから。だから、盗人にならなかったとき、この人も同じことを思ったのかなぁって思った。（YN女）

［三場面］

D　⑤老婆の論理はまちがっていると思う。悪に対して悪でけりをつけて、いわば、世の中は混乱してしまうだろうし、絶対にこの老婆のように自分に返ってくると思うからです。⑥もっとちがった考え方はないのだろうか。（HM男）

E　老婆に言い訳をされた⑦下人は自分の行為を正当化してしまっているような気がしました。

今まで、⑧下人の心の中の少しの正義感が悪をとどめていたけれど、老婆のエゴイズムが下人のエゴイズムをひき出してしまったと思いました。（SE女）

F　⑨人が短時間にこんなに多く、感情が変化するとは思わなかった。私は⑩下人が盗人になってしまったのがなんか嫌だ。私はどんなことがあっても下人は盗人にならないことを期待していたからだ。⑪老婆の不気味さを増すイメージ語や比喩がたくさんあって、頭に鮮明に老婆の姿がうかんできた。（HM女）

①⑨⑩には、「羅生門」から得た驚きや発見や違和感が、②⑪には、作品の仕組みのもたらした効果的な反応が記されている。③④には作品世界を切実に我がことのように受け止めた者の感想が、⑤⑥には疑問が述べられている。⑦⑧には場面の内容の意味付けがなされている。生徒は、このように感じ考えながら作品に立ち戻り、読み進めて行く。ここに作品との対話・交流が生じよう。場面ごとに書かせた感想文は、驚き・発見・共感・共生感・違和感・疑問・自問・意味付けなど、生徒が作品を読みながら感じ考えたことを意識化させる。学習者は、自らの感じ考えをより自覚し、作品の読みに向かうことになる。また、感想をクラスに示すことで生徒の読みの交流も生じ、改めて自己の読みの検討も行われる。ここに場面ごとに書かせる感想文の意味も見いだせる。

2　下人の心理―虚構の表現

次に、各場面の下人の心情を一人称視点（下人の語り）で書かせた例である。

(1)　低徊する下人の心

A　生きていくためには、やはり、盗人になるしかない。▽でもそんなことをしてまで生きてゆきたいとも思わない。けれど、おれは、生きていたい。しかし盗人にならなければ生きていくことができない。▽しかしそれは自分の良心が許さない。どうすればいいのだろう。盗人になって生きていくか、それとも飢え死にするべきか。……（YH男）

B　このままでは飢え死にしてしまう。
なんとかしなければ……手段を選んでいる場合ではないな…。

飢え死にして羅生門に捨てられたくないし……待っていればだれかが助けてくれるわけでもないし。

悪いことはできない。どうすればいいんだ。何かいい方法はないのだろうか。
このままでは時間だけがすぎてゆく……
やはり手段を選ばないとすれば……（KA女）

C　どうしよう。主人に暇をだされてしまった。何気なくこの羅生門にきてしまったが、羅生門は何も答えてはくれない。さっきから降っている冷たい雨が余計に心をぬらして、今日みたいなうす暗い雲のように重たくする。行く所もないし、今夜はここで一晩過ごしても明日からどうすればいいんだろう。もちろん手段はわかっているが決まらない。手段を選ばないとすれば間違いなく死が待っている。生きるなら盗人になるしか今の平安京では無理だ。もちろん生きたい。▽でも、盗人になるくらいなら死んだ方がましだろうか。生きるためには仕方がないかもしれないが、良心が許してはくれない。やっぱり悪いことはできない。▽最後まで人間らしく生きたいから、人間らしさを捨てるなんてできない。（YK女）

傍線部▽は、本文との間にずれの見られる箇所である。本文「勇気がでずにいた」（P46L3）を、生徒は良心の問題として想像して描いている。生徒の見方、思いが反映したものと見ることができる。その他の傍線部は、生徒が想像を膨らませて下人の心を表現したものである。特にCは、▽部に問題はあるが、作品の表現を生かして下人のこころを巧みに表現している。

生徒は、このような学習を通して作品世界に直接入り、下人になりきって生きることで下人の心の奥をとらえることができるものと考える。ここに「虚構の方法をもって人間の心理の奥をとらえる働き」(4)を見ることもできよう。

以下、(2)安らかな得意と満足、(3)「ある勇気」の獲得の場面の例を紹介することにする。傍線部×は誤読の箇所である。その他の傍線部は、生徒が想像して描き出した箇所である。

(2)　安らかな得意と満足

D　この老婆はここで何をしていたんだろう。今どきこの時間にこんなところにいるなんて、かなりあやしいぞ。この老婆を殺す気はないが何をしていたのか知りたい。こいつはびびって何もできないからすんなり俺のいうことを聞くだろう。

×俺はこんな状態でもなんと正義感の強い人間なんだろう。なのにこの老婆ときたら恐ろしいことをしやがって。（TH男）

E　おれは、ついさっきまで、はげしい憎悪を抱いていたはずなのに、これはどうしたことか。いつのまになくなってしまったのだろう。今、この老婆が生きるも死ぬもおれ次第だ。人、一人の命を持つということはこんなにも満足を得られるものだろうか。まぁいい。はげしい憎悪を抱いているよりも、こっちの方がずっといい気分だ。これから、この老婆にじっくり話でも聞いてみるとするか。（UK女）

F　今、この老婆の生死はおれの手の中にあるおれのこころ次第で老婆は死ぬだろう。他人に従って働くことしかできなかったおれが初めて感じた優越感だ。おれが思うにこの老婆は悪である。この場で一瞬にして殺すことは簡単だ。しかし、老婆よりもおれのほうが強いとわかっている今では、この老婆が女の髪を抜いていた理由を知りたい。何をするにしても、そのあとでも遅くはないだろう。（KC女）

(3)　「ある勇気」の獲得

G　おれは、太刀を鞘におさめて、その太刀を左の手でおさえながら、冷然としてその話をきいた。もちろん、右の手は、にきびをきにしていた。しかし、これをきいているうち、おれの心には、ある勇気が生まれた。そ

れは、さっき門の下でおれにかけていた勇気だ。(YE女)

H　おれは太刀を鞘におさめて、その太刀の柄を左の手でおさえながら、あきれながら、その老婆の話を聞いていた。その時も、頬の大きなにきびが気になっていたが、一応老婆の話を聞いているうちにおれの中から、悪に対する反抗的な気持ちが消えていった。そして、ある勇気がわいてきた。その勇気とはさっきおれに欠けていた勇気だ。悪になる勇気だ。(MN女)

I　俺は今まで何を悩んでいたのだろう。この老婆は盗むことを悪くないと言っている。俺には突然勇気がわいてきた。

今まで何を悩んでいたのだろう。

悩む必要などなかったのだ。飢え死にをするなんて、もうそう決めた時点で人生終わっちまう。なぜ俺はこんなに悩んでいたのだろう。

「きっと、そうだ。」俺も生きるためには、引剥をしてもかまわないのだ。

今老婆がそう言ったはずだ。だからたとえ俺の心が、奥深い暗黒の夜のようになろうが、俺はかまわない。

(HF男)

3　感想文―『羅生門』を読んで

次に、三例の感想文を紹介する。

A　羅生門を読んで最初に思ったことは、①時間や季節を表すことばをはっきりは書かず、何か違う言葉に置きかえて書いてあったことが印象的でした。その他に「肉食鳥のような、……」や「鴉の鳴くような……」などの②比喩表現が上手で、③読めば読むほど羅生門のおもしろさや興味がわいてきた。④「下人の行方はだれも知らない。」というしめくくり方で下人はどうなったかといろいろな事が頭にうかんできた。僕はマンガ以外の本はあまり読まないけど、羅生門みたいな本を読んで見たいと思う。（ＹＪ男）

Ａは、「羅生門」の表現に着目して感想を書いている例である。傍線部①②④の表現法によって、この生徒は、③のように興味を喚起されていることが述べられている。作品の内容に踏み込んだ感想と成り得ていないのが惜しまれる。「羅生門」の表現については、「文章中にいろんなイメージ語がでてきた。『これはイメージ語』といわれるまで、そんなのは気にせずただ読んでいただけだったのに、いつのまにかイメージがきちんとできていた。作者はすごい人だと思う。」（ＷＴ女）という感想もあった。

Ｂ　僕はこの話は恐ろしい話だと思った。

①人間はおいつめられるとなんでもしてしまうという恐ろしい本しょうを持っているということを知らされたと思う。②僕もこの世界で生まれたなら、こうしていたかもしれない。ただこの場合自分がより強い相手に出くわした時の自分の気持ちを考えていないと思う。それが下人と老婆だと思う。老婆は髪を抜いていた時、下人ともめごとになり、最後は老婆が下人においはぎをされてしまった。その事で自分が言っていたことはまちがいだと気づいたと思う。③老婆は「生きるためにはしかたがない。」と言ったが下人もそれと同じ気持ちである。老婆は下人に「生きるためにはしかたがない。」というおいはぎをされた。だが老婆は「しかたがない。」と気持ちにはたぶんならなかったと思う。その時初めてされる側の気持ちがわかったと思う。だから老婆はこの後は悪いことが出来なくなったと思う。④下人もそれと同じ目に合うと思う。⑤甘い考えかもしれないがこ

ういう時は、結局同じようになるのだったら、他人にめいわくをかける悪いことより、正当な道をたどった方がいいのかもしれないと、現在の立場からだとそう思う。（YT男）

Bは「エゴの輪廻」[5]に触れた感想文である。生徒は「羅生門」から①というように人間性の一面をとらえている。また、それを②のように自己に重ねても考えている。生徒は「恐ろしい本しよう」の具体的な現れについて、③④のようにとらえる。そこには、「生きるためにはしかたがない」という考えを肯定する者は、同様にそれを正当化する者によって犯されるという把握がみてとれる。この「エゴの輪廻」から逃れるために、この生徒は、「甘いかもしれないが」とし、「現在の立場からだと」とした上で、⑤のように考えを述べている。しかし、「エゴの輪廻」からの脱出を図り、⑤のように考えた時、「羅生門」の「おいつめられ」た状況からは遠い考えに至ってしまったといえよう。

C　①下人がこの時代に生きていた人達すべての代わりになっている気がした。

きっとこのとき生きていた人達も、下人のように迷い、苦しんで、悪になっていたと思う。下人が盗人になったのはショックだった。

でも、下人のような若者や、老婆のような年寄りまで盗人に変え、②人間としてのモラルを忘れさせるように動いているこの時代にはもっと嫌気がさした。

この話を読んで③何か腹が立ったのは、④きっとこんな状態の中でも、人間として生きてほしかったという下人たちへの思いと、⑤もし自分が下人だったとしたら、同じ行動をとるんじゃないかという不安の両方があったと思う。

「羅生門」は人間の心の奥底まで深く入り込んだ作品だったから、その分ショックも大きかった。（KC女）

このCの感想は、「羅生門」が、生徒の心を揺さぶり、葛藤を生じさせている例である。生徒は、①のように下人を同時代の人々の象徴ととらえる。時代状況を②ととらえている。この生徒の基本に今日的なモラルがあり、それが④のような願いを産んでいる。この願いは下人によって裏切られるが、それを今日的なモラルに立って咎めようにも、一方では、⑤のような気持ちが生じてもいる。その不安定な気持ちが③のような苛立ちを呼び起こしている。この生徒は、なお落ち着かぬ気持ちを持ったままであろう。しかし、揺さぶり、葛藤を生じさせるところにこそ、文学の力を見いだすことができよう。

4　生徒の表現―YK女とIM男の場合―

次に、生徒個々の全ての表現を通して見ることにする。次に紹介する感想文は、A―一場面、B―二場面、C―三場面、D―四場面、E―感想文（まとめ）となっている。

(1)　YK女の場合

A　①私がもし下人だったら、最後まで良心を貫き通して死を選ぶかなあと考えたけど、答えは見つかりませんでした。②それよりも死人を平気で捨てていくような人情さえも無くなってしまった町では、とても生きてはいけないだろうと思います。③今まで華やかな羅生門のイメージしかもっていなかったのに、こんな時代があったのかなあと思うと、悲しくなりました。下人がこれからどの道を選ぶのか次の話が楽しみです。

B　この場面では、人間の気持ちはすごく変わりやすいんだなと思いました。下人はさっきまでは盗人になろうかと迷っていてただ勇気が出ないでいただけなのに、その自分の考えていたことを忘れて正義感に燃えています。たぶん老婆は死人の髪の毛を抜いてそれを売ってお金にしようとしたのだと思います。それは決していいことではないけど、生きて行くためには仕方がないとおもいます。下人は老婆がなぜ髪の毛を抜いているのかわからず正義感に燃えているけど、理由がわかってもその気持ちは変わらないのかなとおもいました。

C　下人は結局盗人を選んでしまいました。下人に出なかった勇気というのは、ただ単に良心を無理やり納得させるための盗人になる言いわけのようなものだと思います。④生きるためには仕方のないことでこんな時代なら無理もないことかもしれないけれど、やっぱり下人には盗人にはなってほしくありませんでした。それに下人はこれから盗人を続けていくだろうけど、心のどこかでやっぱり良心が働くだろうと思います。そしてこれからずっとその良心に老婆と同じことをいって説得し続けなければならないと思います。

D　この⑤羅生門は人間について書いてあると思います。この話で人間のいろんな姿を発見しました。やっぱり⑥死まで追いつめられても最後まで人間らしく生きることは大切だし、それ以前に⑦人間が死まで追いつめられるような世の中にはなってほしくないと思いました。

E　「羅生門」は、本当に⑧人間をそのまま描き出したような話だと思った。⑨下人は最後まで良心を貫き通すか、生きるために人間らしさを捨てるかのどちらを選ぶか迷っていたけど、それには衰微しきった平安京という背景がある。⑩華やかでにぎやかというイメージしかもっていなかった私はとてもがっかりしてしまった。町の表面はもちろん人間の心までが羅生門のようにぼろぼろになっている。⑪私だったらそんな人情さえもなくなった町では、とても生きてはいけないと思う。だから、⑫下人が悪を選んだのもある意味ではわかるような気がした。でも、やっぱり人間なんだから、最後まで人間らしく生きるべきだと思うし、生きたい。⑬人間が人間を捨てなければならないほど追いつめられるような世の中にはなってほしくないと思った。今回の授業で小説の読み方がよくわかった。表現の中にはどこかに作者の工夫がかくされている。また、話者が、話の中

で語るのもおもしろい。これからも小説をいっぱい読んで、いろんなことを学んだり考えたりしたい。（YK女）

この生徒の表現の全体を通して見ると、ABDの傍線部はそれぞれEの傍線部に対応しているのがわかる。詳しくは、E⑧―D⑤、E⑨―A①、E⑩―A③、E⑪―A②、E⑫―C④・D⑥、E⑬―D⑦と対応している。Bの感想は、E⑧の内容をなしていると考えられるが、直接には対応していない。この生徒は、それぞれの場面の感想の指摘した箇所を全体のまとめの感想文に生かしているといえる。

(2)　IM男の場合

A　悪に走らない下人はえらいと思う。羅生門に死人をすてるのはすごい習慣だと思う。

B　まず老婆の気味悪さにおどろいた。いろんなうわさのある羅生門でそんなことをするなんて考えられない。ここで下人は正義感をもっているのでいいと思う。

C　下人は老婆のエゴに共感を覚えたのではなく単に盗人になるための自分に対するいいわけをそこからとったにすぎないと思う。老婆の必死のいいのがれで一瞬で正義感を無くしたかと思うとぞっとする。

D　下人は一時しのぎをしたばかりでこれでは同じ悪がくりかえされるだけである。下人が老婆の二の舞いになるのは見えている。

E　題名から恐ろしい物語かなぁと思っていたが、その通りだった。人間のいやな部分つまり何もかもを自分の都合のいいように持っていく部分を表した物語だなぁと思った。老婆のエゴイズムが下人のエゴイズムを引き出してしまい、下人が今まで悪と思っていたことを平気でやってしまうんだなぁと思った。客観的に感じとってしまうから、大それたことには思えないが、いざ自分の回りで起きて見るとものすごいにちがいない。
人の心の切り変わりの速さにおどろいた。

Eには、表現や文章構成について未熟なところがみいだされる。しかし、よく核心部はとらええている。Eは、各場面の感想のうち、Cに基づき、Dと関連させて書いている。この生徒の場合、各場面の感想のうち、小説の核心部をとらえたものを生かし、中心にすえて全体の感想としているといえよう。

㈤　反省と課題

指導目標と改善の工夫の二点に絞って反省と課題を述べ、ついで、小説の読みにおける「書くこと」の機能についてまとめたい。

1　指導目標

(1)　小説の読みの留意点

ア・小説世界の想像—「羅生門」の表現そのものの力にもよるが、小説の読み方指導の一つとして表現に着目させ小説世界を想像させた。また、虚構の作文によって下人になりきらせることで、作品世界を想像し、作品世界に生きられるよう試みた。生徒の感想などからも一定の成果があったと考える。

イ・感想による小説世界との主体的係わり—「読み取りノート」に場面ごとに感想を記入させた。生徒は記述することで作品と対話・交流したと考える。

(2)　人間についての理解

生徒は既成の価値観、モラルを揺さぶられ、葛藤しながら改めて人間について考えていったと思われる。新たな人間観の獲得に至らないまでも、揺さぶり、葛藤させるところに文学の力があると考える。

(3)　小説の読み方の指導

読み方について一通り指導したが、人物把握、作品の構造、視点などを総合的に生かして読みを深める指導にはなり得なかった。また、指導した読みの技能を応用できるかどうかについてはおぼつかない。今後に、継続的、系統的、段階的な指導が重ねられなければならないと考える。

2　改善の工夫

(1)　学習の手引き

ア・作品理解の観点、イ・授業内容の明確化、ウ・小説の読み方の理解をねらいとした。ある程度効果はあったと考えるが、検証はできていない。今後、生徒の読みの実態を踏まえた、文字どおりの「手引き」となるよう改善していきたい。

(2)　読み取りノート

ア・羅生門の理解―授業に基づいて書き込むことで理解を確かなものにするのに役立ったとは考える。しかし、「登場人物の行動と心情」の欄は、板書をそのまま書き写していた者もいた。

イ・小説の読み方の経験的理解―小説の読み方を経験的に理解させることに役立ったとは考えるが、技能として定着したかどうか心もとない。「話者の見方」の欄は、小説の世界（状況）の実際か話者の見方か不分明なところがあり、まとめ難かった。

ウ・感想を記入することで作品と学習者の対話・交流を促すことができたと考える。生徒の読みの実態を知るうえでも役立った。しかし、人物への一言・人物の心の表現の選択は少なく、感想の選択記入がほとんどであった。

(3) 表現

ア・視点の転換―三人称視点による表現を、イメージを膨らませ一人称視点（下人になったつもりで）で書かせたことは、作品世界をありありと想像させることにつながるとの感触を得た。今後、さらに、虚構の作文の利用を考えたい。

イ・感想・主題・羅生門の表現―ほとんどが感想文を選択した。感想文は、各場面ごとに書かせた感想につなげて書いているものが多かった。今後、「手引き」を工夫するなどして、小説の読み方を応用し、主題、感想をかかせることができるよう試みたい。

3 「書くこと」の機能

すでに触れたが、以下「書くこと」の機能をまとめたい。

(1) 「読み取りノート」―受動から能動への転換をうながす装置としてはたらき、理解を定着させ、読みを主体的・積極的にするものとしての機能を見いだすことができる。

(2) 各場面ごとの感想―作品との対話・交流を促し、読みを積極的にするとともに、作品全体の感想、主題の追求の基礎としてはたらくと考えられる。

(3) 虚構の作文―作品世界を豊かに想像させたり、中心人物とともに作品世界を生きさせたりする機能をもつと考えられる。

(4) 読みのまとめとしての作文―読みへの主体的かかわりを整理し定着させる機能、作品の意味・主題の追求としての機能をもつものと考えられる。

これらの「書くこと」の機能を用いることによって、小説の読みは豊かに活性化されるものと考えられる。

おわりに

「羅生門」の授業において、小説指導の改善を試みた。いくつかのねらいに基づき工夫して授業を行い、「書くこと」の機能に関する観点をも加えて考察した。なお取り組むべき課題も多い。今後、授業の活性化を目指し、先行の実践研究、文学理論に学びさらに改善を進めたい。

注(1) 浜本純逸氏「『主題読み』を越えて読者論的読みへ」(西郷竹彦　浜本純逸　足立悦男氏編『文学教育基本論文集4』一九八八年九月　明治図書刊　三一四・三一五頁)

(2) 関口安義氏『国語教育と読者論』(一九八六年二月　明治図書刊　一二一頁)

(3) 鶴田清司氏「言語技術教育とは何か―文学の楽しみ方を教える―」(『月刊国語教育』一九九五年十一月　東京法令出版　八四頁)

(4) 浮橋康彦氏「読んで書き、全員が発言する『小説の学習』―小川国夫『物と心』の研究授業―」(『国語教育研究』第二十六号　中　一九八〇年十一月　広島大学教育学部光葉会刊　九八頁)

(5) 浮橋康彦氏「芥川龍之介『羅生門』・『鼻』」(『国語教材研究講座　高等学校「現代国語」第一巻』一九六七年九月　有精堂刊　一五八頁)

(二)「ことばについて考える」の場合

――関連指導としての小論文指導――

はじめに

授業の活性化を、次の二点から考えたい。すなわち、①学習者が意欲的に学習の場に参加し、具体的な学習活動を通して理解(感動)を深め、充実感、達成感を持つことができる授業をどう創るか、②授業における一連の学習によって、学習者一人ひとりが国語の力を身につけ、自立した学び手として育っていく授業をどう創るか、という二点である。いずれも大きな課題である。ここでは、「ことばについて考える」をテーマとした授業を取り上げ、その中で試みた、①教材の関連性を生かした授業の組立、②身近なことばを教材とした授業、③手引きを利用した表現指導、④指導過程・指導形態の工夫の有効性について考察したい。

(一) 授業の計画

1 授業計画

(1)指導目標

次のように目標を立て、①②―［価値目標］、③④⑤―［技能目標］、⑥―［態度目標］とした。

①ことばの機能―ことばの機能について理解させ、ことばと人間のかかわりについて理解を深めさせる。

②ことばの意味―ことばは、掛け替えのない独自の意味を持って存在していることに気づかせる。
③ことばの意味の解明―ことば採集し、類別、比較することによって、ことばの意味を理解する力を養う。
④論理的な表現―理解したものを、筋道立て分かりやすく表現することができるようにする。
⑤論旨の理解―文章を構造的に把握することによって、論旨を理解する力を養う。
⑥ことばに対する関心を高め、ことばを注意深く用いる態度を養う。

2　指導方法―授業活性化のために

①教材の関連性を生かした授業の組み立て

「指導目標」の「①」を達成するために、内容の関連する、ア「愛と光への旅」、イ「鳥と名と」、ウ「ことばと文化」の三教材を用いた。アは、ことばを持たぬ「お化け」であったヘレンが、肉親に愛情深く見守られながら、サリバン先生の献身的な努力によって、「ことばの神秘」に気づく話である。ヘレンがことばを獲得し、人間的に変化する過程は、感動的である。生徒は、感動を通してことばの力と重みに気づき、「ことばの神秘」について考えるであろう。イは、ヘレンがことばの獲得を「精神革命」と呼んだことにも触れ、名付けることの意味を通して、ことばの機能をとらえた随筆である。ことばの機能を人間との関わりにおいて、より明確にするのが、教材ウである。教材アイウは、アを導入教材、イ・ウを発展深化教材として関連づけることも可能である。生徒は、指導者が多くのことばを費やさなくとも、関心にしたがって、アイウの教材を読み進め、ことばの機能に関する理解を深めることができるものと考える。

②身近なことばを教材とした授業

「指導目標」の「②」「③」の達成のために、「ウク・ウカブ」など、日常的に用いる類義語一組を教材とし、学習を進める。ア、日常的に使用しながら、意味の相違、使い分けが明確でないということが関心を起こさせる、イ、用例を経験から採集し検討できるという点から、積極的な学習が見込まれる。

③手引きを利用した表現指導

「指導目標」の「④」のために、学習の手引きを利用させる。手引きは、ア、序論・本論・結論の書き出し例、及び展開のための文型を示した、イ、論の展開のために「最初に、また、次に、ついで、以上」などのつなぎの語を具体的に示した、また、ウ「~については~の意味である。」、「以上から~であるといえる。」、「例えば~である。」などの文型を用意し、考えを一般化、具体化できるようにに配慮し、生徒が筋道立てて書き進められるようにした。

④指導過程・指導形態の工夫

指導過程を、次のように考えた。

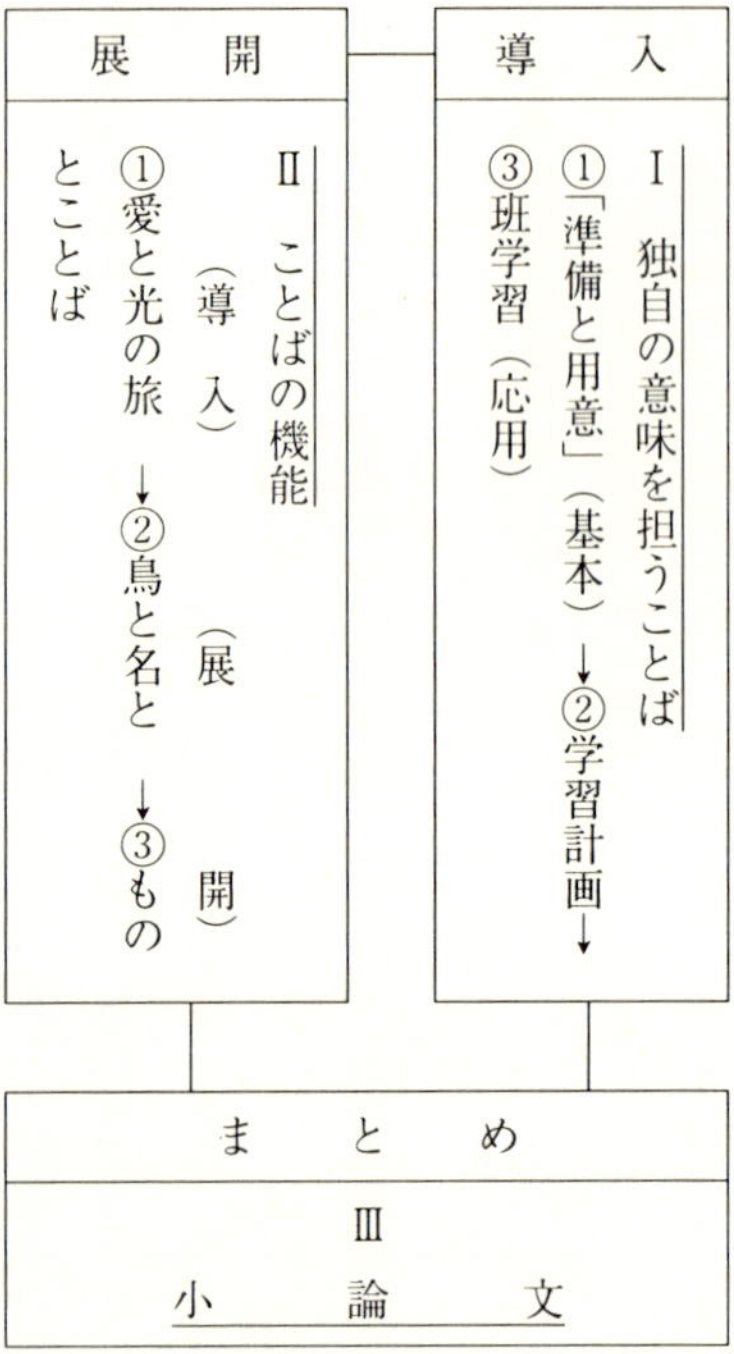

ア、Ⅰ・Ⅱ・Ⅲの指導過程を組み、Ⅰに①→②→③の、Ⅱに①→②→③の過程を組むことで、生徒が興味を持続し、積極的に学習に取り組むように配慮した。Ⅰ・Ⅱ・Ⅲの関係は、ⅠとⅡがゆるやかな「導入→展開」の関係となり、Ⅲが、ⅠとⅡそれぞれの「まとめ」となると考えた。イ、「指導目標」の「③」を達成するために、Ⅰに①基本→③応用の過程を組み、③を班学習とし、生徒が主体的に活動できるよう配慮した。ウ、「指導目標」の「①」のために、Ⅱに、関連教材を生かし①→②→③の過程を組み、①を②③の導入と考えた。

3　時期・対象

時期―一九九四年二学期　対象―三年生　二組（四三名）、三組（四四名）、九組（四三名）

4　教材

ア「愛と光への旅」（ジョゼフ・P・ラッシュ　中村妙子訳　『新現代文』三省堂）

イ「鳥と名と」（唐木順三　『精選国語Ⅰ　新訂版』明治書院）

ウ「ことばと文化」（鈴木孝夫『ことばと文化』岩波新書）

5　展開計画

Ⅰ　独自の意味を担うことば（三時間―学習計画の説明・班分けも含む）

①基本学習（一斉学習）―「準備と用意」について考える―

②応用学習（班別学習）―意味の相違について考える―

「ウク・ウカブ」、「シマウ・カタヅケル」、「トリアエズ・イチオウ」、「ナカ・ウチ」、「アケル・ヒラク」、「サケル・

ヨケル」などから一組を選び、意味の相違を考える。

Ⅱ　ことばの機能（七時間）

1　ことばの神秘（①「愛と光への旅」②「鳥と名と」）

2　ことばと文化（①「ことばと文化」）

Ⅲ　小論文（一時間）

(二)　授業の展開

1　独自の意味を担うことばの学習

（1）基本学習（一斉授業）―「準備と用意」について考える―

授業は、次のように展開した。①導入―例文として「弁当の（　　）をする」などを用い、準備、用意どちらかを入れさせ、両者の意味の相違に関心を持たせる。②展開―ア・共通の用い方、イ・相違した用い方の例を挙げさせ、共通の場合の意味、相違する場合の意味を考えさせる。③まとめ―・時間・量・確実性・計画性という観点から「準備」と「用意」の意味用法をまとめ、意味用法をとらえる方法について確認する。

（2）学習計画の提示

「準備と用意」の相違を考える学習を終えた後、「一」の「(4)展開計画」に掲げた学習の全体計画を生徒に明らかにした。その際、次の二点の学習目標を併せて、プリントし、生徒に示した。

ア、ことばの機能について理解し、ことばと私たちの係わりについて理解を深める。

イ、ことばの意味をとらえる方法を学び、いくつかのことばを例に、ことばの意味を注意深く考える。

生徒を十班に分け、「ウク・ウカブ」、「シマウ・カタヅケル」など、先に挙げたことばの中から各班一組のことばを選び、その意味の共通点と相違点とについて、考察させた。

（3）応用学習（班別学習）―意味の相違について考える―

各班、選んだことば一組の使用例を挙げ、意味の共通点・相違点の考察を行った。生徒は、興味を持って取り組んだ。意味の考察を巡って活発に討議するなど、活動は積極的で熱心であった。まとめたものは十分ではないが、学習を通して、ことばの意味をとらえる方法（ことばの採集、類別、比較）を学び、ことばが独自の意味を持って存在していることに気づいていったものと考える。一例として、「サケル・ヨケル」に関するまとめを、次に掲げる。

ことばについて考える　三年二組（A・K・H・Y）

［考察語］
（サケル・ヨケル）

1　共通

◇用例

・水たまりを ┬ サケル
　　　　　　 └ ヨケル

・障害物を ┬ サケル
　　　　　 └ ヨケル

◇意味

・のぞましくないものから遠ざかる。・出会わないように、わきへ退く。

2　相違

（1）考察語（サケル）
◇用例
・危険をサケル・乱暴な言葉をサケル・人目をサケル・暑さをサケル・悪友をサケル
◇意味
心の中でそのものに遭遇しないように心がける。遠慮する。はばかる。
（2）考察語（ヨケル）
◇用例
・車をヨケル　・とんできたボールをヨケル
◇意味
・実際に身をかわす。防ぐ。

2　ことばの機能の学習

ことばの機能に関し、①「愛と光への旅」と②「鳥と名と」、及び③「ことばと文化」を教材に授業を進めた。①について、生徒は、強い関心をもって学習し、ことばについて考えた。授業後に書かせた感想に、生徒は、「私達がいつも何げなく使っている言葉がどんなに重要なものかと言うこと、そして、それをヘレンの様な障害をもつ人にとって習得することがどんなに困難かと言うことがわかり、考えさせられました。」（WT女）、「僕は、『ことば』について、今まで考えたことがなかったが、『ことば』の働き、ありがたさなど、この物語を通して理解した。」（KK男）と記している。WATER＝水に気づいたヘレンの心に「ことばの神秘」がひらめく。この「ことばの神秘」に関する理解をさらに深めるために、つづいて、②を扱ったが、生徒にとってはやや難解なもののようであった。

③は、ア、「始めにことばありき」ということについて、説明しなさい、イ、「机」を定義してみなさい、ウ、「机」の定義の試みから、筆者が説明しようとしていることを、まとめなさい、エ、「三つの言語による内容の相違」の意味することを、説明しなさい、という「学習課題」を与え授業を進めた。生徒は関心をもって読んだと思うが、理解は十分ではなかったと考える。

ここに①の学習によってまとめられた、生徒のノートの一部を掲げる。

◇アニーの教育

・道理にかなった服従
  - 理由や意味のある服従
    - マナー、日常生活のしつけ
  - 訓練のための服従

・二つの意志の闘い
  - ヘレン→したいようにする、気質、特別な意識をもって自由に行動しようとする
  - ↔
  - アニー→しつけ、愛情
    - 服従

離れ家での生活
・アニーの他に頼るものがないという状況。
ヘレンに服従・柔順を学ばせる。
・家族に対して
・余計なつらい思い、悲しみを味あわ《ママ》せない配慮
・干渉させない

◇ヘレンの飛躍
・柔順な自制心のある子供への変化
・ことばの神秘の理解
・自分と他の人とを通じさせることのできる一つのかぎ←伝達
・あらゆるものには名前がある。
・他のものをとらえる（認識する）働きがある←理解

3　小論文の学習

次の手引きを配布し、小論文を書かせた。一時間を取り、後は家庭学習とした。手引きは、次のとおりである。ただし、「『ことばの機能』の書き方」は省略した。

小論文の書き方

1　次の二つのうちどちらかを選んで小論文を書きなさい。

①　類義語の意味用法

②　ことばの機能

2　「類義語の意味用法」の書き方

（1）題名

例―「ジュンビ」と「ヨウイ」の意味用法

「ウク」と「ウカブ」の意味用法

（2）構成

ア　序論―小論文を書く動機・目的・方法など

[例]―類義語の使用には、しばしば混乱が見られる。ことばを的確に用いるためにも、その意味用法を明確にとらえることが必要だと考える。ここでは、類義語の一例として、「ジュンビ」と「ヨウイ」を取り上げ、その用例を検討して、意味用法を明らかにしたい。

イ　本論―中心となる問題を考察し、筋道だてて述べる。

[例]―最初に、二語の共通の意味用法について明らかにしたい。例えば、この二語には、次のような用例が見られる。

①

②

③

①②については、……の意味で用いられている。③については……の意味である。以上から、共通の意味としては、……であるといえる。また、この用法は、……ということができる。

次に、二語の相違について明らかにしたい。まず、「ヨウイ」の意味用法について、検討する。

①

②

③

④

①については、……の意味で用いられている。②③については、……の意味である。④については……の意味である。以上から、「ヨウイ」の意味としては、……であるといえる。また、この用法は、……と考えられる。

ついで、「ジュンビ」について、明らかにしたい。

（省略）

ウ　結論―全体のまとめ

[例]　―以上、明らかになったことをまとめれば、次のようになる。

①

②

[参考文献]

㈢　学習者の表現

1　「愛と光への旅」の学習

三クラスのうち、一クラスは広く感想を書かせ、他の二クラスについては、「ことばの神秘」に関して考えたことを書かせた。ここでは、前者の「愛と光への旅」の感想を紹介する。

> 生後たったの十九ヵ月で視力と聴力を失い、その上耳が聞こえないから言葉もろくに話せないといった三重苦を背負い込んでしまったヘレン。①闇の世界にたった一人で押し込められて②どんなにつらく悲しく思ったことだろう。大好きなキャンディーが欲しいと言えない。鳥のさえずりの声が聞こえない。昨日まで走りまわっていた野原の夏の青さ、冬の白さも見ることができない。何もかもが自分の思い通りにならない。②非常につらいことだと思う。そんなために、③自己を表現できないために、④かんしゃくを起こし暴れくるう。そんなヘレンに言葉の素晴らしさを教え彼女を暗黒の世界から、再び引き戻したのがアニーだ。⑤言葉は人と人とを結びつけるだけではなく、人と人の心も結びつける。言葉は素晴らしいものだと思った。（KT男）
>
> ［番号・傍線は渡辺が施した。］

この生徒は、三重苦を背負ったヘレンの置かれた状況を①のように想像し、②のように同情を寄せる。ヘレンが④のようにふるまうのも、③のためであると的確にとらえている。サリバン先生の献身的な努力によって、ヘレンがことばを理解し、ことばによって「暗黒の世界」から解放されるに至ったことを、この生徒は、こころに深く受け止めたものと思われる。⑤は、生徒のそのような思いに裏付けられた表現であると考える。生徒は、「愛と光への旅」に心を動かされながら、ことばへの関心を深め、その力と素晴らしさを理解していったと思われる。

2　小論文

次に、類義語の意味用法、ことばの機能に関する小論文を各一遍紹介することにする。

「サケル」と「ヨケル」の意味用法

私たちは日本人であるが、日本人でもやはり類義語の区別には頭を悩まされていると思います。そこで例として、「サケル」と「ヨケル」について、それぞれの意味を明確にしていきたい。

最初に、この二語の共通の意味について明らかにしたい。例えばこの二語には、①水たまりをサケル・ヨケル。②車をサケル・ヨケル。などのような用例が見られる。①については、望ましくないものから遠ざかるという意味で用いられ、②については、出会わないようにわきへ退くという意味だから、共通の意味はあるものに自分が関わらないように遠のくということだと言える。

次に、二語の相違について明らかにしたい。まず、「サケル」には、①危険をサケル。②人目をサケル。③悪友をサケル。④乱暴な言葉をサケル。⑤暑さをサケル。などの用例が見られる。①〜⑤より、「サケル」の意味は、心の中でそのものに遭遇しないように心がける、と言える。ついで、「ヨケル」には、①飛んできたボールをヨケル。②くもの巣をヨケル。などの用例が見られる。よって①②より、「ヨケル」の意味は、あるものから実際に身をかわす、と言える。

以上、この類義語について明らかになったことは、「サケル」も「ヨケル」も同じように使われがちだが、この二つにはそれぞれ違った意味をもっており、それは、「ヨケル」は体を動かして遠ざかる行為であるが、「サケル」はそうではなく、自分の意志によって、心の中でそのものを遠ざけるということである。私たちはこれからこう

いった類義語に数多く出会うことになるが、その時は一度立ち止まってじっくり考えてみるのもいいだろうと思う。（YK女）

［原文通り］

考察、表現は十分ではないが、両者の意味用法の根本的な相違に迫っている。意味用法を明らかにするために、それぞれの用例を挙げ、比較検討するという、授業で学んだ方法が忠実に用いられている。論の展開は、文中の傍線部に明らかなように、手引き「小論文の書き方」に掲げた展開に沿ってなされ、一定のまとまりを見せている。

類義語の意味用法に関する小論文を書いた生徒は三七名であった。用例の分析、考察は十分ではなかったが、すべて、用例を集め、類別し、比較検討して、意味の共通点と相違点をとらえるという方法を用いて書かれている。一名を除く全員が、序論→本論（共通点→相違点）→結論という展開であった。他の一名は、序論→本論（相違点→共通点）という展開で、結論がなかった。

ことばの機能

私達を含めて全ての人間が集団で生活をする場合に、必要不可欠なことばというものについて考えてみたい。

①まず、ことばのもつ働きについて考えてみる。私達はたくさんのことばの中で生活している。それは周りのありとあらゆるものに、名前というか呼び方があるからで、私達が五感で感じられるものには全てといえる程に呼び方がある。では、呼び方があるとはどういうことか。それは、②あるものを、その呼び方を使って表せるということで、私達があるものを認識しているからだろう。ことばは私達にその周りにある、あらゆるものを認識させるという働きがある。

③次に、④私達はことばを使うことによって、他人に対して自分の意志を表すことができる。このことは⑤集団で生活をする際に最も重要なことだろう。なぜなら、⑥自分の考えも意志も他人のも互いにわからなければ社会の流れが悪くなるし、⑦他人との関係が非常に少なくなるだろう。

⑧以上のようなことから考えてみて、人とことばは、切り離すことのできない関係である。そして、あらゆる面において、人を助けてきている。人間の社会の機能を支え、歴史を支え、文化を支えている。そして、それとともに人間自体をも支えている。また認識機能については、ことばの機能といってまずでてくるのはこの機能ではないだろうか。それほど、当然で普通な機能であり、最も重要な機能であるといえるだろう。（SJ男）

［番号・傍線は渡辺が施した］

ことばの持つ働きを、認識機能と伝達機能の二点からとらえようとしている。前者については、あらゆるものに「呼び方」があるということを挙げ、その意味と理由について②と述べている。後者に関しては、④にその機能が説明され、その意義が、⑥と⑦という点を踏まえて、⑤と述べられている。

論の展開は、序論、本論、結論と明確で、①③⑧とつなぎのことばを用いて展開している。これは、「小論文の手引き」を参考にしたものといえよう。この生徒の場合、表現が未熟で、論の説明、展開にも不十分な点が見られる。しかし、序論、本論、結論という展開枠に沿って「ことばの機能」がまとめられており、推敲することによってより明確なものとなると考えられる。

ここでは、一例を挙げたが、他に、ことばの機能に関連させ、「ことばの使用」「ことばと文化」「ことばと物」「ことばと外国語」などの題で書いたものが見られた。

(四)　おわりに――考察と今後の課題――

活性化のための方法として用いた、次の四点を中心に考察したい。

①教材の関連性を生かした授業の組み立て

「愛と光への旅」は、「(三)　学習者の表現」で見たように、感動とともに、生徒のことばへの関心を呼び起こし、ことばの力と重みについて考えさせた。導入教材として有効に働いたと考える。「鳥と名と」は、ヘレンが獲得したことばの機能を明確にするものであったが、生徒にはやや難しかったようである。しかし、ことばの機能について考える方向性を生徒に与えることはできたと考える。「ものとことば」は、「鳥と名と」で提起された問題を、さらに深めるよう機能したと考えるが、断定は避けたい。「指導目標」の「①」はおおむね達成されたと考える。しかし、どのような教材をどう関連づけ、どのような価値ある認識に至らせるのか、また、その有効性はどのように検証可能なのかという問題は、教材開発とともに今後の課題である。

②身近なことばを教材とした授業

類義語に関する学習に、生徒は、積極的に生き生きと取り組んだといえる。これは、指導過程、指導形態とも関わって、生徒の積極的な取り組みが生まれたと考えるべきであろう。「指導目標」の「②」「③」は、おおむね達成できたと考えるが、「②」については、感触の域を出ない。「③」は、班学習のまとめからも、「三　学習者の表現」の小論文からも達成できたと考える。今後に、生徒の身近な言語生活、言語経験を生かした授業に積極的に取り組みたいと考える。

③手引きを利用した表現指導

生徒のほとんどが、小論文を書くための手引きを、下敷きとして、あるいは参考として小論文を書いていた。特に、類義語の意味用法については、有効であったと考える。「指導目標」の「④」はおおむね達成できたと考える。今後は、柔軟な展開を可能とする手引きの作成も必要である。

④指導過程・指導形態の工夫

「Ⅰ」に基本→応用の過程を組んだことは、「指導目標」の「③」の達成のために有効であったと考える。「ⅠⅡⅢ」の指導過程は、関連し合って、ことばへの認識を深めるのに有効であったと考えたいが、断定はできない。指導過程と関連づけ、一斉・班別・個別と形態を変え、生徒の主体的学習の場を与えることは、認識を深め、技能を育成する上でも有効だと考える。

全体として、「指導目標」の「③」は、ある程度達成できたと考える。しかし、「⑤」は、ほとんど達成できなかった。今後に期したい。

［参考］柴田武氏他編『ことばの意味』1・2（一九七六年九月　一九七九年六月　平凡社刊）
國廣哲彌氏他編『ことばの意味』3（一九八二年五月　同上）

結章　表現指導の活性化を求めて

――まとめと課題――

(一)　表現意欲を大切にした表現指導

学習者が表現するとき、困難を覚えることの一つに、表現したい内容・材料のなさ、乏しさがある。これが、表現意欲を減退させ、表現を嫌う原因ともなっている。表現の学習を活性化するためには、学習者に書きたい内容・材料を持たせる指導が大切になる。

私自身の実践から例を取れば、小論文指導に際して、その前指導として、毎時間、時間冒頭に新聞のコラム・論説を印刷して配布し、授業者が音読して、三行の感想、気付き、意見を書かせる指導を行った。コラム・論説を読むことが、内省・類推・比較・原因追求・批判・疑問などの思考を生み、意見を持たせる。これが小論文を書く基盤として働いたと考えられる。このような表現の内容・材料を学習者に持たせ、表現への意欲を喚起する学習指導を持続することが必要であろう。

何らかの形で表現したいという意欲は、文学教材の読みにともなっても生じる。例えば、「羅生門」（芥川龍之介）を読むとき、学習者には、登場人物の下人と下人を取り巻く状況や、下人の揺れる心と行動に対して興味・関心・共感・反感・疑問・問題意識などが生じる。既成の価値観を揺さぶられ、文学のもたらす作品世界に意味を探ろうとしたりする。私たちは、文学作品の読みにともなって生じる様々な思いを、何らかの表現を通して誰かに伝えたいと欲する。そのような表現への欲求をとらえ、表現に導くことも、様々な場、機会をとらえて積極的に行いたい。

本書に収めた「羅生門」の授業の場合、一場面を読み進めるごとに、「読み取りノート」に、感想や気付き、疑問、登場人物への一言などを短く書かせることを行った。このような表現は、作品との対話を促し、読みを深めることにつながる。本書に報告した私の実践の場合、場面ごとに試みた表現を結び合わせて、多くの学習者が「羅生門」の感想文としてまとめていた。古典教材の学習指導においても、読みによって生じる様々な思いを、同様に表現に結びつけたい。本書の『枕草子』、『徒然草』の実践では、読みによって生じた気付き、感想を小論文などの表現に導くことを試みている。

スピーチやディベートの授業においては、クラスの生徒の前で、生徒個々が、スピーチやディベートを実際に行うということが、表現への意欲を引き出すことにつながる。スピーチやディベートの準備も、実際にそれらを行うという必然性に導かれ、より意欲的、主体的に取り組むことになる。また、実際にスピーチを行い、ディベートマッチを行うこと、あるいは、それぞれの聴き手、評者・審判として参加することが、興味・関心・共感・反感・疑問・問題意識を引き出すことになる。それは、表現に導く意欲となる。目標とする表現活動に関する準備段階が表現を生み、表現活動が、表現した者にも、表現を聴く者にも新たな表現への意欲を引き起こす。その表現への意欲を、それぞれの段階、それぞれの場に相応しい表現に工夫して導くことで、表現力に培うことができるであろう。

表現力に培うためには、表現への意欲を大切にしたい。表現意欲を喚起するための学習指導を経た表現指導のみならず、様々な学習活動に関連して引き出された表現への意欲をとらえて、表現に導くことで、表現力を高めていくことも工夫して試みたい。

(二)　表現方法の学習指導――小論文の指導――

文章表現の方法も、学習者が困難を覚えることの一つである。具体的には、書き出し方とまとめ方、表現内容の整理、構成・組み立て、段落分け、文章の展開などに困難を覚えている。

そのような生徒の実態に対して、例えば私の小論文の指導では、まず、テーマを明確にさせ、ついで、構成の型を選ばせ、構成表に書き込ませた後、記述、推敲して提出させることを行った。このような指導によって、学習者の困難を何とか取り去りたいと考えた。構成の型については、反対意見考慮型・自説証明型・比較考察型として指導した。構成の三つの型と表現の文型とを具体的に指導する方が書く上で効果的であると考えた。この内、反対意見考慮型は、次のように指導している。

A問題提起
～ということ（考え）がある。しかし、～は問題である（問題がありはしないか）。
確かに～とも考えられる。　もちろん～ということ（考え）もあるだろう。
C反対意見への反論
しかし、～と考えられる。　しかし、その点について、私は～と考える。
論拠（資料）―まず、～　また（次に）、～　さらに、～
D結論―自説の主張
したがって、～すべきであると考える。　以上から、～と考えられる。

十分ではないが、序論・本論・結論といった構成を抽象的に指導するよりも、小論文の型を三つ抽出し、その特色を生かした、いわばことばの枠によって、小論文の構成・展開の方法を経験的に身につけさせようとした。

本書で報告した小論文指導も、同様の方法に拠っている。本書で報告した小論文指導の一つに、類義語の意味用法・ことばの機能（どちらか選択）を扱った実践がある。この小論文の書き方の内、類義語の意味用法を例とした本論部分の書き方は、学習の手引きを用いて、次のような指導を行った。

本論冒頭部は、「最初に、二語の共通の意味用法について明らかにしたい。例えば、この二語には、次のような用例が見られる。」とし、用例①②③……を挙げる。ついで、「①②については、……・の意味で用いられている。③については、……の意味である。以上から、共通の意味としては、……であるといえる。また、この用法は、……ということができる。」とまとめる。また、類義語二語の相違については、「次に、二語の相違について明らかにしたい。まず、（　　）の意味用法について、検討する。」とし、①②③④……と用例を挙げ、「①については、……の意味で用いられている。②③については、……の意味である。④については……の意味である。以上から、（　　）の意味としては、……であるといえる。また、この用法は、……と考えられる。」と考察を進める。他の一語についても同様の方法で考察し、二語の相違点を用例と考察によって明確にする。このように、ことばの枠にしたがって展開することで、用例をもとに、帰納的に考察して、小論文をまとめることができる。

古典の学習指導においても、しばしば小論文に取り組ませた。『徒然草』の章段に関しても小論文を書かせた。その本論の執筆は、次の手引きによって行った。

［例］

（「　」）は、（　　　　）という内容の章段である。

まず、この段の次の表現から考察する。

①「注―原文を引用する」

②「　　　　　　　　　　　」

ここには、（　　　　　）という考え方が表れている。これは、兼好の（特徴的な・独特の・伝統に基づく、根本的な、一つの）（世界観・人生観・社会観・自然観・人間観）（を表すもの・と関連するもの・につながるもの）といえる。

次に、兼好は、

③「注―原文を引用する」

と述べている。（このように述べる理由は、ア、イ、ウの三点である。）ここからは、（　　　　　）というものの見方がよみとれる。（これは、「　　　　　」という表現からも、同様に読み取れるものの見方である。）ここから兼好の（世界観・人生観・社会観・自然観・人間観）の（特徴・一端・本質・根本）を読み取ることができる。

最後に、次に掲げる表現に注目したい。

⑤「注―原文を引用する」

⑥「　　　　　　　　　　　」

これらは、（　　　　　）について、述べたものである。これらの表現には、兼好の（　　　　　）という考え方がでている。（これは、「　　　　　」という箇所にも表れている。）このような考え方は、兼好の（世界観・人生観・社会観・自然観・人間観）の（基本・特徴・本質）となっていると考えられる。

この小論文の手引きは、書き出しの例示、接続のことばを用いることによる構成の例示、論証的な文体（引用・帰納・考察・補説）の例示、考察の過程で参考となることばの例示を行っている。この手引きは、小論文に初めて取り組む生徒に、経験的に小論文の書き方について理解させることをねらいとした。また、手引きにしたがって書くことで、自らとらえた兼好のものの見方・考え方・感じ方を論証的に表現できるようにすることをねらったものである。

このような手引きは、一律に生徒に押し付けるべきものではない。書きづらく思っている生徒が利用して書きなれていけばよいと考える。抽象的に書き方を指導するのではなく、このようなことばによる枠組みを与えることで書き難さを越えて書き慣れ、論理的な文章の書き方を身につけることができればよい。今後は、さらに、発想を耕し、考えを深めるような枠組みについても考えたい。

(三) 表現力をとらえた学習指導

表現の学習指導を、表現力の把握に基づいて行いたい。表現力を分析的にとらえ、下位の表現力を措定し、生徒の表現の実態に重ね、どこをどう指導していくかを具体的に構想したい。

森久保安美氏は、著書『書く力を育てる国語教室』(一九八四年五月　教育出版センター刊)の中で、作文能力を「観念的、一般的な『文章を書くために必要な能力』とはせず、学校における作文指導によって、このような力をつけたいと考える、その能力の全体」として、次の図のようにとらえている。能力の構造図については、「表現希求力から処理活用力までの各能力は独立しているものではなく、互いに密接につながり合い支え合っているわけである。およそ表現過程にそってはいるが、互いに関連しあっていることを回転ベルトがかかっているような形に表現したものである。」(五八頁)と述べている。

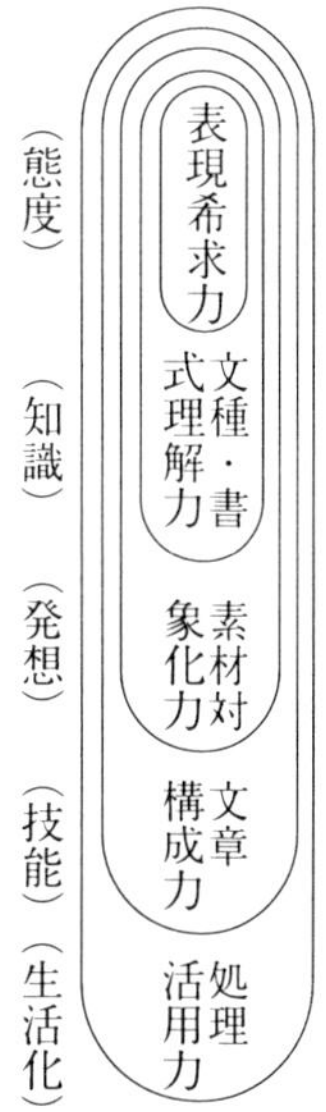

本書で音声表現力を構想するに際し、森久保安美氏の作文力に学びつつ、次のように表現力をとらえて、その育成を構想した。

①音声表現希求力―音声表現の機能を認識し、音声表現を求め、高めようとする力。
②問題・主題発見力―疑問を感じ、問題をつかむ力、音声表現を想定した上で、主題・要旨を明確にする力。
③素材選定力―音声表現を想定した上で、素材（材料・資料）の価値を見抜き、素材を利用する力。
④表現構成力―音声表現を想定した上で、素材を並べ、要点を明確にし、筋立て、整理して表現する力。
⑤処理・活用力―場を考え、目的に応じ適切な語を選び、音声に注意しながら音声表現する力。応答・質疑・発表・討議・司会の各能力（狭義）を含む。
⑥評価力―音声表現が適切になされているか評価し、改善する力。

学力の構造については、今日なお定説を持たないが、浜本純逸氏は、『国語科教育論』（一九九六年八月　溪水社刊）の中で、自己学習力を①学習意欲、②課題発見力、③学習構想力、④情報捜査力（収集力・選択力・産出力・発表力）、⑤自己評価力に分けてとらえている。これは、前述した音声表現力に基本的に重なっている。表現力の学習指導においては、表現力と学力構造との関係をとらえ、分析的、統合的に実践することを考えていきたい。表現の学習指導の活性化は、学力構造を踏まえ、学習者の学習心理を大切にしつつ進めたい。そのためにも、今後に、学力構造を先行の研究に学びつつ把握することが必要となろう。

㈣　達成感・充実感をもたらす表現指導

生徒の表現は、できるだけ達成感・充実感をもたらすものに導きたい。

例えば、一九九八年度三年生では、表現学習の足跡を「考えるヒント―発想を耕す―」と題した冊子にまとめた。その目次は、次のとおりであった。

Ⅰ　考えるヒント―発想を耕す
　1　感想用紙（1）～（10）　2　感想用紙（11）～（20）　3　感想用紙（21）～（25）
　4　感想用紙（26）～（30）　5　切り抜き記事等（1）～（30）
Ⅱ　小論文を書く
　1　小論文を書く（1）―テーマ（主題）の発見―　2　小論文を書く（2）―小論文の取材―
　3　小論文を書く（3）―小論文の構成―　4　小論文を書く（4）―小論文作成のチェックポイント―
　5　小論文
Ⅲ　ディベートの試み
　1　ディベートで鍛えよう　2　ディベートの実際　3　ディベート計画表　4　ディベート資料
　5　小論文
Ⅳ　学習を終えて

この中の「Ⅳ　学習を終えて」に、生徒は「国語の一年間の授業を通じて『考えるヒント』を取り組んだことは、思考するということをあらためて呼び起こされた気がする。このことは副題の発想を耕すことにも関連していると思う。短かい文章を読んで2、3行の感想を書くのも自分の気持ちや感想を表す手段としては良いことだと考えた。／小論文を書いたり、ディベートをする機会は私にとって初めてに等しかったので、不安に思いながらもそれ以上に好奇心がおもてに出て、興味を持って行うことができた。何においても、自分を表現するということは、自分の考えを耕して、その上に存在するんだと思った。」と記している。このように冊子にまとめ、学習の全体を振り返ることで、生徒は、新たな反省点や気付きを得る。また、学習に対する達成感・充実感を得ることもできるであろう。

短歌の授業でも、最後に学習の成果を冊子にまとめることを行った。その冊子の最後の「編集後記」に一人の生徒は、「短歌についてこれだけを学んだなあと改めて思った。短歌でいろいろな題について創れるからすごくおもしろいと思った。授業で創ってすごく楽しかった。短歌を創るのにとてもはまりました。」（T・Y女）と記していた。また、他の一人の生徒は、「短歌が自由ですごく身近なものに感じられました。さまざまな短歌を見てきたけど、どれもみんな普段の生活で感じたことや、自分が今考えていることをそのまま歌にしていました。『私たちの創った歌』でも、読んでいて楽しかったです。クラスの思い出が一つできたという感じです。」（K・Y女）と述べている。先の生徒の「短歌についてこれだけを学んだなあと改めて思った。」という文の根底には、自ら学んできたことに対する達成感・満足感がうかがえる。後の生徒は、「私たちの創った歌」として、一つにまとめたクラスの生徒の短歌を、「読んでいて楽しかった」とし、「クラスの思い出が一つできた感じ」と述べているところに、クラスの短歌が価値を持って、心に息づいているのが感じられる。

スピーチの授業では、話し手に対し、評価とコメントを記した「評価カード」をまとめて手渡すことを行った。話し手は、スピーチの場で直感的に聞き手の反応を知る。しかし、より具体的にスピーチに対する反応を知るのは

「評価カード」を通してである。話し手は、生徒がスピーチを認めてくれたことにほっとし、共感する者がいたことを喜び、異論を持つ者がいたことに驚くというように、聞き手の反応の中に人間的なふれあいを実感し、同時に自分のスピーチが真っすぐに受け止められていることを知って達成感・成功感・充実感を味わう。授業後のアンケートにおいても、自らスピーチをやってよかったとする理由として、多くがスピーチ後の達成感・充実感、スピーチの内容への他からの共感と理解、将来必要とするよい経験を得たということを挙げている。「評価カード」の役割の大きさがここに見いだせよう。

このように、表現が新たな反省点や気付きを得るように、また、達成感・満足感に繋がるような、さらには、表現が書き手・話し手や読み手・聞き手の心に息づき、生徒と生徒の心を繋ぐような学習指導を心がけたい。このような学習指導の成立によって、初めて表現に親しみ、表現をとおして豊かに生きようとする態度は育成されると考える。

(五) 授業活性化の方法としての表現指導

授業において、音声表現は、指導者の側からいえば、発問・指示・説明・助言等の各場面で用いる。学習者の側は、応答・質疑・発表・討議・司会の各場面で用いている。文字表現は、指導者の側からすれば、学習の課題、手引き、板書、学習者の文字表現に対する評言等で用い、学習者は、疑問や気付き、心覚えのメモ、感想や考えの整理・まとめ、小論等に用いている。それは、授業成立の基盤的役割を果たすものといってよい。表現力の高低は、授業の質を左右するものといえる。国語科授業の活性化も、授業の基盤的役割果たすものとしての表現力の育成なしに考えることはできない。

このような授業の基盤的な役割としての表現力とは別に、授業活性化の方法として表現を授業に積極的に取り入れたいと考えた。授業に表現を取り入れることが、授業を活性化し、豊かにすると考える。

例えば、本書で報告し考察した、一年生の『枕草子』を教材とした類聚章段の授業において、次のように表現を取り入れた。

1　基本「うつくしきもの」	①「うつくしきもの」の中で共感を覚えるもの三つ選ぶ。 ②各自がとらえた「うつくしきもの」三つ表現。
2　応用「にくきもの」	①「にくきもの」の中で共感を覚えたもの三つ現代語訳。 ②各自がとらえた「にくきもの」を三つ表現。 ③「うつくしきもの」「にくきもの」を読んだ感想。
3　発展「―私たちのものづくし―」	①『枕草子』の類聚章段二〇段から一つを選び、それを題名として「私たちのものづくし」を表現。 ②選んだ段のを現代語訳。 ③各自の書いた文章と清少納言の文章とを比較し、気付き、感想を書く

このように表現を組み込むことで、生徒は、自らの表現と清少納言の表現を自然に、興味を持って進んで読み比べ、さまざまなことに気付いていった。その気付きには、生徒の感想によれば、共感可能な普遍的な見方・感じ方の存在、貴族生活から生じた感情の表現、現代語に置き換えようのない的確で、趣ある表現、読者を引き込むすぐれた表現、清少納言の思いや憧れなど、広さと深みが見出された。表現を組み込むことが授業の活性化を促すとともに、読みを深めたと考えられる。

読みの授業にも、表現をさまざまな形で工夫して取り入れ、授業を豊かに活性化させたい。

(六) 授業者の表現力の修練

国語教育の実践主体として、また、言語生活の実践主体として、自ら表現力の修練に努めたい。

授業者として文章を書く機会は多い。生徒、その他から頼まれることもある。連絡、報告のために書かねばならないことも多い。自らの授業実践を記録し考察を加え、論稿にする機会もある。生活の中で日記を書き、手紙・葉書を書くことも、また多い。このような書く機会を積極的に受けとめ、あるいは、積極的につくりだし、書くことを試みたい。連絡、報告など形式に則る場合も、形式に流されず自らのことばとして書きたい。忙しい中、容易ではないであろうが、努力目標として書くことを続けていきたい。

話すことも、また、書くこと以上に機会は多い。授業はもとより、挨拶、連絡、報告、説明、質疑・応答、討議、司会、研究発表など、種類も様々である。挨拶一つをとっても、時と場と相手によって異なる。また、時間を限られることも多い。このような話す機会を積極的に生かし、与えられた条件の中で工夫して話し、自らを鍛える場としたい。話すことに習熟することは、容易ではない。経験を積んでも、準備を怠れば、その話は、生彩を欠いたものとなりかねない。たえず心がけて、話すことに臨みたい。

表現に熟達することは、極めて難しい。表現することに喜びを見出すこともあるが、自らの表現の未熟さ、いたらなさに、苦しく、辛い思いをすることも少なくない。表現することの喜びと表現することの辛さを、実践主体として表現し続けることで、いつも感じていたいと考える。

生徒に表現を求める場合も、表現することの難しさ、表現することの喜びと辛さを心に留めていたい。書けない生徒、書き難さを感じている生徒の内面に下りて行くためにも、また、それを克服する方途を見出すためにも、授業者自ら表現することを修練として課したいと考える。

㈦　豊かな表現指導を求めて

表現指導の活性化を求め、本書のまとめと課題として、次のことを述べてきた。

豊かな表現の学習指導のためには、①表現への意欲を大切にし、学習者に書きたい内容・材料を持たせる指導が大切である。そのためには、表現意欲を喚起する指導とともに、さまざまな学習活動に関連して引き出される表現への意欲をとらえて、表現に導き、表現力を高めることが必要である。②表現の方法は、抽象的知識の説明に終わることなく、ことばによる枠組みを利用し、書く経験をとおして書き慣れることができるようにしたいと考えた。今後は、ことばの枠組みに沿って書くことが発想を耕し、考えを深められるよう、手引き等を工夫したい。③表現力を育成するためには、表現力の構造を把握し、学習者の学習心理を大切にしつつ進めたい。④表現力の伸長のためには、表現が、書き手・読み手や話し手・聞き手の心に息づき、心をつなぐとともに、学習者にとって、充実感・達成感をもたらすよう指導することを心がけたい。⑤表現を授業活性化の方法として、授業に組み入れたい。組み入れることで授業を活性化させることによって、表現力の育成も可能となろう。⑥豊かな表現指導のために、授業者も表現の指導に努めたい。表現を自らに課し、表現の喜びと苦しみを常に実感することが、表現に向かう学習者のこころをとらえた指導を行うことにつながると考える。

こうして、述べてきたことをまとめてみると、表現指導について至らぬことが多い。とりわけ、音声表現の学習指導の貧しさを思わないではいられない。

表現力は、例を挙げるまでもなく、生きるための根本的な力の一つとしてもとらえられる。表現力の育成は、国語科授業活性化の課題にとどまらず、その目指すべき、ことばを通して豊かに生きる人間育成のための大きな課題ともいえる。今後は、先行の研究と実践に学びつつ、表現指導の豊かな活性化を求めていきたい。

あとがき

私は、一九七五〈昭和五〇〉年三月、広島大学教育学部高校教員養成課程国語科を卒業した。すでに、七三年三月、同じ大学学部の体育科を卒業していたが、新たに志望を申し出て国語科への編入が認められ、学部二年間の学業を終えたのであった。私は、卒業した後、七五年四月、香川県大手前（中）高等学校に赴任した。ついで、一九七九〈昭和五四〉年四月、大阪府立岬高等学校に移り、八四〈昭和五九〉年四月、大阪府立和泉高等学校に転じた。大阪府立和泉高等学校在任中、九二〈平成四〉年四月からの二年間は、同校在籍のまま、鳴門教育大学大学院に派遣され、学校教育研究科教科・領域専攻言語系コースに学ぶことができた。修了後は、大阪府立和泉高等学校に帰任し、引き続いて国語科を担当した。九九〈平成一一〉年四月から、新たに、沖縄国際大学に赴任し、文学部国文学科の専任教員として国語教育講座を中心に担当することになった。現在は、学部学科の改組により、総合文化学部日本文化学科に籍を置き、引き続いて国語教育開設科目を中心に担当している。

今日に至る自らの国語教育実践の歩みを振り返ると、四期に分けられる。第一期は、香川県大手前（中）高等学校、大阪府立岬高等学校に勤務した時期及び大阪府立和泉高等学校に勤務した一年の計一〇年間である。第二期は、大阪府立和泉高等学校に勤務した二年目から鳴門教育大学大学院に学ぶ前までの七年間である。第三期は、大学院に学び、再び大阪府立和泉高等学校に勤め、沖縄国際大学に赴任するまでの七年間である。第四期は、沖縄国際大学に赴任してから現在に至る時期である。

第一期は、授業の準備とその取り組みに追われる新任の時期から、徐々に工夫して授業に臨み、授業を成り立たせるに至った時期である。学習プリントを作成し、班別学習を試み、板書の仕方に留意し、話し方にも注意を払った。どうすれば生徒を積極的に授業に参加させることができるかということを実践課題の一つとして研究授業を試み、その報告を書きまとめようとしたこともあった。しかし、なお、国語教育を正面に据えて取り組む意識は乏しく、私の関心は、いずれかと言えば、文学（原爆文学）の調査・考察に向いていた。

第二期は、国語教育に本格的に取り組もうとした時期である。日々の国語教育を正面に据え、生涯の仕事として取り組もうと考えた。直接のきっかけは、一九八五〈昭和六〇〉年度、二年生の「山月記」（中島敦）の授業であった。暗く淀んだ雰囲気の授業であったが、生徒たちに答えやすいようにと、書いてあることをなぞるような易しい発問をすることによって、授業を進めようとした。その時、一人の男子生徒の発した「みな書いてあることや。」という声が耳に入った。いまいましそうな吐き捨てるような調子であった。十年の教職経験を持ちながら、生徒の反応の乏しさに対し、質問を易しくすることで対処しようとした自分が情けなかった。このことを契機として、授業改善に本格的に取り組まねばならないと考えた。後に鳴門教育大学国語教育学会の親睦会の席で、指名されたスピーチにこの話をしたことがある。野地潤家先生は、お聴きになって、「神の声ですね。」とおっしゃった。生徒のこのことばが私の大きな転機の一つとなった。私は、「実践即研究」を心に宿し、授業実践を記録し考察することによって、そこから課題をとらえ、その解決を試み、授業の改善、活性化を図ろうとした。一九八六〈昭和六一〉年三月からは、文学教材の活性化に取り組み、一九八八〈昭和六三〉年四月からは、併せて古典（古文）の授業活性化に取り組んだ。研究会、学会にも進んで参加した。何人もの先生方にお願いしてご指導いただいた。先生方のご厚情が有り難かった。

第三期は、鳴門教育大学大学院に学び、修了後も先行の実践・研究に学びつつ、授業の活性化に取り組んできた時期である。大学院では、世羅博昭先生ご指導のもと、修士論文「戦後古典教育論の研究—時枝誠記・荒木繁両氏を中心に―」をまとめた。研究課題とした、授業の活性化については、課題発見→課題解決の工夫→授業実践・記録→考察→課題発見の過程を繰り返しつつ進めていった。大学院での研究テーマの発展として、戦後古典教育実践史の研究も、徐々にではあるが、進めていった。研究会、学会にも積極的に参加した。先生方には、様々な場をとらえてご指導いただいた。お導きいただく有り難さが身に染みて感じられた。

第四期は、沖縄国際大学に赴任し、総合文化学部日本文化学科（元文学部国文学科）に配置され、国語科教員養成に努めるとともに、国語教育の研究に従って今日に至る時期である。沖縄国際大学への転任は、取り組むべき研究テーマとわが身に残された時間とを考えて決心した。国語科教員養成については、授業の創造とその活性化に取り組む教員の養成に力を注ぎたいと考えている。これからの研究テーマは、授業の活性化、戦後古典教育実践史、国語学習個体史の記述である。沖縄の国語教育史の研究も進めたいと準備を進めている。

以上、私の国語教育の歩みを四期に分けて振り返ってみた。述べたとおり、私の国語教育への本格的な取り組みは、第二期から始まった。文学教材の活性化への取り組みが出発点となった。この取り組みは、小著『国語科授業活性化の探究―文学教材を中心に―』（一九九三年八月　溪水社刊）に報告した。ついで、取り組んだ古典（古文）教材の授業活性化に関する試みは、小著『国語科授業活性化の探究Ⅱ―古典（古文）教材を中心に―』（一九九八年八月　溪水社刊）に収録することができた。

本書『国語科授業活性化の探究Ⅲ―表現指導を中心に―』は、授業活性化の試みに取り組んだ早い時期から、文学教材、古典（古文）教材の授業活性化のために、また、表現指導そのものの活性化のために取り組んできた授業実践をまとめ、集成したものである。私は、自らの授業実践を省察しつつ、表現力が授業活性化の基盤的役割を果たすものであり、表現力の高低が授業の質を左右するものであること、表現力の育成は、授業の活性化にとどまらず、ことばをとおして豊かに生きる人間の育成に深く結ぶものであると気づいていった。私としては、本書も先の二著も、中間報告と位置付け、さらに研究を続ける必要を感じている。

本書は、一四編の論稿に、二編の評価問題と翻訳一編を加え、序章と結章とを配して編んだものである。それぞれの論稿を発表年次順に掲げると、次のとおりとなる。なお、本書に収めるにあたっては、題名の変更、加筆修訂を行ったことをお断りしておきたい。

章節	発表題目	発表誌	発表機関	平成〈西暦〉月日
二—一	「三分間スピーチ」の試み—授業の活性化を目指して	『和泉紀要』第一六号	大阪府立和泉高等学校	昭和六三〈88〉年三月一日
二—六	国語科授業活性化の試み —音声表現力の育成を中心に— 改題　音声表現力の育成の構想 —授業実践に基づいて—	(口頭発表) 『沖縄国際大学日本語日本文学研究』第6巻1号	平成六年度大阪府高等学校教育課程研究集会 沖縄国際大学総合文化学部	平成六〈94〉年八月一九日 平成一四〈02〉年二月二八日 予定
二—五	3　朗読・群読—高校評価問題 1　朗読を通して詩に親しみ、関心を持たせる問題　—『永訣の朝』より(高校・国語)	国語評価問題研究会編『新しい学力観に立つ評価問題』〔月刊国語教育〕'95・5別冊	東京法令出版	平成七〈95〉年五月一日
	3　朗読・群読—高校評価問題 2　群読を通して古典を読み味わい、古人の生き方・考え方を考えさせる問題(高校・国語)		同右	同右

三―二（三）	国語科授業活性化の試み―「ことばについて考える」の場合―	『国語教育研究』第三九号	広島大学教育学部光葉会	平成八〈96〉年三月三一日
三―一（二）	『徒然草』学習指導の試み―表現を軸として―	『国語教育研究』第四〇号	広島大学教育学部光葉会	平成九〈97〉年三月三一日
三―二（一）	「羅生門」の授業改善の試み―小説の読みにおける「書くこと」の機能―	『和泉紀要』第二三号	大阪府立和泉高等学校	平成九〈97〉年三月三一日
三―一（一）	古典の授業活性化の試み―表現を軸とした『枕草子』の学習指導―	『和泉紀要』第二四号	大阪府立和泉高等学校	平成一〇〈98〉年七月一八日
二―四	ディベートによる授業の実際―「外国語（英語）教育を考える」の場合―	同右	同右	同右
一―一	短歌学習指導の試み―鑑賞から創作へ―	『国語教育研究』第四二号	広島大学教育学部光葉会	平成一一〈99〉年六月三〇日
一―二	国語科授業活性化の試み―小論文指導の場合―	（口頭発表）	第四〇回　広島大学教育学部国語教育学会	平成一一〈99〉年八月一一日
	改題　表現指導の実際とその考察―発想を耕し、枠組みを利用した小論文の指導	『沖縄国際大学日本語日本文学研究』第五巻一号	沖縄国際大学文学部	平成一二〈00〉年一〇月一六日

	について—			
三—一（三）	アメリカにおける古典と関連づけた表現指導—連句の学習指導『Basyo and Linked Poems』の場合—	大阪国語教育研究会編『野地潤家先生傘寿記念論集』	大阪教育大学国語教育研究室	平成一二〈00〉年一一月一九日
二—三	音声言語表現指導の試み—漢詩の群読の場合—	『沖縄国際大学語文と教育の研究』第二号	沖縄国際大学文学部国文学科国語教育研究室	平成一三〈01〉年三月一日
三—一（付）	アメリカにおける古典と関連づけた表現指導—芭蕉と連句—	『沖縄国際大学日本語日本文学研究』	沖縄国際大学文学部	平成一三〈01〉年三月五日
二—二	音声言語表現指導の試み—三分間スピーチの場合—	『国語教育攷』一六号	兵庫教育大学言語系講座「国語教育攷」の会	平成一三〈01〉年四月二〇日

授業活性化の試みとしての表現指導の取り組みを、先の二著に続き、『国語科授業活性化の探究—表現指導を中心に—』として一書に編むことができた。私は、まとめることを通して多くを学び、追究すべき幾つもの課題を得ることができた。私は、この度、三著を刊行しえたことを、大きい喜びとし、直接間接にいただいたご厚情に深く感謝したい。

私は、一九八六年以来、授業の活性化に取り組んできた。この間、多くの先生方にご指導いただくことができた。

思い悩む私を、励まし、支え、導き、育てて下さった。ここに、心からの感謝の気持ちをお伝えしたい。

野地潤家先生には、終始変わらぬご教導をいただいている。広島大学に学び、二〇年に近い歳月を経て、先生が学長でいらっしゃった鳴門教育大学大学院にふたたび学ぶ機会を得て、身近にご指導いただいたことは身のしあわせであった。学会や研究会での発表の折々にも懇切なご指導をいただいた。しばしば求めてご指導いただいたが、先生は、常にお忙しい時間を割いてご指導・ご助言下さった。文字通り不肖の私を、先生は厳しく導いて下さった。研究の厳しさのみならず、先生は、人としてのあるべき姿をも身をもってお示し下さっている。私は、先生のお姿に導かれてこの道を歩いてきたといってよい。先生は、前二著に続き、本書についても、隅々まで目を通し、過分の「まえがき」をお書き下さった。そこにお寄せ下さった期待と研究の指針とは、今までも、私にとって大きな励みとなっている。学恩は筆舌に尽くしがたい。改めて教育と研究への精進をお誓いしたい。

鳴門教育大学の世羅博昭先生には、大学院修了後も、引き続きご指導いただいている。実践研究を進めようとする私を、常に導き、励ましてくださった。戦後古典教育実践史の研究についても、暖かいご示唆、ご助言をくださっている。

また、本書の刊行に際しては、沖縄国際大学研究成果刊行奨励費の交付を受けることができた。ここに記して深く厚く感謝の思いを表したい。

溪水社の木村逸司社長には、前二著に続き本書の刊行に関して、格別のお世話をいただいた。心からお礼を申し上げる。

二〇〇二年二月一六日

渡辺春美

［著者紹介］

渡辺　春美（わたなべ　はるみ）

1951（昭和26）年、愛媛県に生まれる。1969（昭和44）年、愛媛県立宇和島東高等学校卒業。1973（昭和48）年、広島大学教育学部高等学校教員養成課程（体育科）卒業。1975（昭和50）年、同（国語科）卒業。香川県大手前高等（中）学校、大阪府立岬高等学校、大阪府立和泉高等学校を経る。1994（平成６）年、大阪府立和泉高等学校在籍のまま、鳴門教育大学大学院学校教育研究科　教科・領域教育専攻（言語系コース）修了。1999（平成11）年、沖縄国際大学文学部助教授を経て、現在、同総合文化学部教授。国語教育学専攻。全国大学国語教育学会、日本国語教育学会、日本文学協会、日本読書学会、日本教科教育学会、中国四国教育学会会員。

［著書］

『国語科授業活性化の探究―文学教材を中心に―』（1993年　溪水社刊）

『国語科授業活性化の探究Ⅱ―古典（古文）教材を中心に―』（1998年　溪水社刊）

『ディベート・ガイド』（共訳　2000年3月　溪水社刊）

［主要論考］

「時枝誠記氏の古典教育論の展開」（『国語科教育』41集　1994年3月　全国大学国語教育学会編）、「戦後古典教育実践理論の研究―益田勝実氏の場合―」（『教育学研究紀要』第41巻　第二部　1996年3月　中国四国教育学会編）、「戦後古典教育実践史の研究（二）―昭和30年代を中心に―」（『教育学研究紀要』第43巻　第二部　1998年3月）、「戦後古典教育実践史の研究（十五）―昭和40年代の大村はま氏の場合―」（『語文と教育』第15号　2001年8月　鳴門教育大学国語教育学会編）

「沖縄県の国語教育―作文教育の成果と課題―」（『沖縄における教育の課題』2002年２月　沖縄国際大学公開講座委員会刊）等。

［住所］自　宅　〒590-0503　大阪府泉南市新家2787-179

現住所　〒901-2204　沖縄県宜野湾市上原1-25-23-301

国語科授業活性化の探究Ⅲ
――表現指導を中心に――

平成14年３月10日　発行

著　者　渡　辺　春　美

発行所　株式会社 溪　水　社
広島市中区小町１－４（〒730－0041）
電　話（082）246－7909
FAX（082）246－7876
E-mail:info@keisui.co.jp

ISBN4－87440－689－0　C3081